Desenho e escrita
como sistemas de representação

P641d   Pillar, Analice Dutra.
          Desenho e escrita como sistemas de representação / Analice Dutra Pillar. – 2. ed. rev. ampl. – Porto Alegre : Penso, 2012.
          248 p. : il. ; 23 cm.

          ISBN 978-85-63899-75-0

          1. Educação. 2. Educação infantil. 3. Alfabetização – Desenho. I. Título.

                                          CDU 373.3.014.22

Catalogação na publicação: Ana Paula M. Magnus – CRB 10/2052

ANALICE DUTRA PILLAR

Doutora em Artes pela Universidade de São Paulo (USP).
Professora e Pesquisadora da Faculdade de Educação da
Universidade Federal do Rio Grande do Sul (UFRGS).

Desenho e escrita
como sistemas de representação

2ª edição revista e ampliada

2012

© Penso Editora Ltda., 2012

Capa: *Márcio Monticelli*

Ilustração: *Istockphoto*

Preparação de originais: *Aline Pereira de Barros*

Coordenadora editorial – Ciências Humanas: *Mônica Ballejo Canto*

Editoração eletrônica: *Formato Artes Gráficas*

Reservados todos os direitos de publicação à
PENSO EDITORA LTDA., uma empresa do GRUPO A EDUCAÇÃO S.A.
Av. Jerônimo de Ornelas, 670 – Santana
90040-340 Porto Alegre RS
Fone (51) 3027-7000 Fax (51) 3027-7070

É proibida a duplicação ou reprodução deste volume, no todo ou em parte, sob quaisquer formas ou por quaisquer meios (eletrônico, mecânico, gravação, fotocópia, distribuição na Web e outros), sem permissão expressa da Editora.

SÃO PAULO
Av. Embaixador Macedo Soares, 10.735 – Pavilhão 5 – Cond. Espace Center
Vila Anastácio – 05095-035 – São Paulo SP
Fone (11) 3665-1100 Fax (11) 3667-1333

SAC 0800 703-3444 – www.grupoa.com.br
IMPRESSO NO BRASIL
PRINTED IN BRAZIL
Impresso sob demanda na Meta Brasil a pedido de Grupo A Educação.

Ao Humberto, por tudo

Agradecimentos

Este trabalho envolveu, em certo sentido, além do tema tratado, uma parte da minha vida dedicada à presente pesquisa. Muitas pessoas ajudaram-me a realizá-lo, algumas diretamente e outras de forma indireta. Gostaria de agradecer, de modo especial:

À Dra. Ana Mae Barbosa, pelo acompanhamento em todos os trâmites que envolvem um curso de mestrado, além da dissertação, por levar-me a conhecer pesquisas atuais da área de arte-educação e a prosseguir no aprofundamento do trabalho. Ao Dr. Lino de Macedo, pela atenção e pelos questionamentos que me possibilitaram a redefinição e a explicitação de muitos pontos do trabalho relativos à construção do conhecimento na perspectiva da teoria piagetiana. Ao Dr. Rubem Ribeiro Fagundes, pelo curso de estatística, pelos programas de computador colocados ao meu dispor, pela leitura do trabalho em seus diferentes momentos de elaboração e pela carinhosa acolhida que ele e Maria Nyrma Dutra Fagundes me dispensaram. Aos professores e às crianças que possibilitaram a realização deste trabalho. À equipe de pesquisadores do GEEMPA (Grupo de Estudos sobre Educação – Metodologia de Pesquisa e Ação), em especial à Dra. Esther Pillar Grossi, pelos primeiros ensinamentos na excitante atividade de pesquisa, mostrando os estudos da Dra. Emilia Ferreiro. À Telma Bernardes, pelo acompanhamento durante o meu processo de apropriação de conhecimentos, tanto em nível cognitivo como afetivo, e pelas instigantes reflexões a respeito das relações entre esses dois universos. Ao Carlos Krieger, pelo incentivo para atualização deste trabalho. Aos meus pais, Luiz e Terezinha, às minhas irmãs e aos meus irmãos pelo apoio, em diferentes níveis e momentos, e por terem respeitado e incentivado minhas escolhas. Ao Humberto, pela interlocução durante a escrita do texto e pela digitalização das imagens. Ao Daniel Dutra Pillar, pelos gráficos e tabelas que compõem este trabalho. À Profa. Dra. Maria Carmen Barbosa, pelas leituras deste trabalho de modo a torná-lo menos acadêmico. Ao CNPq (Conselho Nacional de Desenvolvimento Científico e Tecnológico), pela concessão de bolsas de estudos que muito me auxiliaram na realização desta pesquisa. À Penso Editora pela oportunidade de publicar e difundir este trabalho.

Sumário

Prefácio à 2ª edição... 11
  Lino de Macedo

Prefácio à 1ª edição... 15
  Maria Heloísa C. Toledo Ferraz

Apresentação 17

Introdução... 23

1 Representação e sistema de representação 31
2 Desenho como um sistema de representação 43
3 Escrita como um sistema de representação 70
4 Situações de desenho e escrita 87
5 Relações entre desenho e escrita 107

Conclusões 217
Referências... 235
Anexos... 241

Prefácio à 2ª edição

É uma alegria constatar a atualidade, tantos anos depois, de um trabalho que tive a oportunidade de co-orientar. Foi isso o que me ocorreu ao reler o livro de Analice Dutra Pillar, *Desenho e escrita como sistemas de representação*. Gostei de me lembrar da consistência de suas argumentações, da revisão teórica e metodológica bem feita, da pesquisa cuidadosa e bem discutida.

No livro se faz uma ótima análise (comprovada empiricamente) da proposição: desenho e escrita são sistemas de representação, que guardam entre si uma relação de interdependência (têm sua singularidade, complementam-se como linguagens e são indissociáveis como formas de pensar ou conhecer). Mas, além de sistemas de representação, desenhar e escrever são sistemas de procedimentos (Macedo, 2008), isto é, são formas de realização. O que significa isso?

Piaget (1987) distingue três tipos de esquemas: "presentativos", procedimentais e operatórios. Os "esquemas presentativos estão ligados às propriedades permanentes e simultâneas de objetos comparáveis". Presentativos (e não apenas representativos), porque crianças nos dois primeiros anos de vida, ainda não simbólicas, também os possuem e necessitam deles. Neste livro, há muitas evidências do modo como desenho e escrita constituem para as crianças esquemas "presentativos". Ao desenharem a história ouvida e escrever palavras sobre ela, as crianças observadas por Analice puderam lhe mostrar como representam em contextos diferentes as "mesmas" coisas (presentes na história, desenho e escrita). Ela pôde observar como as crianças abstraem e generalizam os mesmos conteúdos de uma linguagem para outra. Em resumo, este livro é ótimo exemplo de como as crianças constroem esquemas de presentificação ou representação das coisas, graças aos quais podem reconhecê-las e aplicá-las em diferentes contextos.

Para Piaget, "esquemas procedimentais são ações sucessivas que servem de meio para alcançar um fim (por 'precursividade', isto é, determinação das ações iniciais pela orientação para um estado ulterior). Esses esquemas são difíceis de ser abstraídos de seus contextos, pois são em seus detalhes relativos a situações particulares e heterogêneas". No presente livro, ainda que não analisado desta forma, pode-se observar o desenhar e o escrever como procedimentos, ou seja, modos de expressar pontos da história ouvida. Esquemas procedimentais, porque desenhar significa enfrentar gráfica e plasticamente um problema de caracterizar por linhas, traçados e figuras um conteúdo. Implica orientar ações (de desenhar) que culminam com a satisfação (maior ou menor) do objetivo (representacional) proposto no começo ou ao longo da atividade. Significa corrigir erros, antecipar rumos, enfrentar insuficiências de linguagem (por exemplo, no que se ouviu está claro, mas no que se quer desenhar não). Significa – no plano das ações – enfrentar e resolver problemas (dando o desenho como concluído), ter conduta de projeto, traduzir e criar em linguagem estética o que sensibilizou ou marcou na história que se ouviu. Desenhar é comunicar, construindo um objeto ou cena no espaço (gráfico) e no tempo (das ações) de suas possibilidades. Desenhar é relacionar partes entre si compondo um todo que só aos poucos vai se revelando, bem ou mal, para seu criador, mesmo que no início ele pensava dispor de uma "solução" para isso. Desenhar, no caso, é saber conservar aspectos que chamaram atenção em uma história, mas que precisam ser transformados – via procedimentos – em uma linguagem diferente. É suportar concretamente o enfrentamento e sua solução (até onde possível) nesta nova forma de expressão. É enfrentar o desafio de integrar o ouvir com o desenhar, ou seja, assumir (nos limites em que isso é possível) o que se desenhou como correspondente ao que se ouviu. Mesmo que as crianças observadas por Analice não tivessem consciência destes imensos e importantes desafios, foi isso o que expressaram em seus procedimentos de desenho e que ela confirmou nas entrevistas.

Escrever, igualmente, é um ato composto de esquemas procedimentais. É aprender, pouco a pouco, a relacionar os elementos constitutivos deste sistema. É construir implicações significantes entre pensamentos, letras, palavras, parágrafos, frases, textos. É poder representar, criar, antecipar, copiar, por essa via, algo que está ou não está em outros planos. É assumir hipóteses, ousar criar. É também se alfabetizar, aceitar normas e procedimentos já constituídos que regulamentam ou "solucionam" problemas de expressão nesta linguagem. É aceitar entrar em um mundo cujas transformações radicais, pouco a pouco, tornam a criança "outra" pessoa.

Os esquemas operatórios, para Piaget, "são, de certa forma, procedimentais, mas por utilização de meios regulados e gerais (as operações). Além disso, se coordenam em estruturas (classificação, seriação, etc.) que são presentativas. Os esquemas operatórios constituem uma síntese dos esquemas presentativos e procedimentais".

Apoiado nessas distinções entre esquemas, Piaget chega a uma conclusão sobre os processos de conhecimento do ser humano. Ele propõe dois grandes sistemas complementares. O primeiro possibilita compreender; o segundo, realizar. O primeiro sistema é "composto de esquemas presentativos e de esquemas operatórios enquanto estruturas". O segundo reúne o "conjunto de esquemas procedimentais, inclusive os esquemas operatórios enquanto operações transformantes que visam um objetivo qualquer (solução de um problema)". Em outras palavras, representar por narrativa oral, desenho ou escrita são formas de "presentificar" ideias, pensamentos, sentimentos, histórias. Por meio delas, podemos compreender conteúdos (mesmo que incompletos) que expressam e possibilitam construir, devagar e orientadamente, as formas que transformam estas compreensões em um nível mais profundo, alargado ou crítico. Narrar, desenhar e escrever são procedimentos, ou seja, ações dirigidas pelas quais expressamos materialmente essas representações. Esses sistemas de apresentação e de procedimentos ocorrem simultaneamente, influenciam-se um ao outro e constituem os dois modos humanos de ser, viver e conhecer.

Lino de Macedo
Instituto de Psicologia da USP

NOTA

Informações sobre as obras citadas constam nas Referências no final do livro.

REFERÊNCIAS

MACEDO, L. Estratégias e procedimentos para aprender ou ensinar. *Pátio – Revista Pedagógica*, n. 47 / Agosto, 2008, p. 40-43.

PIAGET, J. *O possível, o impossível e o necessário*. Em Leite, L. B. (org.) *Piaget e a Escola de Genebra*. São Paulo: Cortez Editora, 1987. p. 51-71.

Prefácio à 1ª edição

As relações da arte com o desenvolvimento da criança, mais precisamente a relação da arte infantil com o sistema educacional, são as raízes do livro de Analice Dutra Pillar.

Desde o momento em que tive oportunidade de tomar contato com este trabalho, durante a preparação do exame de mestrado, os estudos de Analice abriram-se para mim com grandes expectativas. De um lado, estava uma pesquisadora sensível, arguta, que se punha a campo para estudar a evolução do desenho da criança e como este estaria relacionado ao seu processo de elaboração de conhecimentos; de outro lado, via surgir uma linha de pensamento e atuação consistentes para refletir as questões do ensino-aprendizagem de arte em nosso país. As primeiras expectativas transformaram-se em ações concretas e eu vi Analice desabrochando em seus trabalhos, contemplando-nos com este livro, que seguramente irá interferir nos estudos sobre o ensino de arte.

Além disso, vejo nesta publicação um significado especial: é uma dissertação de mestrado de arte-educação, vivenciada na prática docente, que avança os limites da circulação acadêmica.

Este texto chega em um momento oportuno. Cada vez mais necessitamos de obras do porte deste trabalho para acompanhar as pesquisas e os estudos que estão ocorrendo na atualidade tanto na área do ensino da arte como de educação.

Um livro importante que esclarece as interações entre desenho e escrita. Ambos são examinados por Analice, que os considera componentes intrínsecos na formalização da vida infantil, e são vistos como um "processo do sujeito". Partindo dessas ideias, ela discute e mostra que tal interação ocorre principalmente nos períodos que antecedem e acompanham a alfabetização das crianças. Com este novo olhar, a escrita e as manifestações gráfico-plásticas completam-se e se revelam como sistemas de linguagens que ocorrem de forma evolutiva, de acordo com as aquisições que a criança venha a processar. Esses aspectos colocam as ponderações da autora dentro de uma atualidade histórica, que defende a relevância da arte enquanto componente do currículo escolar.

As preocupações de Analice em desvendar as origens e o desenvolvimento da manifestação gráfica das crianças em fase escolar fazem deste livro um percurso obrigatório para todos aqueles que se dedicam ao ensino da arte na escola e fora dela.

Maria Heloísa C. Toledo Ferraz
Escola de Comunicações e Artes, USP, 1996

Apresentação

Desenho e escrita, duas formas de nos mostrarmos aos outros, duas linguagens gráficas para expressarmos nosso modo singular de ver o mundo, quem somos, o que e como pensamos e sentimos. As crianças experimentam sensível e inteligivelmente estas duas linguagens buscando diferenciá-las quanto às suas especificidades e constituí-las como sistemas de representação. Ao percebermos que os processos de construção no desenho e na escrita ocorrem, muitas vezes, concomitantemente, poderíamos questionar se há alguma interação entre estas construções, durante o processo de apropriação dessas duas linguagens pelas crianças. E que relações seriam estas?

Este trabalho busca responder a estas questões, ao enfocar os processos de desenho e de escrita na infância, discutindo as construções em cada um deles e suas interações. Um dos nossos propósitos ao pesquisar estas linguagens e suas relações foi o de compreender melhor a criança, seu modo de abordar estas linguagens, em cada momento de conceptualização, e os entrelaçamentos entre elas.

Ainda, estudos precedentes tanto sobre o processo de desenho como sobre o de escrita indicam que é possível estabelecer relações entre essas linguagens gráficas, mas não chegam a explicitá-las. Por isso a necessidade de uma investigação que buscasse explicitar tais vínculos.

Consideramos significativo refletir, também, sobre constatações feitas em pesquisas anteriores, as quais indicam que crianças alfabetizadas, em geral, apresentam um desenho mais elaborado, sendo muito difícil encontrar crianças alfabetizadas em estágios iniciais de construção do desenho. Essas constatações seriam episódicas ou recorrentes nos processos das crianças?

Para conhecer as influências e as interdependências entre desenho e escrita foi preciso estudar os processos de construção em cada uma das linguagens. Este livro traz, então, um levantamento de estudos sobre o desenho da criança, os quais a partir de diversos pontos de vista, de diferentes teorias, procuram entender como nos apropriamos dessa linguagem presente nas manifestações humanas desde as pinturas rupestres.

Numa revisão mais recente dos estudos contemporâneos sobre o desenho infantil constatou-se que surgiram muitos trabalhos nesta área, além dos autores de referência privilegiados neste texto. No âmbito internacional, importa mencionar os trabalhos de Bernard Darras e Anna Kindler (1996), Bruno Duborgel (1976), Karmiloff-Smith (1990), Diana Korzenik (1977) e Norman Freeman (1980)[*].

No Brasil, gostaria de citar os estudos de Rosa Iavelberg (2008, 2006), Rejane Coutinho (2008), Maria Lúcia Batezat Duarte (2008, 2007), César Cola (2006), Lêda Guimarães (1996, 1995), Mirian Celeste Martins (1998), Edith Derdik (1989, 1988), Maria Isabel Leite (2002), Márcia Gobbi (2002, 1997) e Sandra Richter (2004)[**].

Em relação à escrita, este trabalho ancora-se nos estudos de Emilia Ferreiro sobre a psicogênese da escrita, os quais têm como aporte conceitual a teoria piagetiana e a psicolinguística contemporânea. Tais estudos foram os primeiros a abordar o processo de aquisição do sistema alfabético de escrita, evidenciando as concepções das crianças em cada um dos momentos de apropriação deste processo, o qual nomeamos como alfabetização.

Mais recentemente, no Brasil, nos campos da educação e das ciências linguísticas surgiram discussões sobre os termos alfabetização e letramento, quanto aos seus significados e abrangência. Um dos grandes centros de discussão dessa terminologia e de suas implicações é o Centro de Alfabetização, Leitura e Escrita (CEALE) da Faculdade de Educação da Universidade Federal de Minas Gerais (UFMG). Em *Letramento: um tema em três gêneros*, Magda Soares (2000) problematiza as distinções entre alfabetização e letramento, indicando que o termo alfabetização diz respeito à aprendizagem da leitura e da escrita, enquanto letramento está relacionado à utilização da leitura e da escrita nas mais diversas práticas sociais[***].

É importante mencionar, também, as discussões contemporâneas propostas pelos pós-estruturalistas, em especial pela sociologia da infância, pelos Estudos Culturais e pela Cultura Visual, acerca de uma visão idea-

---

[*] Estes estudos estão explicitados no Capítulo 2 deste livro.
[**] Ver no Capítulo 2 as contribuições de cada um dos autores para o estudo do desenho da criança.
[***] No Capítulo 3 esta discussão sobre alfabetização e letramento está mais explicitada.

lizada e universal de criança constituída na modernidade pelos estudos sobre o desenvolvimento do conhecimento em diferentes campos do saber. Tais discussões ressaltam as relações de poder e saber que se encontram nessa visão de criança e enfatizam a importância do contexto histórico, social e cultural na constituição desse sujeito-criança, que é plural.

Esta pesquisa não desconsidera essas discussões, mas como o foco está em entender como se processa a construção de conhecimento no desenho e na escrita, a opção pelos estudos construtivistas foi a mais pertinente por oferecer aportes importantes para esta reflexão. Ainda, este referencial possibilitou acompanhar a construção de conhecimento através da interação da criança com estes objetos, a qual acontece, de modo indissociável, dentro de um contexto sociocultural. Logo, não se trata de classificar a criança quanto aos níveis de desenho e de escrita, mas de entender e dar visibilidade à trajetória que ela percorre ao construir essas linguagens e suas inter-relações.

Neste trabalho, são analisadas, então, algumas relações entre os sistemas de representação do desenho e da escrita com base nas estratégias de representação construídas pelas crianças ao se apropriarem desses sistemas. Assim, foram acompanhados os processos de desenho e de escrita de dois grupos de crianças de classe baixa, no 1º ano do Ensino Fundamental, em escolas públicas da cidade de Porto Alegre (RS), com contextos diferenciados quanto à proporção de horas de desenho e escrita no currículo escolar. O primeiro grupo (Grupo A) realizou atividades regulares nas duas áreas durante o ano letivo. O outro grupo (Grupo B) realizou atividades esporádicas de desenho, enquanto a escrita foi trabalhada diariamente. Acompanhou-se, também, dez crianças que estavam, no começo da pesquisa, em níveis iniciais de escrita e em diferentes níveis de desenho.

A metodologia utilizada possibilitou conhecer o desenvolvimento do desenho e da escrita em três momentos distintos de interação, desde os níveis iniciais até a construção dos sistemas. Os dados obtidos no desenho e na escrita, em cada criança, nos três momentos de avaliação, foram cruzados de modo a possibilitar uma análise das relações entre os dois sistemas. Para explicitar tais relações, são apresentados três estudos de casos, analisados qualitativamente, e um estudo comparativo entre os grupos A e B, em cada uma das linguagens e no cruzamento desenho-escrita, analisado quantitativamente.

Nossas hipóteses neste trabalho foram as seguintes: (1) após se diferenciarem, há uma interação entre desenho e escrita no período de aquisição desses sistemas; (2) há uma correlação entre desenho e escrita;

(3) há uma linha de evolução comum ao desenho e à escrita onde se distinguem cinco grandes períodos.

Os resultados dessa pesquisa possibilitaram confirmar estas hipóteses e concluir que existe uma estreita relação entre as construções do desenho e da escrita, com interações entre elas. Observou-se que há períodos comuns à construção dos dois sistemas, os quais as crianças percorrem simultaneamente para o desenho e a escrita, ou primeiro em relação ao desenho, para depois refazer tal percurso para a escrita. Pode-se constatar, portanto, que a construção da escrita é consequente à do desenho, daí a precedência do desenho sobre a escrita. Isso explica por que as crianças só conseguem construir o sistema de escrita estando tão-somente nos estágios finais do desenho.

No entanto, alguns professores de 1º ano do Ensino Fundamental admitem que *não podem perder tempo* possibilitando a seus alunos que desenhem, pois precisam alfabetizá-los para a leitura e escrita. Com essa pesquisa, o que se confirmou foi não só que o desenho é uma forma de construir conhecimentos, uma atividade que envolve sensibilidade e inteligência, mas também que ele influi na construção de outros campos de conhecimento, em especial em relação à escrita. Importa, então, conhecer as complexas relações de interdependência entre as construções destes dois sistemas de representação, o que difere muito de considerar o desenho como preparação para a aquisição da escrita. Assim, possibilitar às crianças que desenhem, ao contrário de ser uma perda de tempo, é propiciar-lhes registrar graficamente suas experiências, através das representações de forma, espaço e cor.

No mapeamento da literatura recente da área e de áreas afins, no Portal de Periódicos CAPES, em publicações nacionais e internacionais, pode-se perceber que as relações entre os processos de desenho e de escrita têm suscitado investigações em diferentes campos de conhecimento. O que evidencia o quanto este tema persiste como fundamental para o entendimento da constituição destes dois processos.

Um dos estudos que dialoga com a presente pesquisa é o de Esther Adi-Japha e Norman Freeman (2001) sobre o desenvolvimento de diferenciações entre os sistemas de desenho e escrita, que refere tanto os estudos de Emilia Ferreiro como os de Karmiloff-Smith. Nesta pesquisa os autores procuraram problematizar e conhecer em que contexto e com que idade as crianças desenvolvem estratégias de diferenciação entre estes dois sistemas gráficos. O foco é o momento inicial de constituição dos dois sistemas, do ponto de vista da interação da criança com essas linguagens, em contexto de desenho e de escrita. As conclusões indicam que tais diferenciações ocorrem por volta dos 6 anos, quando as crianças se tornam mais fluentes na escrita do que no desenho e quando o desenvolvimento de um sistema interfere no outro.

Outro trabalho interessante é o de Lily Chan e Lobo Louie (1992) sobre o processo de desenvolvimento de crianças chinesas pré-escolares no desenho e na escrita. A pesquisa procurou evidenciar as habilidades das crianças para desenhar a figura humana, as diferenciações entre desenho e escrita, bem como as habilidades para escrever o próprio nome. Os resultados mostraram que as crianças de 3 anos já diferenciavam as habilidades do desenho das da escrita, e que apenas as crianças de 5 anos utilizavam o número correto de caracteres chineses para representar seu nome, enquanto as de 3 anos usavam apenas um caracter para grafá-lo.

Em levantamento realizado no Banco de Teses da CAPES, de 1987 a 2009, com descritores relacionando desenho e escrita, pode-se encontrar trabalhos sobre essa temática nas áreas da linguística, da educação, da saúde e da arte/educação, mas nenhum na mesma perspectiva teórica aqui adotada. A maioria tece considerações a respeito da importância do desenho nos momentos iniciais do processo de alfabetização, sem correlacionar as construções entre os processos de desenho e escrita.

A partir dos achados desta pesquisa, considero que é importante o professor de artes visuais, de Educação Infantil e dos anos iniciais do Ensino Fundamental compreender os sistemas de desenho e de escrita em seus níveis de construção; conhecer os diferentes momentos de apropriação destes objetos de conhecimento pela criança; e observar as interações entre desenho e escrita no processo de cada criança. Trata-se, portanto, de possibilitar um diálogo entre duas linguagens gráficas tão caras e tão importantes para as crianças: desenho e escrita.

Introdução

Este trabalho busca analisar o desenvolvimento e a construção dos sistemas de desenho e escrita em crianças de classe baixa, por primeira vez no 1º ano do Ensino Fundamental, recorrendo às interações entre os dois processos. Interação no sentido empregado na teoria de Piaget (1982, p. 26), quando ele diz que "a atividade do sujeito é relativa à constituição do objeto, do mesmo modo que esta implica aquela: é a afirmação de uma interdependência irredutível entre a experiência e a razão".

O conhecimento não se origina, então, no sujeito, nem no objeto, mas se dá na interação entre ambos. Segundo Piaget, nessa interação, o sujeito, à medida que constrói o objeto, constrói-se como sujeito. Dessa forma, os intercâmbios entre desenho e escrita parecem servir para o desenho se constituir como um sistema e a escrita como outro.

O problema a elucidar é como esses dois sistemas interagem, ou seja, como as construções feitas no desenho influenciam as da escrita e vice-versa. Assim, são analisadas as interações entre os processos gráfico-plástico e de escrita, tendo por foco as estratégias de representação construídas pelas crianças ao se apropriarem desses sistemas.

A escolha por este tema dentro de uma abordagem específica justifica-se por várias razões. Em primeiro lugar, porque o trabalho privilegia o processo envolvido nos dois sistemas de representação, ou seja, verifica como se efetua, na criança, a construção do desenho e da escrita, estabelecendo relações entre eles.

É importante ressaltar que os estudos precedentes sobre o desenvolvimento gráfico-plástico (Lowenfeld, Arnheim, Kellogg, Read e Schaefer-Simmern) mostram o processo da criança através das transformações que ocorrem nos seus produtos, sem, no entanto, explicarem o que as leva a alterar suas representações.

Já as investigações realizadas por Luquet, Piaget, Gardner, Freeman, Goodnow, Brent e Marjorie Wilson dão uma abordagem construtivista ao analisarem o desenho da criança como um objeto de conhecimento onde, para compreendê-lo, a criança vai construir hipóteses na sua interação com este objeto. O construtivismo, no enfoque da teoria de Piaget, postula a relação do sujeito com o objeto do conhecimento como algo que não depende só do meio, nem como uma construção interna do sujeito, mas, sim, como uma criação que resulta da interação sujeito-meio. Logo, o conhecimento não é um dado inicial, mas um caminho a ser percorrido, a ser construído pela atividade do sujeito.

Este trabalho, ao abordar o desenho como um sistema de representação e ao partir do processo, considerando as intenções e as interpretações que a criança dá aos seus desenhos quando se apropria desse sistema, insere-se na linha dos trabalhos construtivistas[1].

Em relação à escrita, foram os estudos de Emilia Ferreiro[2] sobre a psicogênese da língua escrita que evidenciaram os níveis pelos quais a criança passa ao se apropriar deste sistema. Ferreiro trata o sistema de escrita como a representação de uma linguagem e a sua aprendizagem como a apropriação de um objeto de conhecimento. Contrapondo suas descobertas com os trabalhos comumente realizados, ela diz que, conforme os métodos tradicionais[3], a aprendizagem da leitura e da escrita é vista como algo mecânico, onde ler significa adquirir a técnica do decifrado, ou seja, reproduzir com a boca o que o olho reconhece visualmente; e escrever equivale a transcrever graficamente a linguagem oral.

Entretanto, em sua abordagem, a autora esclarece: "Pretendemos demonstrar que a aprendizagem da leitura, entendida como o questionamento acerca da natureza, função e valor deste objeto cultural que é a escrita, começa muito antes do que a escola imagina, e procede por vias insuspeitadas. Que além dos métodos, dos manuais, dos recursos didáticos, existe um sujeito que trata de adquirir conhecimento, que se coloca problemas e trata de resolvê-los seguindo sua própria metodologia. (...) insistiremos sobre isto: um sujeito que trata de adquirir conhecimento, e não simplesmente um sujeito disposto ou mal disposto a adquirir uma técnica particular" (Ferreiro e Teberosky, 1979, p.9).

Pode-se perceber que a alfabetização, para Emilia Ferreiro, parte, em relação à aquisição de conhecimentos, de pressupostos diferentes dos da alfabetização tradicional. Esses pressupostos referem-se a sua visão sobre o conhecimento e sobre a maneira de a criança obtê-lo, os quais se fundamentam na teoria de Piaget.

Logo, compreender o desenho e a escrita da criança, a partir das ideias que ela faz sobre esses dois sistemas de representação, durante sua construção, é considerar essas linguagens sob outro ponto de vista, ou seja, o do processo do sujeito. Esta pesquisa, relacionando esses dois processos, tem por finalidade demonstrar que as representações gráficas do desenho, apesar de diferenciadas da escrita, seguem uma linha de evolução semelhante na construção dos seus sistemas. Dessa forma, estudar o desenvolvimento e a construção do desenho e da escrita a partir das interações entre os dois trará contribuições no sentido de compreender melhor o processo de apropriação dessas duas linguagens pela criança.

Em segundo lugar, porque as concepções teóricas existentes apontam a possibilidade de se estabelecerem relações entre desenho e escrita, mas, até onde foi possível pesquisar, não há estudos que demonstrem tais relações. Piaget chega a propor a interação entre as diversas formas de representação. Pela análise das várias condutas representativas, o autor sugere a existência de elementos comuns entre elas e denomina esse mecanismo comum de função semiótica, a qual, na sua concepção, torna possível a evocação representativa de objetos ou acontecimentos não percebidos atualmente. O importante é observar que Piaget defende a interação entre as diversas formas de representações, através da função semiótica, como mecanismo comum a todas elas, e que esta interação evidencia-se nas transformações que ocorrem, ao mesmo tempo, em cada uma dessas representações.

Emilia Ferreiro também admite a interação entre as diversas formas de representações, especialmente as representações gráficas. Para a autora, "parece evidente que os diferentes sistemas representacionais não são elaborados separadamente, mas sim com vários tipos de interação entre si (incluindo interferências)" (Ferreiro, 1985a, p.42).

Apesar de interagirem um com o outro, desenho e escrita são modos distintos de representar os objetos. O desenho está muito mais próximo dos aspectos figurativos da realidade e do símbolo, enquanto a escrita está próxima dos aspectos operativos – não diretamente ligados às configurações dos objetos, mas às suas transformações – e dos signos e sinais, que são arbitrários.

Nesta pesquisa, busca-se analisar como desenho e escrita, enquanto formas distintas de representação, interagem nas suas construções através das transformações que ocorrem nos estágios desses sistemas.

Outros teóricos, analisando o desenvolvimento do desenho e da escrita, observaram uma origem gráfica comum, a qual explica por que inicialmente esses dois sistemas se encontram indiferenciados[4]. Em relação a isso, Liliane Lurçat, citada por Emilia Ferreiro, comenta que no início da representação gráfica podemos constatar que: "nos primeiros traços de produção espontânea, desenho e escrita se confundem. Ambos consistem em marcas visíveis sobre o papel. Logo, e de forma paulatina, vão se diferenciando. Alguns traços gráficos adquirem formas cada vez mais figurativas, enquanto outros evoluem para a imitação dos caracteres mais sobressalentes da escrita" (Lurçat *apud* Ferreiro e Teberosky, 1979, p. 81).

Desenho e escrita são, portanto, formas de representação, ou seja, expressões da função semiótica, e têm a mesma origem gráfica.

Emilia Ferreiro considera, no entanto, que as relações entre esses dois sistemas não se restringem apenas a sua origem gráfica. E a autora observa: "aos 4 anos, a maioria das crianças sabe quando o resultado de um traço gráfico é um desenho e quando pode ser denominado escrita. Tentando compreender o que a escrita representa, a criança estabelece distinções entre desenho e escrita" (Ferreiro e Teberosky, 1979, p. 333).

Essas primeiras distinções dizem respeito à interpretação de texto com imagem, uma vez que a criança pensa que só texto não dá para ler. Assim, a escrita é interpretada como a legenda da imagem. Sobre essa distinção entre imagem e texto, Emilia Ferreiro diz: "o que a criança supõe, inicialmente, é que o significado de ambos é próximo embora as formas significantes sejam diferentes. Portanto, há uma diferenciação a respeito dos significantes, mas se espera encontrar uma semelhança nos significados" (Ferreiro e Teberosky, 1979, p. 333).

Em outras palavras, desenho e escrita, por estarem juntos num texto com imagem, formam uma unidade para expressar uma mensagem gráfica. Quando a criança começa a se preocupar em diferenciar imagem e texto, este passa a representar o nome do objeto, e a imagem, os seus aspectos figurativos.

Assim, a partir das concepções de teóricos, desenho e escrita começam indiferenciados, até o momento em que, conforme Emilia Ferreiro, "a criança começa por tratar de diferenciar o gráfico-icônico do gráfico-não-icônico, antes de tentar fazer diferenciações no interior deste último conjunto. Uma vez que esses dois tipos de universos gráficos estejam relativamente bem diferenciados, e suas funções respectivas relativamente bem estabelecidas, pode-se começar a fazer distinções dentro das grafias-não-icônicas em termos de grafias-letras e grafias-não-letras" (Ferreiro e Teberosky, 1979, p. 334).

E não seria nessa mesma época, também, que a criança começa a fazer distinções dentro das grafias icônicas? Após desenho e escrita se diferenciarem, a criança passa a considerar as especificidades de cada sistema, e, nesse caso, haveria alguma relação entre desenho e escrita após essa diferenciação? São precisamente essas relações entre os dois sistemas e suas interações que constituem o objeto deste trabalho, pois só se pode falar em interação quando desenho e escrita estão minimamente constituídos enquanto objetos substitutos.

Como se viu, vários estudos mostram que é possível estabelecer relações entre desenho e escrita, pois há indícios de que as diversas formas de representação interagem entre si através das transformações que ocorrem em cada momento de apropriação desses sistemas. E mais, desenho e escrita têm uma origem gráfica comum. Só depois a criança diferencia as marcas gráficas figurativas das não figurativas, constituindo o desenho e a escrita como objetos substitutos; após essa diferenciação, a criança começa a criar distinções dentro de cada um dos sistemas.

Em terceiro lugar, se poderia justificar este estudo das interações através de constatações feitas em pesquisas anteriores[5], que apontam que os avanços na escrita coincidem com um progresso no desenho, e mais, que as crianças alfabéticas estão, em geral, no estágio do realismo intelectual, sendo muito difícil encontrar crianças alfabéticas no realismo fortuito ou vice-versa. Será que as construções feitas no desenho influem nas construções da escrita, apesar de serem objetos distintos com conceptualizações diferenciadas?

Assim, considerando o que foi exposto, justifica-se a realização desta pesquisa, a qual procura validar três hipóteses, a saber:

1. Após diferenciação, há uma interação entre desenho e escrita, no período de aquisição desses sistemas.
2. Essa interação corresponde a uma correlação entre desenho e escrita onde:
   2.1. As crianças pré-silábicas produzem desenhos nos estágios do realismo fortuito, da incapacidade sintética ou do realismo intelectual;
   2.2. As crianças silábicas, silábico-alfabéticas e alfabéticas produzem desenhos nos estágios da incapacidade sintética ou do realismo intelectual.

3. Desenho e escrita seguem uma linha de evolução onde podem ser distinguidos cinco grandes períodos comuns na construção dos dois sistemas:
3.1. Origem gráfica comum;
3.2. Distinção entre os modos de representação icônico e não icônico;
3.3. Construção de formas de diferenciação entre os elementos;
3.4. Construção de diferenciações e coordenações entre os elementos e as relações em cada um dos sistemas;
3.5. Aprimoramento dos sistemas.

O quadro que segue ilustra e sintetiza o exposto, propiciando uma melhor visualização das hipóteses deste trabalho.

PERÍODOS	DESENHO	ESCRITA
Origem gráfica comum	O desenho começa como uma escrita, e a escrita começa como um desenho REALISMO FORTUITO (desenho involuntário)	
Distinção entre os modos de representação icônico e não icônico: constituição do desenho e da escrita como objetos substitutos.	REALISMO FORTUITO (desenho voluntário)	PRÉ-SILÁBICO
Construção de formas de diferenciação entre os elementos	• Formas diferentes para objetos diferentes • Relações espaciais topológicas INCAPACIDADE SINTÉTICA	• Diferenciação entre as escritas para dizer coisas diferentes: a) quantidade de letras b) repertório de letras c) posição das letras PRÉ-SILÁBICO
Construção de diferenciações e de coordenação entre os elementos e as relações dos sistemas	• Início da coordenação de representações de forma e espaço • Atribuição de uma forma exemplar a cada elemento • Início da construção de formas projetivas e euclidianas para representar o espaço • Construção do sistema de desenho REALISMO INTELECTUAL	• Fonetização da escrita • Atenção às propriedades sonoras do significante: • **Silábico:** uma letra para cada sílaba • **Silábico-alfabético:** não basta uma letra para cada sílaba • **Alfabético:** correpondência entre grafemas e fonemas
APRIMORAMENTOS DOS SISTEMAS	REALISMO VIRTUAL	ORTOGRÁFICO

Tais relações entre desenho e escrita, bem como a abordagem dos dois sistemas estão assentes sobre as seguintes questões: O que é representação? E no que consiste um sistema de representação?

Dessa forma, antes da análise dos dois sistemas e de suas interações, são tratados, no Capítulo 1, os conceitos de representação e de sistema de representação, tendo como marco a teoria de Piaget.

Para que se possa, contudo, relacionar os sistemas de desenho e escrita, é preciso, em primeiro lugar, conhecer cada um deles. Assim, no Capítulo 2, aborda-se o desenho como um sistema de representação, situando a linha teórica em que este trabalho está fundamentado dentro dos estudos mais relevantes sobre o desenho infantil. Tais estudos evidenciam modos distintos de compreender como se processa a construção de conhecimento a partir da relação do sujeito com o objeto a conhecer, os quais vinculam-se a quatro grandes linhas teóricas. São mencionados, também, estudos contemporâneos sobre os processos de desenho realizados no país e em outros países. Ainda neste capítulo, após esclarecer a linha teórica a que este trabalho se filia, é analisado o desenvolvimento gráfico da criança segundo Luquet, Piaget e Gardner.

No Capítulo 3, trata-se a escrita como um sistema de representação, a partir dos estudos de Emilia Ferreiro. Expõem-se os pressupostos teóricos que embasam o trabalho da autora, de modo a precisar como se dá a aquisição do objeto conceitual da escrita pelo sujeito. Apontam-se distinções entre os conceitos de alfabetização e letramento com base em estudos das áreas da educação e da linguística. Em seguida, são apresentados os níveis que a criança percorre ao se apropriar do sistema de escrita, bem como a sua gênese, ou seja, é descrita a psicogênese da escrita.

No Capítulo 4, expõem-se as situações de desenho e de escrita realizadas nesta pesquisa, explicitando os sujeitos que participaram desta investigação, os materiais empregados e os procedimentos adotados para a coleta de dados.

No Capítulo 5, apresentam-se as relações entre desenho e escrita de forma qualitativa e quantitativa. A análise qualitativa de três estudos de caso interpreta os processos envolvidos e mostra, nos níveis de desenvolvimento do desenho e da escrita, as interações quando a evolução dos sistemas é simultânea e quando há uma precedência do desenho sobre a escrita. A análise quantitativa descreve a frequência dessas interações nos processos das crianças, evidenciando que a interação desenho-escrita, na construção desses dois sistemas de representação, é comum à grande maioria das crianças pesquisadas. É feita, também, uma descrição comparativa entre o desenvolvimento das crianças que realizaram atividades de desenho e escrita regularmente ao longo do ano (Grupo A) e daquelas que realizaram atividades esporádicas de desenho, enquanto a escrita foi trabalhada durante todo o ano (Grupo B).

Nas Conclusões, discutem-se os resultados encontrados nesta pesquisa, relacionando-os com os objetivos e as hipóteses colocadas inicialmente; apresentam-se conclusões acerca das interações entre os sistemas de desenho e escrita nos processos das crianças, evidenciando a relevância e a atualidade deste trabalho através do diálogo com pesquisas contemporâneas sobre esta temática; mencionam-se problemas que ficaram em aberto para serem tratados em outras investigações; e apontam-se implicações pedagógicas advindas do tema tratado neste trabalho.

NOTAS

1 Como, até então, não havia estudos que considerassem as concepções da criança sobre o seu próprio desenvolvimento no desenho, a abordagem construtivista é a que mais se insere nesta perspectiva. (A esse respeito, ver Pillar (1996), pesquisa que aborda o processo de desenho do ponto de vista da criança).
2 Emilia Ferreiro, psicóloga argentina, doutora pela Universidade de Genebra, onde foi orientanda e colaboradora de Piaget. Realiza, desde 1979, investigações sobre a psicogênese da leitura e da escrita.
3 Sobre os métodos tradicionais de alfabetização, Emilia Ferreiro diz: "Tradicionalmente, na perspectiva pedagógica, o problema da aprendizagem da leitura e da escrita tem sido colocado como uma questão de métodos. A preocupação dos educadores tem se orientado na busca do 'melhor' ou do 'mais eficaz' deles, suscitando, assim, uma polêmica em torno de dois tipos fundamentais de métodos: sintéticos, que partem de elementos menores do que a palavra, e analíticos, que partem da palavra ou de unidades maiores. Na defesa das virtudes respectivas de um e de outro método, tem se originado uma discussão registrada em uma extensa literatura que refere tanto à colocação metodológica em si como aos processos psicológicos subjacentes". (Ferreiro e Teberosky, 1979, p. 17).
4 A respeito do conceito de indiferenciação, ver Capítulo 1.
5 Como responsável pela pesquisa da área de artes plásticas no projeto do GEEMPA *Alfabetização em Classes Populares*, constatei este fato, o qual esboço no livro *Fazendo artes na alfabetização: artes plásticas e alfabetização*. (Pillar, 1986).

1
Representação e sistema de representação

Neste capítulo, são levantadas algumas ideias sobre os conceitos de representação e sistema de representação com base na teoria de Piaget. Com isso se pretende tratar a representação e o momento em que ela se evidencia no desenvolvimento da criança, bem como os elementos envolvidos na construção de um sistema de representação.

REPRESENTAÇÃO

Considerar em que consiste a representação para Piaget e em que momento do desenvolvimento cognitivo da criança ela nasce é uma questão bastante complexa e não se tem a pretensão de esgotá-la, apenas de abordar alguns pontos a esse respeito.

Segundo Piaget, usa-se o termo "representação" em dois sentidos muito diferentes: num sentido mais amplo, a representação é confundida com o pensamento, ou seja, com toda inteligência que se apoia num sistema de conceitos; num sentido mais estrito, reduz-se à imagem mental, isto é, às lembranças simbólicas de realidades ausentes. Essas duas espécies de representações se relacionam entre si, e, nessa relação, pode-se considerar a imagem um símbolo concreto, em oposição ao conceito, geralmente mais abstrato. Embora o pensamento não se reduza a um sistema de imagens, ele se faz acompanhar de imagens. "Portanto, se pensar consiste em interligar significações, a imagem será um 'significante', e o conceito, um 'significado'" (Piaget, 1978, p. 87).

Assim, pode-se constatar que, para a teoria piagetiana, o pensamento, como um sistema de conceitos, e as imagens, como lembranças simbólicas, estão intimamente unidos no ato de pensar, união essa que constitui a significação, em que os conceitos são os significados e as imagens, os significantes.

À representação, em sentido amplo, Piaget denominou "representação conceptual"; à representação no sentido estrito, "representação simbólica".

É importante compreender, então, quando há indícios da atividade representativa no desenvolvimento da criança. Conforme Piaget, "ao cabo do período sensório-motor, entre 1 ano e meio e 2 anos, surge uma função fundamental para a evolução das condutas ulteriores, que consiste em poder representar alguma coisa (um 'significado' qualquer: objeto, acontecimento, esquema conceptual, etc.) por meio de um 'significante' diferenciado e que só serve para essa representação: linguagem, imagem mental, gesto simbólico, etc." (Piaget e Inhelder, 1985, p. 46).

A esta função fundamental Piaget chama de função semiótica. Esclarecendo a denominação, o autor comenta que, ao invés de usar a expressão "função simbólica", ele prefere "função semiótica" porque nesta estão englobados os signos, arbitrários e sociais, e os símbolos, analógicos e tanto individuais como sociais. É a função semiótica que possibilita à criança representar objetos ou situações que estão fora do seu campo visual por meio de imagens mentais, de desenho, da linguagem, etc. Nesse sentido, a representação dentro da teoria piagetiana pode ser definida como "a capacidade de evocar mediante um signo ou uma imagem simbólica o objeto ausente ou a ação ainda não consumada" (Piaget, 1982, p. 231).

Para Piaget, no nível sensório-motor, a criança e o meio, inicialmente, constituem um todo indiferenciado, onde os objetos não têm permanência, ou seja, não existem independentemente da atividade do sujeito; os espaços são múltiplos, porque só são percebidos em função do eu; e o tempo restringe-se ao momento atual. Segundo o autor, para se constituir o universo representativo e ultrapassar o nível sensório-motor, duas espécies de atividades novas têm que ser conquistadas, a saber, estender o tempo-espaço atuais para tempo-espaço contínuos e coordenar o universo do sujeito com o dos outros indivíduos.

Conforme Piaget, "efetua-se uma vasta construção espaço-temporal no espírito da criança, entre o nascimento e a última fase do desenvolvimento da inteligência sensório-motora, ou, portanto, durante mais ou menos os 18 primeiros meses: partindo de um mundo sem objetos nem permanências substanciais, de espaços sensórios múltiplos e centrados sobre o próprio corpo e sem outro tempo senão o instante vivido pela própria ação, essa construção chega a um universo formado de objetos permanentes, constituídos num espaço prático único, relativamente descentralizado (porque engloba o próprio corpo como um elemento entre os outros) e a desenrolar-se em séries temporais que bastam à reconstituição e à antecipação práticas" (Piaget, 1978, p. 333).

No final do período sensório-motor, à medida que a criança coordena esquemas de ações, as relações entre o sujeito e o meio diferenciam-se, possibilitando uma estruturação do sujeito e a construção de objetos permanentes, de um espaço contínuo e de séries temporais.

A estruturação do sujeito significa uma descentração dele mesmo, o que implica uma construção progressiva do eu. Tal construção é concomitante à do objeto, do espaço e do tempo, e, nela, o sujeito e o meio não se constituem independentemente um do outro.

A construção do esquema do objeto permanente diz respeito à elaboração de um mundo independente do eu ou de uma diferenciação entre o sujeito e o objeto, em que este segue tendo existência material, apesar de não ter indicação visível de sua presença, ou, em uma palavra, o objeto se conserva enquanto forma.

Paralelamente e em interação com a constituição do sujeito e do objeto, há a elaboração do campo espacial, como um meio que interliga todos os objetos e onde o sujeito está inserido, e do tempo, como uma relação que tem um antes e um depois e que engloba o sujeito e o universo.

Apesar de existirem tais construções e estruturações no nível sensório-motor, não há, no comportamento da criança, indicações de representação, ou seja, de uma conduta que implique a evocação de um objeto ausente. Piaget esclarece, igualmente, que a constituição do esquema do objeto permanente, entre os 9 e os 12 meses, não implica a representação. Isso porque a criança procura um objeto desaparecido, o qual acaba de ser percebido dentro da ação realizada.

Dessa forma, a inteligência sensório-motora está assente na ação[1] do sujeito sobre os objetos presentes no tempo-espaço atuais. A criança, nesse período, não pensa no que está fora do campo perceptivo, especialmente fora do seu campo visual – isso porque não possui representações, apesar de conservar os objetos recentemente percebidos. Sua interação se dá somente pela ação com objetos presentes.

Contudo, essas construções, bem como a diferenciação entre significantes e significados possibilitam à criança reconstruir, em nível representativo, o que a inteligência sensório-motora elaborou.

Em relação à coordenação do universo do sujeito com o dos outros indivíduos, Piaget mostra que inicialmente o universo da criança é egocêntrico, e o autor diz servir-se do termo "egocentrismo para indicar a incapacidade inicial de descentrar" (Piaget in Vygotsky, 1966, p. 4). Esclarecendo melhor esse modo de pensar, o autor afirma que "pensar de maneira egocêntrica significa, com efeito, por um lado não se adaptar aos ditos nem aos pontos de vista dos outros, mas que se relaciona tudo a si; e, por outro lado, significa considerar sempre a sua percepção imediata como absoluta, precisamente tendo em vista o não se adaptar às percepções dos outros" (Piaget, 1967, p. 216-217).

Descentrar-se, então, significa poder coordenar o ponto de vista próprio com o dos outros e poder chegar a se colocar no ponto de vista do outro. À medida que a criança começa a coordenar o seu ponto de vista com o dos outros, isso lhe possibilitará construir, sobre o nível da consciência, o que só ocorria até então no plano motor. Tal fato conduzirá a criança a tomar consciência de suas ações, até o momento inconscientes. Tomar consciência de uma ação significa passar do plano prático, o do fazer, para o plano da representação, o da compreensão; e, assim, reinventar a ação em pensamento.

Logo, de acordo com Piaget, não se pode falar em função semiótica no nível sensório-motor, porque, apesar de haver desde o início construção e utilização de significações, os significantes e os significados estão indiferenciados, pois, ou estão amalgamados, vinculados, misturados, – isto é, os dois existem de forma confusa, funcionando como se fossem um todo –, ou ainda, porque há uma descoordenação geral entre ambos.

À medida que as experiências da criança, organizadas em sistemas de significação, destacam-se da percepção, interiorizam-se em imagens mentais, as quais vão se tornando simbólicas, os significantes e os significados se separam, diferenciam-se, distinguem-se, destacam-se e simultaneamente se relacionam.

A indiferenciação é o momento mais elementar de qualquer relação e, conforme Piaget, consiste em formar uma unidade entre os elementos implicados – de modo que estes não funcionam isolados por estarem amalgamados confusamente – ou não integrar os elementos numa relação.

Quando o sujeito se dá conta das contradições relativas à indiferenciação, ele se desequilibra; para reequilibrar-se, é necessário superar as contradições, construindo uma nova estrutura, a qual implica diferenciar e coordenar os elementos.

Assim, à medida que o sujeito diferencia os elementos, ele os coordena sucessivamente, o que torna os processos de diferenciação e de coordenação fundamentais em todo ato de conhecimento. A diferenciação evidencia-se com a construção pelo sujeito das possibilidades, ou seja, das infinitas alternativas dentro de um sistema. Desse modo, a diferenciação é o que dá abertura ao sistema e o que possibilita que os elementos interajam entre si.

A coordenação cria uma relação de dependência entre os elementos, através da necessidade[2], a qual, por sua vez, permite que as ações aconteçam juntas, criando a integração, o vínculo. Sem necessidade, não há relação entre os elementos de um sistema.

Logo, a diferenciação e a coordenação estruturam os diferentes níveis de um sistema, uma vez que, num sistema, não basta ter os elementos, o importante é a relação que os vincula como algo necessário. Vale ressaltar que a primeira condição para a constituição de um sistema é, simultaneamente, diferenciar os elementos e coordená-los, em que diferenciar e coordenar aparecem como processos complementares, mas de direções inversas.

A esse respeito, Emilia Ferreiro enfatiza que a partir da indiferenciação se desencadeia "um processo que vai simultaneamente em duas direções opostas mas interdependentes: a diferenciação (...) e a integração" (Ferreiro, 1985a, p. 15-16).

O que constitui, então, a função semiótica e o que a faz ultrapassar a atividade sensório-motora é a capacidade de representar um objeto ausente, por meio de símbolos ou signos, o que implica poder diferenciar e coordenar os significantes e os significados ao mesmo tempo.

A representação demanda, assim, a construção de novos esquemas, a reformulação de estruturas para assimilar o que as estruturas do período sensório-motor não conseguiram integrar, o que só é possível através do estabelecimento de novas diferenciações e coordenações. Tais construções, no período representativo, criam novas possibilidades de interação da criança com os objetos. A interação direta com os objetos presentes, característica do período sensório-motor, é agora enriquecida pela interação, através da representação, com objetos ausentes.

É, pois, através da função semiótica que se consegue lembrar e reconstituir por pensamento ações passadas e relacioná-las num todo com as ações presentes. Diz Piaget que é próprio da representação "ultrapassar o imediato, fazendo crescer as dimensões no espaço e no tempo do campo da adaptação e, portanto, evocar o que ultrapassa o domínio perceptivo e motor" (Piaget, 1978, p. 345).

Para o autor, representar é reconstruir no plano mental o que estava estruturado no plano das ações. De forma sucinta, poderíamos dizer, então, que "há representação quando se imita um modelo ausente" (Piaget, 1978, p. 12), e que "a representação começa quando há, simultaneamente, diferenciação e coordenação entre 'significantes' e 'significados' ou significações" (Piaget, 1978, p. 11-12).

Piaget distinguiu cinco condutas representativas, as quais aparecem mais ou menos ao mesmo tempo, e enumerou-as em ordem crescente de complexidade.

Em primeiro lugar, há a imitação diferida, ou seja, aquela conduta de reprodução de um ato motor, desvinculado do seu contexto, a qual principia na ausência do modelo e constitui o início de um significante diferenciado.

Em segundo lugar, há o jogo simbólico, em que a representação em pensamento evidencia-se claramente; aqui a criança brinca de faz-de-conta, utilizando gestos imitativos com objetos, os quais se tornam simbólicos porque lhes é atribuído um significado qualquer.

Em terceiro lugar, há o desenho[3] ou a imagem gráfica, que inicialmente é intermediária entre o jogo simbólico – do qual mostra o mesmo prazer e desinteresse – e a imagem mental – da qual possui o esforço da imitação interiorizada do real.

Em quarto lugar, vem a imagem mental, a qual principia como imitação interiorizada.

Em quinto lugar, surge a evocação verbal de ações passadas através da linguagem; tal representação se apoia no significante constituído pelos sinais da língua.

Em atividades tão diversas como a imitação diferida, o jogo simbólico, o desenho, a imagem mental e a evocação verbal, o autor descobre o caráter representativo de cada uma delas. Considerando o que há de comum entre tais manifestações da função semiótica, Piaget diz "a despeito da espantosa diversidade das suas manifestações, a função semiótica apresenta notável unidade. Quer se trate de imitações diferidas, de jogo simbólico, de desenho, de imagens mentais e de lembranças-imagens ou de linguagem, consiste sempre em permitir a evocação representativa de objetos ou acontecimentos não percebidos atualmente. Mas, reciprocamente, se possibilita, dessa maneira, o pensamento, fornecendo-lhe ilimitado campo de ação, em oposição às fronteiras restritas da ação sensório-motora e da percepção, que só progridem sob a direção e graças às contribuições desse pensamento ou inteligência representativa" (Piaget e Inhelder, 1985, p. 79).

A representação, como se pode constatar, é uma condição básica para o pensamento existir, ou seja, não há pensamento, como a capacidade de evocar e articular ações interiorizadas, sem representação. Isso porque, no período sensório-motor, só existe o tempo-espaço atuais, o universo centrado no sujeito, a ação sobre os objetos presentes e uma indiferenciação dos significantes e dos significados.

Piaget situa, assim, o pensamento representativo como intermediário entre a atividade sensório-motora que o precede – em que predomina a ação prática –, e o pensamento operatório, em que a criança é capaz de articular ações interiorizadas no plano das representações. É, pois, "graças ao conjunto tanto de símbolos individuais como desses signos que os esquemas sensório-motores acabam por transformar-se em conceitos" (Piaget, 1978, p. 12).

Os progressos da atividade representativa em relação ao período sensório-motor se devem, portanto, à função semiótica, a qual é geradora de representação. Em tais progressos existem elementos variáveis, referentes às estruturas, e elementos invariáveis, que dizem respeito às funções do pensamento. Em outras palavras, o funcionamento dos esquemas de ações conserva o esquema enquanto tal, ao mesmo tempo em que possibilita a construção de novas estruturas.

Segundo a teoria piagetiana "do simples reflexo à inteligência mais sistemática, um mesmo funcionamento se prolonga, segundo nos parece, através de todas as fases, estabelecendo, assim, uma continuidade regular entre estruturas cada vez mais complexas. Mas essa continuidade funcional de modo nenhum exclui uma transformação das estruturas..." (Piaget, 1982, p. 151).

O funcionamento constante da inteligência, ou seja, a sua continuidade funcional possibilita, então, a construção das sucessivas estruturas através dos invariantes funcionais da adaptação e da organização. Ao explicitar como o sujeito chega a conhecer, o autor mostra as funções invariantes de adaptação e de organização como processos complementares. A primeira diz respeito ao aspecto externo deste funcionamento e explicita como o sujeito, ao adaptar-se a novas situações, transforma-se e transforma o objeto, estabelecendo um equilíbrio[4] mais completo e elaborando estruturas cada vez mais complexas em seu contato com o meio. A segunda refere-se ao aspecto interno do funcionamento da inteligência, ou seja, explicita como se dá a passagem de um nível inferior para um superior, e a reconstrução, nesse novo nível, do que foi retirado do anterior.

Essa tese da "continuidade funcional" e da "heterogeneidade estrutural" entre um período e outro do desenvolvimento cognitivo perpassa toda a obra de Piaget.

Assim, ao abordar a gênese e as estruturas dos níveis sensório-motor e representativo, Piaget demonstra que as funções do pensamento permanecem constantes de um nível a outro, apesar de as estruturas serem diferentes. Além disso, analisando as construções do período representativo e as do nível sensório-motor, o autor constatou que "a representação amplia e coordena as conquistas da inteligência sensório-motora, com reconstrução sobre o novo plano, mas defasagem entre esta reconstrução e as construções anteriores sem descontinuidade absoluta" (Piaget, 1978, p. 333-334).

Há defasagem entre as construções do nível representativo e as construções sensório-motoras, uma vez que, para reorganizar e reestruturar as ações práticas no plano da representação em novo equilíbrio, a criança terá de efetuar um percurso análogo ao do nível sensório-motor não mais através de ações, mas de representações. Isso porque para alcançar o equilíbrio no plano representativo "tem-se, pois, de novamente percorrer caminho semelhante ao que elas [a assimilação e a acomodação[5]] acabam de completar" (Piaget, 1978, p. 307).

Em suma, a representação, dentro da teoria de Piaget, é gerada pela função semiótica, a qual possibilita à criança reconstruir em pensamento um objeto ausente por meio de um símbolo ou de um signo. Ela nasce da diferenciação e da coordenação combinadas, correlatas, entre significantes e significados. A representação é a condição básica para o pensamento existir, uma vez que, sem ela, não há pensamento, só inteligência puramente vivida como no nível sensório-motor. É através do surgimento da função semiótica que a criança consegue evocar e reconstruir em pensamento ações passadas e relacioná-las com as ações atuais. É a representação que possibilita à criança estender o tempo-espaço atuais para o tempo-espaço contínuos, descentrar-se do seu universo para entender o pensamento dos outros e interiorizar as ações passadas para poder articulá-las no nível operatório.

Assim, de acordo com a teoria piagetiana, após a constituição da função semiótica – isto é, da capacidade de diferenciar o significado do significante – e da organização espaço-temporal e causal das representações, torna-se possível a aquisição da linguagem. Isso talvez possa explicar porque "a linguagem se adquire numa certa idade e não noutra, segundo uma certa ordem e não em outra, e só se transforma, pois, em pensamento, à medida que este se encontra apto a se deixar transformar" (Piaget, 1978, p. 13).

Esse fato é de suma importância ao se analisar desenho e escrita como linguagens, pois, a partir do que foi exposto, pode-se constatar que só depois do surgimento da função semiótica a criança consegue representar suas experiências através do desenho e da escrita.

Segundo Piaget, as diversas formas de pensamento representativo interdependem e interagem umas com as outras, evoluindo todas em função de um equilíbrio progressivo. O autor mostra a função semiótica "como mecanismo comum aos diferentes sistemas de representação" (Piaget, 1978, p. 14). Convém discutir, então, em que consiste um sistema de representação.

SISTEMA DE REPRESENTAÇÃO

É interessante, em primeiro lugar, esclarecer o que Piaget entende por sistema: "um sistema é (...) um conjunto de relações interdependentes que constituem uma totalidade com propriedades estáveis, independentemente das variações possíveis de seus elementos. Um sistema é, pois, suscetível de funcionamento sob a forma de ações ou operações momentâneas e (temporalmente) sucessivas que modificam os elementos. Comporta, por outro lado, uma 'estrutura' enquanto conjunto intemporal das transformações possíveis que respeitam os caracteres de sua totalidade" (Piaget, 1986, p. 44).

O autor define, assim, um sistema como um conjunto de relações imbricadas entre si que formam um todo com propriedades estáveis, ou seja, com propriedades que se conservam apesar das variações de seus elementos. Para ele, o funcionamento de um sistema se dá através das relações entre as ações práticas ou interiorizadas, as quais transformam os elementos. Ainda mais, o sistema possui uma estrutura, enquanto forma de equilíbrio, que ao se desestabilizar desorganiza todo o sistema. Para reequilibrá-lo o sujeito tem de construir uma outra estrutura, em que o funcionamento se conserva, possibilitando a continuidade do sistema. Assim, na busca de um novo equilíbrio, a estrutura do sistema se modifica e o que o conserva enquanto sistema é o seu funcionamento. Um sistema é, então, um conjunto de elementos estruturados, em que o tipo de vínculos estabelecidos entre os elementos é o que define a sua estrutura. Tais elementos variam estruturalmente, conservando o funcionamento do sistema.

Sobre sistema de representação, Emilia Ferreiro diz que "a construção de qualquer sistema de representação envolve um processo de diferenciação dos elementos e relações reconhecidas no objeto a ser apresentado e uma seleção daqueles elementos e relações que serão retidos na representação. Uma representação X não é igual a realidade R que representa (se assim for, não seria uma representação, mas uma outra instância de R). Portanto, se um sistema X é uma representação adequada de certa realidade R, reúne duas condições aparentemente contraditórias: (a) X possui algumas das propriedades e relações próprias a R; (b) X exclui algumas das propriedades e relações próprias a R" (Ferreiro, 1985c, p.10).

Como já foi dito anteriormente, a diferenciação e a coordenação estruturam um sistema. Assim, para se construir um sistema de representação, é necessário analisar o objeto a ser representado, destacando não só os elementos, mas também os vínculos estabelecidos entre eles, e selecionar aqueles elementos e coordenações que fazem parte da representação. Nesse sentido, um sistema de representação contém alguns elementos, propriedades e relações do objeto a ser representado e exclui outros.

Emilia Ferreiro aponta que "este processo seletivo (de retenção e omissão) não é ilusório, já que uma representação não é um 'doble' do real e, portanto, necessariamente retém só alguns dos elementos, propriedades e relações do real representado. O que foi omitido não deve, no entanto, ser esquecido; o omitido é o que o intérprete deve reintroduzir no momento de interpretar tal representação" (Ferreiro, 1985b, p. 7).

Importa destacar, pois, que tanto a construção de um sistema de representação como a sua interpretação são atos de reconstrução da realidade em que apenas certos elementos, propriedades e relações desta realidade estão inseridos.

Emilia Ferreiro afirma, ainda, que "a construção de uma primeira forma de representação adequada costuma ser um longo processo histórico, até se obter uma forma final de uso coletivo" (Ferreiro, 1985c, p. 12).

Pensava-se que, uma vez construído um sistema de representação, este seria aprendido como um sistema de codificação. No entanto, as descobertas de Emilia Ferreiro vieram mostrar o contrário, ou seja, que a criança, ao se apropriar de um sistema de representação, o reinventa, e as dificuldades que enfrenta são semelhantes às da construção desse sistema.

Em relação ao sistema da escrita, Emilia Ferreiro diz que "a escrita pode ser concebida de duas formas muito diferentes e, conforme o modo de considerá-la, as consequências mudam drasticamente. A escrita pode ser considerada como uma representação da linguagem ou como um código de transcrição gráfica das unidades sonoras" (Ferreiro, 1985c, p. 10).

Segundo a autora, ao considerarmos a escrita como um código, em que tanto os elementos como as relações estão predeterminados, resta-nos apenas encontrar uma representação diferente para os mesmos elementos e as mesmas relações. Assim, a aprendizagem desse código ficará restrita à aquisição de uma técnica. Por outro lado, ao tratarmos a escrita como uma representação, em que nem os elementos nem as relações estão predeterminados, cabe-nos criar os elementos e as relações do sistema. Nesse caso, a aprendizagem de tal sistema de representação consistirá na apropriação de um novo objeto de conhecimento.

Desse modo, pode-se dizer que, ao se pensar o desenho e a escrita como o aprendizado de um código, é possível dissociar sua produção e interpretação enquanto técnicas diferentes. Se, no entanto, desenho e escrita forem considerados como sistemas de representação, então a atividade da criança para compreendê-los pressupõe tanto interpretação como produção.

Logo, tratar o desenho e a escrita como sistemas de representação gráfica implica considerar, do ponto de vista da criança que aprende, sua produção e interpretação como atividades complementares, que fazem parte dessa reconstrução dos sistemas. Além disso, diz Piaget, "para conhecer os objetos, é preciso agir sobre eles de maneira a decompô-los e a recompô-los" (Piaget e Inhelder, 1977, p. 8). Assim, para que a criança se aproprie dos sistemas de representação do desenho e da escrita, ela terá de reconstruí-los, diferenciando os elementos e as relações próprias aos sistemas, bem como a natureza do vínculo entre o objeto do conhecimento e sua representação. Esse vínculo pode ser arbitrário, como no caso da escrita, por se valer de signos, ou analógico, como no desenho, por utilizar símbolos.

Nesta pesquisa, trata-se o desenho e a escrita como sistemas de representação. Essa abordagem busca compreender as interações entre os níveis de conceptualização construídos pela criança ao se apropriar desses sistemas, os quais serão examinados em separado nos capítulos seguintes.

NOTAS

1 Na teoria de Piaget, a ação ou os esquemas de ações da criança na sua interação com o meio são responsáveis pela organização e pela estruturação do meio e, concomitantemente, pela construção das estruturas mentais do sujeito. (Para maiores detalhes sobre o papel da ação na teoria de Piaget, ver o Capítulo 2 desta obra.)
2 O termo necessidade é aqui empregado no sentido lógico, ou seja, de uma relação que integra os elementos de um sistema de modo a excluir o que lhe é

contraditório. A necessidade é construída pelo sujeito e só existe em função de um sistema. Assim, sem necessidade lógica, o pensamento como sistema de conceitos seria contraditório.

3 No Capítulo 2, é tratado em maiores detalhes o desenho como uma representação.

4 Equilíbrio, no sentido empregado na teoria de Piaget, como estados dinâmicos, não estacionários porém estáveis, mas sujeitos a trocas e alterações frequentes.

5 A função de adaptação se compõe de um elemento de assimilação, isto é, da incorporação dos objetos aos esquemas do sujeito, e de um elemento de acomodação, que explica as modificações dos esquemas do sujeito para compreender o objeto. Tais elementos são, portanto, complementares e interdependentes no funcionamento da inteligência.

2
Desenho como um sistema de representação

No presente capítulo, interessa considerar o desenho como um sistema de representação, situando a opção teórica em que este trabalho se insere dentro dos estudos mais relevantes sobre o desenho infantil. São bem conhecidos os estudos de Herbert Read, Viktor Lowenfeld e Arno Stern, que abordam o processo de construção das linguagens artísticas pela criança. Tais trabalhos defendem a importância de a criança se expressar livre de modelos e de uma intervenção mais diretiva do adulto. Outra abordagem bastante difundida do desenho infantil é a de Rudolf Arnheim, pelo olhar que lança às qualidades formais da produção gráfica das crianças.

Existem, ainda, os trabalhos sobre desenho da criança de Georges-Henri Luquet, Rhoda Kellogg, Jean Piaget, Henri Wallon e Liliane Lurçat, Brent e Marjorie Wilson, Henri Schaefer-Simmern, Howard Gardner, Norman Freeman e Jacqueline Goodnow. Como abordar, então, o processo de construção do desenho pela criança? Muitos são os autores, há diversos pontos de vistas e diferentes concepções do processo de desenho da criança.

Entender a qual epistemologia os estudos se filiam foi um modo de identificar como cada um vê a relação da criança com o desenho como objeto de conhecimento. Por desenho compreende-se, aqui, o trabalho gráfico da criança que não é resultado de uma cópia, mas da construção e da interpretação que ela faz dos objetos, num contexto sociocultural e em uma época.

LINHAS TEÓRICAS

Todo trabalho ou estudo traz concepções sobre a aquisição de conhecimentos, que correspondem a linhas teóricas distintas. Nos estudos sobre o desenho da criança podemos distinguir, então, quatro modos principais de conceber a relação entre o sujeito e o objeto do conhecimento.

Em primeiro lugar, pode-se considerar que o sujeito é modelado pelo meio, de fora para dentro, ou seja, que o conhecimento se imprime nele, através de hábitos adquiridos, sem nenhuma atividade organizadora por parte desse sujeito. Nessa concepção, o meio desempenha um papel fundamental na aquisição de conhecimentos. Conforme Piaget, essa linha teórica considera "a experiência como algo que se impõe por si mesma, sem que o sujeito tenha de organizá-la, isto é, como se ela fosse impressa diretamente no organismo sem que uma atividade do sujeito seja necessária à sua constituição" (Piaget, 1982, p. 339).

Assim, o sujeito aprende pela experiência, ou seja, pela sua exposição a certas situações, e a função da inteligência é registrar elementos dispersos que vão se associando para formar conhecimento. Há, então, um predomínio do meio sobre o sujeito, sobre a inteligência.

Na linguagem gráfico-plástica, esta teoria concebe o desenho, a partir do nível da rabiscação, como um código a ser introjetado pelo sujeito. A aprendizagem do desenho é vista, pois, como um exercício de cópia puramente mecânico, em que o sujeito apenas registra graficamente o que observa sem interpretar. Aqui estariam os modelos para a criança desenhar com o propósito de realizar uma cópia fiel.

Em segundo lugar, pode-se explicar a aquisição de conhecimentos como algo inerente à criança: ela nasce com potencialidades e resta-lhe desenvolvê-las. Tal concepção crê que a construção de conhecimentos independe do meio. Diz Piaget que esta linha teórica explica "a inteligência pela própria inteligência, isto é, supõe a existência de uma atividade estruturada desde o começo e que se aplica diretamente a conteúdos cada vez mais ricos e mais complexos" (Piaget, 1982, p. 336).

Desse modo, o conhecimento resulta da atividade inata da inteligência, a qual é considerada como um mecanismo dado e acabado desde o início da vida orgânica. Portanto, nesta linha de pensamento há um primado da inteligência sobre o meio.

Desses pressupostos compartilha a abordagem gráfico-plástica que concebe o desenho como algo que depende só do sujeito: ele desenha o que sente, o que pensa, o que conhece do objeto e não o que vê. Aqui poderíamos citar a teoria da livre expressão, a qual postula que a criança para se expressar tem tudo dentro de si. Os autores representativos são Lowenfeld, Read e Arno Stern.

Lowenfeld diz que, "se fosse possível que as crianças se desenvolvessem sem nenhuma interferência do mundo exterior, não seria necessário estímulo algum para seu trabalho artístico" (Lowenfeld e Brittain, 1977, p. 19). Isso porque, segundo o autor, quando a criança desenha, ela transmite o que se encontra de forma ativa em sua mente naquele momento. Além disso, Lowenfeld observa que é importante a criança "usar a arte como verdadeiro meio de autoexpressão" (Lowenfeld e Brittain, 1977, p. 19).

Read afirma que a criança "desenha não o que pensa, nem o que deveria na verdade ver, mas o sinal ou símbolo que gradualmente se precipitou no seu espírito como resíduo das suas respostas sensoriais totais ao objeto" (Read, 1982, p.167). Assim, a criança desenha símbolos ou sinais que expressam o que ela sente a respeito de determinado objeto. Conforme o autor, o sujeito "desenha (...) para os seus próprios fins obscuros, e é a natureza desta atividade independente que deve ser estabelecida em primeiro lugar" (Read, 1982, p. 155). Para tal, Read sugere que "a atividade gráfica na criança deve ser preservada não só de qualquer intenção representacional [figurativa], mas também de qualquer instinto imitativo" (Read, 1982, p. 155).

Arno Stern postula que "a arte não entra na criança, sai dela" (Stern, 1974, p. 13). Dentro desta concepção, o papel do educador se restringe a não influenciar nem sugerir nada à criança. A esse respeito o autor diz que "o educador deve ser para a criança um protetor contra os perigos" (Stern, 1974, p. 24). Em relação ao desenho, Arno Stern considera-o "um meio de fixar rapidamente as ideias que se apresentam e se sucedem no espírito" (Stern, 1961, p. 8). Portanto, ao desenhar, "a criança não reproduz lembranças visuais, mas traduz plasticamente sensações e pensamentos" (Stern, 1962, p. 19). O desenho é, então, a expressão do que a criança sente e pensa, ou seja, é um espelho, uma imagem representativa dela própria.

Convém, no entanto, notar que os autores estabelecem pontos de contato com as diferentes linhas teóricas, ao compartilharem alguns aspectos das demais concepções, como será visto na sequência deste trabalho.

Em terceiro lugar, a construção de conhecimentos pode ser explicada como proveniente da percepção de totalidades estruturadas, desde o início do ato perceptivo, sob uma "forma". Desse modo, tudo o que a criança aprende passou pela percepção, pelos sentidos. Em relação a esta concepção Piaget diz que "a ideia central da Teoria da Forma é que os sistemas mentais jamais se constituíram pela síntese ou associação de elementos dados no estado isolado antes de sua reunião, mas consistem sempre de totalidades organizadas desde o início sob uma 'forma' ou estrutura de conjunto. Assim é que uma percepção não é a síntese de sensações prévias: ela é regida em todos os níveis por um 'campo' cujos elementos são interdependentes pelo próprio fato de que são percebidos juntos" (Piaget, 1983, p. 64).

Nesse sentido, percebe-se o todo e não as partes isoladas, sendo este todo mais do que a soma das partes. Tal linha de pensamento admite, ainda, que os progressos da inteligência não são inatos, mas devido "à manifestação de uma série de estruturas que se impõe de dentro para fora, à percepção e à inteligência, à medida que se manifestarem as necessidades provocadas pelo contato com o meio" (Piaget, 1982, p. 336).

Logo, as estruturas mentais para esta linha teórica "estão pré-formadas no sujeito e não são por este elaboradas em função de sua experiência" (Piaget, 1982, p. 25). A experiência se restringe, portanto, a ser uma ocasião de o sujeito manifestar as suas estruturas mentais através da percepção e da inteligência.

Nesta abordagem, a linguagem gráfico-plástica é o resultado da percepção da criança. A criança desenha o que vê nos objetos, seu desenho é uma invenção de configurações para representar o objeto a partir de suas características estruturais globais. Segundo essa linha de pensamento, a representação provém de conceitos perceptivos. Aqui estão autores como Arnheim, Rhoda Kellogg, Schaefer-Simmern, Lowenfeld e Read.

Para Arnheim, "as crianças (...) desenham generalidades e forma não projetiva precisamente porque desenham o que vêem" (Arnheim, 1980, p. 158). Essa afirmação procura contrapor-se à ideia de que os desenhos das crianças derivam de conceitos abstratos, não perceptivos. Porém o autor insiste que "a percepção consiste não no registro "fotograficamente' fiel, mas na apreensão das características estruturais globais" dos objetos (Arnheim, 1980, p. 159). Assim, as representações que aparecem nos desenhos são feitas não a partir da projeção ótica dos objetos físicos, mas da invenção de uma configuração que represente as características significativas do modelo. Dentro desta linha de pensamento, as formas "se desenvolvem organicamente segundo regras definidas desde os padrões mais simples aos progressivamente mais complexos, num processo de diferenciação gradual" (Arnheim, 1980, p. 161).

Rhoda Kellogg, ao analisar desenhos de crianças, dá ênfase ao padrão e à organização da percepção. Ela diz que "a capacidade para ver um todo, uma *gestalt*, é inata" (Kellogg, 1970, p. 38) e observa que a propensão da criança para produzir formas é tão forte que parece ser inata também. Kellogg fez uma extensa classificação das estruturas formais construídas pelas crianças nos vários estágios que caracterizou, e, ao abordar a gênese dessas estruturas, a autora explica que "as formas encontradas na arte infantil evoluem das percepções infantis de seus próprios rabiscos" (Kellogg, 1970, p. 31). Nesse sentido, as formações de linhas que a criança percebe e lembra dos seus trabalhos levam-na a uma organização desses dados em novas formas.

Para Schaefer-Simmern, "a configuração visual pode ser considerada o resultado de uma atividade mental autônoma, uma elaboração e transformação mental da experiência sensória numa forma visual" (Schaefer-Simmern, 1961, p. 8). Isso porque "a atividade mental que transforma a multiplicidade de impressões visuais em unidades autônomas [*self-created*] conduz à cognição visual" (Schaefer-Simmern, 1961, p. 13). Explicitando o que entende por cognição visual, o autor diz que "é o resultado de uma elaboração mental imediata da experiência visual numa síntese visual da forma" (Schaefer-Simmern, 1961, p. 13). Nesta concepção, os desenhos não representam aspectos particulares dos objetos, mas a totalidade da forma apreendida pela percepção e elaborada mentalmente; e os progressos no desenho são devidos ao desenvolvimento orgânico da percepção e da cognição visual inerentes às pessoas, uma vez que os fatores culturais pouco influenciam nesse desenvolvimento.

Lowenfeld diz que "somente através dos sentidos a aprendizagem pode se processar" (Lowenfeld e Brittain, 1977, p. 23). Além disso, o autor salienta que, nas atividades criadoras do sujeito, pode-se observar o seu desenvolvimento perceptual "na conscientização progressiva e no uso, cada vez maior, de toda uma variedade de experiências perceptuais por parte da criança" (Lowenfeld e Brittain, 1977, p. 42). Assim, quanto mais a criança desenvolver a sua sensibilidade e a conscientização de todos os seus sentidos, maior será a sua aprendizagem em relação à forma, à cor e ao espaço.

Herbert Read, a partir dos estudos de Jung sobre os tipos psicológicos, mostra que as funções mentais envolvidas na arte e na educação são o pensamento, o sentimento, a sensação e a intuição. Em relação à sensação, isto é, à percepção, Read crê que "não há 'factos' isolados da sua experiência; os 'factos de um caso' não são compreendidos por enumeração, mas devem ser sentidos como um modelo coerente" (Read, 1982, p. 79). O autor admite, assim, sua grande simpatia pela Teoria da

Forma. Além disso, ele define a educação estética como a educação dos sentidos, nos quais estão baseados a consciência, a inteligência e o raciocínio do sujeito. Desse modo, fica evidente a importância da percepção, ou seja, da sensação na aquisição de conhecimentos.

Enfim, em quarto lugar, pode-se conceber a aquisição de conhecimentos como fruto da interação da criança com o objeto. O conhecimento, então, não é algo que o meio imprime no sujeito, nem é uma estruturação interna do sujeito sem influências do meio, mas consiste numa construção contínua do sujeito na interação com o objeto. Assim, segundo a teoria construtivista ou interacionista de Piaget, a origem do conhecimento está na ação do sujeito, através da coordenação de seus esquemas motores, com o objeto, ou seja, na interação sujeito-objeto. Logo, o conhecimento é construído não pela exposição da criança ao meio, mas pela ação, pela atividade do sujeito sobre o objeto a conhecer de modo a decompô-lo e a recompô-lo para aprendê-lo. Isso porque "uma constatação nunca é independente dos instrumentos de registro (...) de que dispõe o sujeito e que estes instrumentos não são puramente perceptivos, mas consistem em esquemas pré-operatórios ou operatórios aplicados à percepção atual e podendo modificar os dados desta num sentido, seja de precisão suplementar, seja de deformação" (Piaget, 1976, p. 46).

Como se pode observar, o que o sujeito percebe em relação ao objeto depende dos esquemas mentais que ele possui naquele momento, os quais indicam um modo de ver.

Segundo Piaget, "a atividade intelectual partindo de uma relação de interdependência entre o organismo e o meio, ou de indiferenciação entre o sujeito e o objeto, progride simultaneamente na conquista das coisas e na reflexão sobre si própria, sendo correlativos esses dois processos de direção inversa" (Piaget, 1982, p. 29). Depreende-se, pois, que, inicialmente, o sujeito e o objeto estão indiferenciados e que, através da interação, o sujeito, à medida que estrutura o objeto, estrutura-se como sujeito. Além disso, é graças a essa interação sujeito-objeto que o sujeito, cujo funcionamento da inteligência é dado pela vida orgânica, constrói novas estruturas mentais.

Dentro desse enfoque, na linguagem gráfico-plástica, a criança não nasce sabendo desenhar, com o dom para o desenho, mas constrói o seu conhecimento acerca desta linguagem através da sua atividade com este objeto de conhecimento. Assim, a criança não desenha o que vê nos objetos, mas o que suas estruturas mentais lhe possibilitam que veja, e mais, em lugar de encontrar o mundo diretamente, a criança o interpreta. Dessa forma, o conhecimento não resulta da relação direta da criança com os objetos, mas da sua interpretação e representação. A criança é sujeito do seu processo, ela aprende a desenhar na sua interação com o desenho, o que lhe propicia construir hipóteses acerca da natureza e função desse sistema. Para tal, a criança produz e interpreta desenhos, seus e dos outros. Nesta linha teórica, encontram-se Luquet, Piaget, Gardner, Freeman, Goodnow, Brent e Marjorie Wilson.

Luquet considera que "o desenho traçado no papel é a reprodução não da sensação ou da imagem visual do objeto representado, mas do modelo interno correspondente" (Luquet, 1969, p. 86). Nesse sentido, quando a criança desenha, ela desenha conforme o modelo interno que possui dos objetos. Esclarecendo a denominação modelo interno, o autor diz que "é o resultado de uma elaboração extremamente complicada (...), uma refracção da natureza no espírito da criança, uma reconstrução original dos objetos desenhados" (Luquet, 1913, p. 118). Assim, o modelo interno não é uma cópia do objeto em pensamento, mas uma construção mental do sujeito em relação com o objeto. Então o desenho da criança se transforma porque o modelo interno que ela possui dos objetos se modificou.

O desenho para Piaget, como visto no capítulo anterior, é uma forma da função semiótica a meio caminho entre o jogo simbólico, do qual possui o mesmo prazer, e a imagem mental, com a qual compartilha o esforço de imitação interiorizada do real. O autor considera que "o desenho é uma representação, isto é, ele supõe a construção de uma imagem bem distinta da própria percepção" (Piaget e Inhelder, 1972, p. 65). Piaget salienta, também, que o desenho é mais complexo que a reprodução de um modelo interno, pois não se pode afirmar que o objeto desenhado é a imagem mental que a criança possui dele, mesmo porque, ao transpor para uma linguagem gráfica de duas dimensões, a imagem mental já não seria a mesma. Entretanto, o desenho dá indícios do tipo de estruturação simbólica que a criança tem naquele momento.

Gardner parte de uma abordagem simbólica dos desenhos das crianças, considerando que a simbolização tem um papel muito importante nas artes, pois todas as artes exibem traços de simbolização, bem como "certa diversidade no uso de símbolos, dentre elas a expressão de emoções, a apresentação de propriedades sensoriais e a alusão ao símbolo" (Gardner, 1982, p.113). O autor esclarece também que muitos dos assuntos pesquisados por ele, assim como o modo de investigá-los, têm sido guiados pelos trabalhos de Piaget sobre o desenvolvimento e a natureza do pensamento humano. Entretanto, Gardner mostra que a teoria de Piaget tem limitações ao considerar a cognição humana do ponto de vista lógico-racional, negligenciando "as formas artísticas de pensar", bem como o domínio dos sentimentos. Para suprir tais limitações o autor propõe que se analise a atividade simbólica da criança integrando as dimensões cognitiva e afetiva[1].

Freeman, baseando-se nas performances características das crianças no desenho e na teoria piagetiana, diz que, ao desenhar, "a criança extrai informações de uma cena real e transforma-as num desenho estruturado" (Freeman, 1980, p. V). Para ele, o desenho é "um modo importante de representação muito usado pelas crianças, o qual facilmente revela suas possibilidades e limitações" (Freeman, 1980, p. V). O autor observa, também, que a "tarefa de desenhar um objeto é muito difícil, na qual muitas estratégias são possíveis" (Freeman, 1980, p. 2). Isso porque, segundo o autor, a criança não desenha o que vê, nem o que sabe, nem o que sente, mas "a criança desenha o que conhece como desenho" e para tal ela precisa relacionar o conhecimento que possui dos objetos com o conhecimento das convenções gráficas próprias do desenho. Freeman, ao estudar a representação do espaço no desenho da criança, retoma os estudos de Piaget e de Luquet, discutindo-os acerca do que a criança conhece como desenho.

De acordo com Goodnow, os desenhos nos fornecem informações tanto sobre o trabalho gráfico da criança como sobre a natureza do seu pensamento. Para a autora, "o que é visto ou entendido deve ser traduzido na ação de desenhar, e o que precisamos compreender é a natureza da tradução e a natureza da ação [de desenhar]" (Goodnow, 1977, p. 13). Assim, os desenhos são concebidos como equivalentes dos objetos, porque "eles só contêm algumas das propriedades do original, e a convenção [do desenho] determina frequentemente quais as propriedades que devem ser incluídas e de que forma" (Goodnow, 1977, p. 16-17).

A respeito da construção desses equivalentes, Goodnow diz que "as crianças investem um grande tempo e esforço observando o mundo que as rodeia e (...) 'desenhando' conclusões" (Goodnow, 1977, p. 19). Tais conclusões se referem a princípios, a soluções gráficas que as crianças constroem e aplicam a seus trabalhos.

Brent e Marjorie Wilson, ao esclarecerem o que entendem por desenho, dizem: "um desenho de um objeto não é de modo algum uma representação[2] mas um signo" (Wilson e Wilson, 1982, v.1, p. 15). Os desenhos, segundo os autores, são signos configuracionais construídos pelas crianças. Tais signos se caracterizam por possuírem uma variedade de formas não convencionais que se modificam, mantendo certa semelhança com seus referentes[3]. Os autores dão ênfase às influências culturais, especialmente aos desenhos de outras pessoas, por apresentarem objetos traduzidos em configurações bidimensionais, que informam o processo de desenho das crianças. Essas influências, de acordo com Brent e Marjorie Wilson, parecem ser mais marcantes a partir da construção do sistema do desenho, porque o processo artístico envolve a aquisição de convenções artísticas.

Essa quarta abordagem, fundamentada no construtivismo, é a que aqui interessa, uma vez que se concebe a construção de conhecimentos no desenho como resultante da atividade da criança, e a linguagem gráfico-plástica como um sistema de representação a ser reconstruído pelo sujeito ao se apropriar desse objeto de conhecimento. Tal fato explica por que não abordamos a linguagem gráfico-plástica, em especial o desenho, a partir das concepções de Lowendelf, Arnheim, Kellogg, Stern, Read e Schaefer-Simmer. Apesar de a grande maioria dos autores citados distinguir níveis de construção no grafismo infantil, os quais podem ter um certo paralelismo, suas interpretações de como a criança chega a conhecer através do desenho são distintas, conforme acabamos de analisar.

Além desses estudos sobre o desenho da criança, numa revisão das produções contemporâneas, em âmbito internacional, importa mencionar os trabalhos de Bernard Darras; Anna Kindler; Bruno Duborgel; Karmiloff-Smith; e Diana Korzenik.

Bernard Darras (1996, p.11), procura identificar o surgimento e a constituição da imageria* inicial, bem como sua organização espacial no processo de realização do desenho. O autor destaca as influências da semiótica peirceana, da teoria sistêmica, das ciências cognitivas e do construtivismo, em especial os trabalhos precursores de Luquet; de Piaget e Inhelder no modo de observar e estudar o desenvolvimento da criança; de Arnheim sobre as imagens e o pensamento visual; de Durand sobre a imaginação; de Gardner e de Liliane Lurçat.

Darras e Anna Kindler (1996) têm realizado projetos de pesquisa sobre a teleologia e a morfogênese das imagens nos desenhos de crianças da França, Canadá, Ásia e África. Os autores ressaltam o papel comunicacional do desenho, as influências culturais e a não linearidade deste processo.

---

* O termo imageria (*imagerie*) abrange uma grande variedade de imagens, tanto gráficas como fotográficas e sintéticas. Inicial refere-se, aqui, ao que caracteriza o começo. A denominação "imageria inicial" (*imagerie initial*) foi proposta por Darras para reagrupar, sem desvalorizar, as produções dos adultos, dos adolescentes e das crianças, que possuem características visuais muito semelhantes, com esquemas simples, mas estáveis, e que parecem seguir as mesmas regras básicas da representação pictórica. A imageria inicial constitui uma etapa privilegiada da comunicação humana e serve de matriz para outras mídias (Darras, 1996, p.17-20).

Bruno Duborgel (1976) analisa, especificamente, o uso da cor nas produções das crianças enfocando os quatro elementos: fogo, água, terra e ar. Seu trabalho, ao eleger as representações cromáticas aponta o quanto as exigências escolares acabam por padronizar o emprego das cores e dos tons de acordo com uma imagem ideal realista destes temas. O autor observa que no ato de desenhar se entrelaçam as dimensões lógica e imaginativa e que a criança ao desenhar torna os objetos, ao mesmo tempo, presentes e diferentes.

Kamiloff-Smith analisa as mudanças representativas que ocorrem nos desenhos das crianças, procurando "explorar os processos que as crianças se valem para mudar procedimentos, já empregados com sucesso ao desenhar, quando novos objetivos são estabelecidos" (Kamiloff-Smith, 1990, p. 58).

No Projeto Zero, de Harvard, os estudos de Diana Korzenik (1977) abordam o desenho como comunicação e expressão. A autora ressalta a importância do desenho poder comunicar aos outros o que a criança quis representar, o que ela pensou expressar graficamente e como outras crianças interpretaram sua produção.

No Brasil, importa mencionar os trabalhos de Rosa Iavelberg, Maria Lúcia Batezat Duarte, Rejane Coutinho, César Cola, Leda Guimarães, Mirian Celeste Martins, Edith Derdik, Márcia Gobbi, Maria Isabel Leite e Sandra Richter.

Rosa Iavelberg vem estudando o desenho da criança como uma linguagem, "um objeto simbólico e cultural, expressivo e construtivo, individuado e influenciado pela cultura; e, ainda, o desenho que todos podem aprender a realizar com orientação didática adequada" (Iavelberg, 2006, p.11). No livro *O desenho cultivado na criança* (2006), a autora discute o desenho espontâneo, entendido na escola renovada como expressão e criação pessoal, e o desenho cultivado, aquele que considera as influências da cultura. Por conceber o desenho como linguagem e a relação da criança com ele como uma criação, em que cultura e construção pessoal se entrelaçam, há uma aproximação entre as pesquisas de Rosa Iavelberg e o presente trabalho. Em suas investigações atuais, Iavelberg (2008) tem se voltado para as interações entre a arte das crianças e a produção de arte adulta.

Maria Lúcia Batezat Duarte, em sua tese de doutorado, investigou as características e tipificações no desenho do pré-adolescente, estabelecendo "relações entre as imagens plástico-visuais e os processos de constituição sociocultural dos sujeitos" (Duarte, 1995, p. 2). Em pesquisas posteriores, trata o desenho da criança filiando-se à abordagem teórica de Darras. A autora revê, com base nos argumentos de Luquet, a concepção de realismo em sua abordagem do desenho infantil e a atualiza com estudos atuais da neurologia, da psicologia cognitiva (Duarte, 2007). Em seus trabalhos mais recentes, Duarte (2008) tem pesquisado a apropriação da linguagem do desenho por crianças cegas, estabelecendo relações entre os desenvolvimentos gráfico e cognitivo.

Rejane Coutinho faz um resgate histórico de importantes pesquisas sobre o desenho infantil realizadas no Brasil. Em sua dissertação de mestrado, estudou as contribuições de Sylvio Rabello que, "na década de 1930, abre um campo de investigação e, principalmente, divulga e publica seus resultados introduzindo no cenário educacional brasileiro um referencial teórico substancial sobre a questão da expressão gráfica das crianças" (Coutinho in Barbosa, 2008, p.135.). Em sua pesquisa de doutorado, a autora aborda a relação de Mário de Andrade com o desenho infantil, relacionando sua coleção de desenhos de crianças, "as informações contidas nas anotações deixadas por ele entre os desenhos da coleção, com alguns textos e artigos publicados por ele em jornais da época, e com outros textos inéditos como anotações de aula que fazem referência a este universo" (Coutinho, 2008, p.158).

César Cola (2003, 2007) tem desenvolvido pesquisas sobre o desenho infantil enfocando, em especial, seu processo de comunicação e expressão. Participa do Grupo de Pesquisa de Processos Educativos em Arte (GEPEL) e orienta trabalhos sobre desenho infantil na Universidade Federal do Espírito Santo. Em suas investigações, tem abordado questões relativas a singularidade, identidade, arte e infância.

Leda Guimarães (1996), com base nas ideias de Gombrich, concebe a arte como linguagem e questiona por que a grande maioria dos adultos não utiliza essa linguagem. Em seu trabalho, a autora discute "a dimensão conceitual do desenho, como esses conceitos se expressam no fazer artístico e como a presença dos paradoxos e dicotomias encontrados influenciam os procedimentos do ensino do desenho" (Guimarães, 1996, p.13).

Mirian Celeste Martins (1992), em sua dissertação de mestrado, a partir da expressão "não sei desenhar", amplamente utilizada por crianças e adolescentes, problematiza o que denominou "o mito do bom desenho" e suas relações com um determinado conceito de desenho.

Edith Derdyk (1988, 1989) tem se dedicado aos estudos do processo de criação nas poéticas visuais, em especial, no desenho. Artista, ilustradora e educadora, concebe o desenho como uma linguagem, a partir de múltiplas experiências e sentidos.

No final dos anos de 1990, surgiram os estudos de Márcia Gobbi (1997) e Maria Isabel Leite (2002), que fazem um mapeamento e discutem distintas abordagens sobre o desenho da criança na produção acadêmica, enfocando questões de gênero e a produção cultural na infância.

Ainda, sobre o processo de apropriação da linguagem artística pela criança, gostaria de mencionar os trabalhos de Nancy Smith (1983) e de Sandra Richter (2004), que discutem a construção da linguagem pictórica por crianças de diferentes idades. Richter enfoca, em especial, a pintura com crianças de Educação Infantil. Diferente dos estudos sobre desenho, são poucos os trabalhos que se dedicam a estudar a relação da criança com a linguagem da pintura.

A presente pesquisa fundamenta-se na abordagem construtivista do desenho infantil, em especial nos estudos de Luquet, Piaget e Gardner. A opção por esses autores pode ser justificada pela importância de suas obras. Luquet foi um dos primeiros estudiosos a se interessar pelo desenho da criança do ponto de vista de seu desenvolvimento cognitivo. Ele procurou compreender o que e como a criança desenha, enfocando o sujeito da ação. Piaget, ao tratar o desenvolvimento do desenho espontâneo da criança, adota os estágios propostos por Luquet, interpretando-os, a partir do nível do realismo fortuito, do ponto de vista da representação do espaço. Gardner, por sua vez, dá uma abordagem não só cognitiva, baseada em Piaget, mas também afetiva ao desenho da criança, analisando-o à luz dos vários sistemas de simbolização.

A partir deste levantamento, acreditamos ter minimamente definido os pressupostos teóricos que embasam este trabalho em relação ao desenho da criança, esclarecendo tanto o referencial como os autores escolhidos.

NÍVEIS DO DESENHO

De modo a compreender como a criança constrói o sistema do desenho, serão adotados os estágios do desenvolvimento gráfico definidos por Luquet, com atualizações de Piaget e Gardner. No entanto, vale esclarecer que, apesar da contribuição fundamental de Luquet ao entendimento dos estágios do desenho – nos quais muitos estudos subsequentes se basearam –, ele foi muito criticado em relação ao vocabulário empregado na denominação dos níveis do desenho da criança, pelos conceitos subjacentes advindos da terminologia. As críticas ao autor centram-se, principalmente, em dois conceitos da sua obra, a saber, modelo interno e realismo.

A respeito da concepção proposta por Luquet de que o desenho é a reprodução do modelo interno que a criança possui do objeto, alguns autores, interpretando literalmente a expressão "modelo interno" a partir de uma visão de atelier, objetam que tal expressão confunde a imagem com a percepção que o sujeito tem do seu meio. Luquet, entretanto, empregou a expressão "modelo interno" para designar "uma realidade psíquica" existente no espírito da criança, a qual dá origem ao ato criador. Para o autor, "a representação do objeto a desenhar, devendo ser traduzida no desenho por linhas (...), toma necessariamente a forma de uma imagem visual; mas esta imagem nunca é a reprodução servil de qualquer das percepções fornecidas ao desenhador pela observação do objeto ou de um desenho correspondente. É uma refração do objeto a desenhar através do espírito da criança, uma reconstrução original que resulta de uma elaboração muito complicada apesar da sua espontaneidade. O nome de modelo interno é destinado a distinguir claramente do objeto ou modelo propriamente dito essa representação mental que traduz o desenho" (Luquet, 1969, p. 81).

Como se pode constatar, o autor criou a expressão "modelo interno" para discernir o objeto da representação mental que a criança possui e que expressa no desenho.

Piaget ressalva, porém, que não é a representação mental do objeto que é desenhada, mas que o desenho evidencia o tipo de estruturação simbólica da criança num dado momento. Isso porque a representação mental do objeto, ao ser traduzida para a linguagem gráfica do desenho, já não seria a mesma.

Luquet foi criticado também pelo termo "realismo", o qual foi interpretado como uma submissão da imagem gráfica ao objeto referenciado, como um fim a ser atingido pela criança através de fases de correções crescentes. Florence de Mèridieu (1979) traça um panorama dos estudos sobre desenho infantil, problematizando essa terminologia usada por Luquet. Entretanto, o autor justifica o uso desse termo dizendo que a primeira tentativa do sujeito de se afirmar frente ao meio é realista, ou seja, a criança utiliza o real como referência ao desenhar. O real, aliás, não está organizado desde o princípio da vida orgânica, mas é estruturado pela criança através de suas ações, de forma que "as fases do desenho [após o surgimento da intenção de representar] não diferem entre si senão pelo modo como se exprime a intenção realista" (Luquet, 1969, p. 211). Assim, o autor esclarece que o importante "não é o resultado, mas a intenção expressamente enunciada pelo desenhador" (Luquet, 1969, p. 127). A intenção realista passa por diferentes estágios e se revela na necessidade que a criança tem de construir representações completas dos objetos utilizando tanto a noção que possui dos objetos como a que percebe visualmente deles.

Os estágios do desenvolvimento gráfico definidos por Luquet são realismo fortuito, realismo falhado ou incapacidade sintética, realismo intelectual e realismo visual. As denominações dadas por Luquet aos níveis do desenho caracteriza-os em termos negativos, ou seja, dão a impressão de que a representação realista, o realismo visual, é o fim único a ser atingido. Supõe-se, porém, que a natureza do vínculo estabelecido pela criança entre o objeto e a sua representação gráfica em cada estágio, a qual Luquet procurou demonstrar, é mais importante do que a denominação utilizada. O vínculo que a criança mantém entre o objeto e a sua representação gráfica se modifica em função do seu entendimento do sistema do desenho e da sua construção do real. Assim, no nível do realismo fortuito, a criança procura representar o objeto como uma totalidade; na incapacidade sintética, sua preocupação está centrada na diferenciação de categorias de objetos; no realismo intelectual, a criança interessa-se por construir uma representação genérica do objeto que o caracterize não só pelo que ela vê, mas pelo que conhece do objeto; e, no nível do realismo visual, o vínculo entre o objeto e a sua representação no desenho está embasada tanto nos aspectos visíveis do objeto e nas suas especificidades como nas convenções artísticas.

A opção pelos níveis de Luquet se prende ao fato de a maioria dos autores, ao abordar o desenho a partir do construtivismo, ter-se referido a Luquet. Alguns, inclusive, adotam sua sistematização. Para Piaget, "o interesse desses estágios de Luquet é duplo. Constituem, primeiro, uma introdução notável ao estudo da imagem mental (...) Mas revelam, sobretudo, notável convergência com a evolução da geometria espontânea da criança" (Piaget e Inhelder, 1985, p. 58). Isso porque o desenho ou imagem gráfica e a imagem mental mantêm uma analogia entre a forma do objeto e a sua representação (por exemplo, o desenho e a imagem mental de um triângulo são triângulos). Piaget verificou, também, que as primeiras abordagens da criança em relação ao espaço são topológicas, para depois se tornarem projetivas e euclidianas.

Nos níveis de desenho apresentados a seguir, pode-se perceber, então, que "a evolução do desenho é solidária com toda a estruturação do espaço, conforme os diferentes estágios desse desenvolvimento" (Piaget e Inhelder, 1985, p. 59).

Segundo Luquet, o estágio do *realismo fortuito* subdivide-se em desenho involuntário e desenho voluntário. No desenho involuntário, a criança desenha não para fazer uma imagem, mas para fazer linhas, porque não tem consciência de que linhas feitas possam igualmente representar objetos (Figura 2.1).

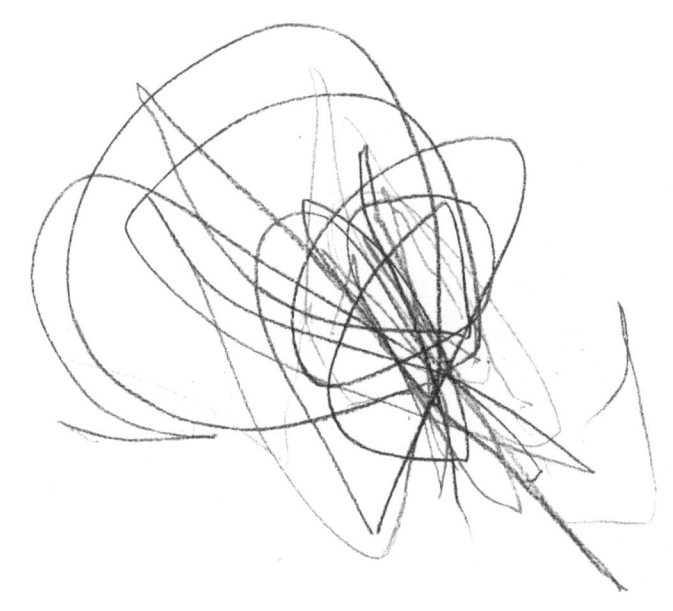

Figura 2.1 Desenho Involuntário. Isadora (1;7).

Esta etapa é caracterizada pelo gesto motor, pelo prazer de traçar linhas, e, nela, a criança não atribui nenhum significado a seus grafismos. Para Piaget, este estágio inicial do desenvolvimento gráfico da criança não comporta simbolismo e consiste em a criança repetir, pelo simples prazer, as atividades motoras adquiridas. Diz Piaget: "a primeira forma do desenho não parece imitativa e participa ainda de um jogo puro, porém de exercício[4]: são as garatujas a que se entrega a criança de 2 anos a 2 anos e meio, , quando lhe fornecem um lápis" (Piaget e Inhelder, 1985, p. 56).

Já o desenho voluntário se inicia quando "a criança constata uma certa analogia entre alguns dos seus traçados e um objeto real; considera-o, então, como uma representação do objeto, e enuncia a interpretação que lhe dá" (Luquet, 1969, p. 139).

Luquet estabelece uma distinção entre o que a criança diz antes de realizar o desenho e o que ela diz após tê-lo feito. Assim, o que a criança enuncia antes de desenhar o autor denomina de intenção, e o que ela diz após a criação do desenho ele chama de interpretação.

No desenho voluntário, primeiro a criança desenha sem intenção de representar alguma coisa e, ao concluir o trabalho, interpreta-o de acordo com sua semelhança a um referente qualquer, atribuindo-lhe o nome deste (Figura 2.2).

Figura 2.2 Desenho Voluntário sem intenção. Isadora (1;9) traça linhas e interpreta-as como "o papai, a mamãe e a Isadora".

Depois, surge a intenção, o desejo consciente de desenhar um objeto, o qual após sua criação pode ter uma interpretação diferente da intenção inicial (Figura 2.3).

Figura 2.3 Desenho Voluntário com intenção diferente da interpretação. Getúlio (6;10) diz que vai desenhar um avião e, após a execução do traçado, anuncia que fez um passarinho.

Por fim, a intenção de representar coincide com a interpretação dada ao desenho (Figura 2.4).

Figura 2.4 Desenho Voluntário com intenção coincidindo com a interpretação. Fábio (3;2) disse que ia fazer "o picôco" (referindo-se ao cachorro da sua tia) e após desenhar interpretou o desenho como havia anunciado.

De acordo com Luquet, é na etapa do desenho voluntário que a criança adquire a convicção de que pode representar através do desenho tudo o que deseja.

No estágio da *incapacidade sintética,* a criança está preocupada exclusivamente em representar cada um dos objetos de forma diferenciada, por isso ela não integra num conjunto coerente os diferentes pormenores que desenha (Figura 2.5).

Dá aos detalhes o grau de importância que tem para ela naquele momento, exagerando ou omitindo partes, porque considera somente o seu ponto de vista, relacionando tudo a si.

É neste estágio que a criança principia a representar graficamente o espaço, construindo relações topológicas entre as formas. Sobre essa representação do espaço no desenho, Piaget diz: "o nível da incapacidade sintética apresenta o grande interesse de constituir uma representação do espaço, que negligencia as relações euclidianas (proporções e distâncias) e as relações projetivas (perspectivas com projeções e secções) e

Figura 2.5 Desenho de Mariana (4;3) que ilustra o estágio da Incapacidade Sintética. As pernas e os braços estão representados soltos, abaixo da cabeça. Os cabelos estão ao lado da cabeça das figuras.

começa, com dificuldade, na construção das relações topológicas, sem conseguir dominá-las, quando se trata de figuras complexas" (Piaget e Inhelder, 1972, p. 66).

Assiste-se, portanto, neste estágio, à primeira construção gráfica do espaço representativo – topológica –, ou seja, é o momento em que a criança se preocupa com as propriedades gerais dos objetos, como vizinhança/separação, continuidade/descontinuidade, dentro/fora, etc.

Segundo Piaget, a relação de vizinhança é a mais elementar e está presente em todo o desenho, a partir dos rabiscos, fazendo com que os elementos desenhados estejam próximos uns dos outros. A separação diz respeito à distinção entre um objeto e outro. Já as relações de continuidade e descontinuidade, do que está dentro da forma desenhada e do que está fora, se apresentam apenas em figuras simples e dão lugar à justaposição quando as formas desenhadas são mais complexas. Tal justaposição consiste em o sujeito representar ao lado ou fora elementos que, na realidade, são tangentes ou estão contidos no objeto. Em suma, Luquet demonstra que "da incapacidade sintética resulta a negligência não só de relações gerais, como as de tangência ou de inclusão, mas também de relações mais especiais de situação entre os elementos de um mesmo objeto" (Luquet, 1969, p. 155).

A negligência de relações entre os objetos e o todo, no nível da incapacidade sintética, pode ser justificada, porque, de acordo com Piaget, "a incapacidade sintética do desenho se acompanha, portanto, aqui, de uma incapacidade sintética no próprio pensamento" (Piaget, 1967, p. 212).

Uma vez que a criança não tem a simultaneidade das ações em pensamento, ela as considera como independentes umas das outras, sem estarem coordenadas num todo que as reúna.

No *realismo intelectual*, "(...) a criança pretende, deliberadamente e sem dúvida conscientemente, reproduzir do objeto representado não só o que pode ver, mas tudo o que 'ali existe' e dar a cada um dos elementos a sua forma exemplar" (Luquet, 1969, p. 212). Para isso, a criança utiliza processos variados, como a descontinuidade, o rebatimento, a transparência, a planificação e a mudança de pontos de vista. A descontinuidade é o mais simples desses processos e consiste em a criança destacar um do outro os detalhes que no objeto real estão integrados ou se ocultam (por exemplo, os objetos tangentes, não apoiados sobre a linha de chão – ver Figura 2.6).

Figura 2.6 Desenho característico do processo de Descontinuidade, onde Silvana (7;2) representou a casa e a árvore não assentes na linha de chão.

A transparência refere-se à representação das partes não visíveis de um objeto, como se o que as encobre, ao tornar-se transparente, possibilitasse vê-las, como no caso dos órgãos da figura sob a pele ou do interior e do exterior de uma casa (Figura 2.7).

Figura 2.7 Representação por Transparência da casa: cama com figura deitada. Valdereza (7;3) representa por rebatimento a cama onde se pode observar os quatro pés.

Através do rebatimento, a criança procura mostrar os dois lados de um objeto, como se ela estivesse no centro deste. Por exemplo, a cama da Figura 2.7.

Para representar as diferentes faces do objeto, a criança planifica-as, ou seja, projeta-as colocando faces distintas num mesmo alinhamento (Figura 2.8).

Além disso, para melhor evidenciar a forma exemplar dos objetos, a criança mistura vários pontos de vista, representando todos num mesmo desenho, simultaneamente (Figura 2.9).

Ainda neste nível, o sujeito costuma colocar legendas nos desenhos para nomear os objetos, o que faz com que o nome passe a ser uma característica essencial do objeto, tal como as suas partes.

Luquet considera que o realismo intelectual "tem por essência representar no desenho de um objeto todos os seus elementos constitutivos, de dar a relação de cada um dos seus elementos ao objeto considerado no seu conjunto como suporte comum" (Luquet, 1969, p. 187). Assim, a criança considera as partes em relação ao todo, sem relacioná-las entre si, se não com o todo.

Figura 2.8 Ilustração do processo de Planificação de uma casa com as vistas frontal, lateral e posterior no mesmo alinhamento. Cícero (7;5).

Figura 2.9 Mudança de Pontos de Vista: interior do avião visível é representado de perfil ao mesmo tempo em que seu exterior é visto de cima. Neri (7;10).

Conforme Piaget, é neste estágio que o desenho da criança "apresenta, essencialmente, os atributos conceituais do modelo, sem preocupação de perspectiva visual" (Piaget e Inhelder, 1985, p. 57). Assim, a criança desenha de acordo com a noção que ela tem dos objetos naquele momento. Diz o autor: "o 'realismo intelectual' constitui um modo de representação espacial no qual as relações euclidianas e projetivas apenas iniciam, e sob uma forma ainda incoerente em suas concepções, enquanto as relações topológicas esboçadas no estágio precedente encontram sua aplicação geral a todas as figuras e dominam, em casos de conflito, sobre as novas relações" (Piaget e Inhelder, 1972, p. 68-69).

Portanto, é no estágio do realismo intelectual que a criança inicia a construção das relações projetivas (perspectiva com projeções e seções) e euclidianas (proporções e distâncias) para representar o espaço, sendo que a representação topológica do espaço é que se estende a todos os objetos desenhados.

As relações projetivas consistem em a criança diferenciar e coordenar os pontos de vista, representando os objetos numa única vista dentro da cena. Há a preocupação de projetar o objeto no espaço, dando a ideia de primeiro e segundo planos, bem como de profundidade. A criança faz cortes nas formas, apresentando uma secção das mesmas no desenho.

A representação euclidiana do espaço diz respeito à coordenação dos objetos considerando suas posições, distâncias e proporções em relação a um sistema de referência estável. As posições que os objetos ocupam na cena estão relacionadas com suas proporções e distâncias. Assim, a ilusão de profundidade é construída a partir da relação posição-proporção-distância entre os objetos da cena.

Considera-se, então, que, a partir da diferenciação e da coordenação entre as representações das formas e as relações espaciais que as estruturam, a criança chega à construção do sistema do desenho.

Em relação à representação realista, Luquet lembra que, para o adulto, o desenho mais próximo é aquele que reproduz o que o olho enxerga do objeto, ou seja, aquela representação que capta do objeto a sua aparência visual em perspectiva; para a criança, o desenho mais semelhante ao objeto é aquele que traduz o que ela sabe a respeito: sua construção e interpretação do objeto. À representação visual Luquet denomina realismo visual; e à representação dos objetos pelo conhecimento, realismo intelectual. A criança, ao representar o objeto, faz uso desses dois processos.

No *realismo visual*, a criança abandona as estratégias utilizadas no estágio anterior. A transparência dá lugar à opacidade, ou seja, a criança representa apenas os elementos visíveis do objeto (Figura 2.10).

Desenho e escrita como sistemas de representação **65**

Figura 2.10 Desenho que ilustra o estágio do Realismo Visual. As figuras estão de perfil, aparecendo somente os elementos desta vista. Ricardo (7;9).

O rebatimento e as mudanças de pontos de vista se coordenam, dando início à perspectiva (Figura 2.11).

Figura 2.11 Desenho característico do Realismo Visual, mostrando o início da perspectiva neste estágio. Ricardo (7;10).

Segundo Piaget, com o realismo visual se encerra o advento das relações projetivas e euclidianas, e esses dois sistemas se constroem apoiados um no outro, onde "as relações projetivas (...) determinam e conservam as posições reais das figuras, umas em relação às outras (...) e as relações euclidianas determinam e conservam suas distâncias recíprocas" (Piaget e Inhelder, 1972, p. 71).

Os objetos passam, pois, a ser representados de acordo com essa nova construção, a perspectiva, e os detalhes agora têm por finalidade particularizar as formas que antes eram genéricas. Há, portanto, um aprimoramento do sistema do desenho construído no estágio do realismo intelectual.

A respeito da gênese do desenho, Luquet observa que a distinção teórica entre os quatro estágios do desenho não é, na realidade, tão rígida e que "cada uma dessas fases prolonga-se enquanto a seguinte já começou" (Luquet, 1969, p. 212). O autor postula também que "toda a evolução pode ser considerada abstratamente como a síntese de dois elementos, um elemento de estabilidade e um elemento de progresso" (Luquet, 1969, p. 228). A estabilidade refere-se à conservação das representações construídas e é condição do seu crescimento; o progresso evidencia-se na modificação de tais representações, sendo resultante das influências do meio, seja de modelos ou de desenhos de outras pessoas.

Piaget também lembra que a passagem de um nível a outro de conhecimento exige a renúncia de certos elementos e que nessa passagem certos aspectos se conservam e outros se transformam, não havendo só um acréscimo de novos conhecimentos ao nível anterior, mas uma reconstrução dos conhecimentos adquiridos no nível precedente e uma reestruturação desses conhecimentos no novo estágio para poder integrar o que o nível antecedente não conseguia fazê-lo.

Ainda em relação aos estágios do desenho, vale ressaltar que as diferenças individuais entre as crianças determinam especificidades em cada um desses níveis. Além disso, as fases propostas por Luquet não têm um paralelo direto com a idade da criança, mas dependem das suas interações com esse objeto de conhecimento, as quais dão origem à sequência que acabamos de apresentar.

Gardner, ao abordar o desenho da criança, não adota os estágios de Luquet, mas podemos identificar na sua concepção uma mesma tendência desenvolvimentista. Em suas últimas pesquisas, Gardner atém-se à grande variedade no uso do símbolo pelas crianças, à necessidade de investigar cada linguagem artística separadamente, mostrando as diferenças entre elas, e à integração dos aspectos cognitivo e afetivo do desenvolvimento. Interessa, no presente trabalho, enfocar o primeiro e o último desses tópicos, uma vez que utilizamos somente uma linguagem artística, o desenho.

Gardner observa, em suas investigações, que algumas crianças "empenham-se para fazer as linhas 'dizerem tudo'" (Gardner, 1982, p. 118), enquanto outras "usam seus desenhos principalmente como pano de fundo para suas habilidades narrativas" (Gardner, 1982, p. 110). O autor denomina o primeiro grupo de crianças de visualizadores e o outro de verbalizadores. As meninas que fizeram parte da investigação eram mais verbalizadoras, enquanto os meninos eram mais visuais. Tais pesquisas mostram que as atividades visual e verbal não se excluem. Essas diferenças parecem indicar mais o papel que a criança atribui ao desenho do que uma falta de capacidade de representar em duas dimensões.

Quanto ao desenvolvimento das atividades artísticas vinculadas às abordagens cognitiva e afetiva, Gardner diz que o importante é "perceber o mesmo objeto à luz dessas e de outras facetas da simbolização, simultaneamente" (Gardner, 1982, p. 125).

A respeito do uso do símbolo pela criança, o autor diz: "na psicologia do desenvolvimento tem-se reconhecido que até a idade de 2 anos praticamente não se usa símbolos, e que é no período entre 2 e 5 anos que a criança adquire um incipiente domínio dos sistemas simbólicos de sua cultura. (...) ver o grupo de crianças entre 5 e 7 anos como relativamente avançado ou como um organismo altamente imaturo depende muito da avaliação de sua competência simbólica e do critério correlativo para o qual a simbolização apresenta o mais alto grau da atividade intelectual humana" (Gardner, 1982, p. 113).

Assim, conforme o autor, os primeiros desenhos são marcas no papel, atividade motora e não simbólica. A passagem da atividade motora para a simbolização ocorre quando a criança, pela primeira vez, produz uma forma que ela interpreta como semelhante a algum objeto do seu meio (na maioria dos casos, a primeira forma simbólica é a figura humana). À medida que tais marcas se tornam simbólicas, a criança começa a construir círculos, retângulos, triângulos, etc. e a combiná-los em padrões mais complexos, estabelecendo um vocabulário de linhas e formas que são as bases de construção da linguagem gráfica. A partir de então, a criança cria esquemas, padrões fixos, para os objetos e constrói estratégias gráficas para explorar as possibilidades espaciais oferecidas pelo papel. Entre 5 e 7 anos, as crianças desenham com notável expressividade, organização e prazer. Há uma necessidade afetiva de expressar-se num domínio simbólico, buscando entender o mundo e elaborar sentimentos em relação a temas que lhes são caros. A esse período do desenho Gardner denominou "a idade de ouro do desenho", e ele justifica tal denominação dizendo que é aqui que florescem as capacidades de desenvolvimento artístico.

A criança desenha cenas com objetos significativos do seu meio, sejam reais ou imaginários, onde ela coloca ação, violência, conflito ou paixão.

O autor mostra a incorporação de imagens e temas televisivos, literários e do cotidiano nos desenhos das crianças.

Gardner observa nos símbolos as suas características estéticas quanto à expressividade, ou seja, se a criança usa o desenho para comunicar alegria, tristeza, vivacidade ou força, e à plenitude *(repleteness)*, isto é, o completo uso do potencial de uma linguagem explorando as várias possibilidades do material.

Alguns sujeitos de suas pesquisas, ao desenharem, se centravam na figura humana, enfatizando mais a comunicação do que a criação; outros centravam-se nos objetos.

Considerando os assuntos que as crianças desenham, o autor nota que tradicionalmente, voltar a um assunto ou o uso repetitivo de uma forma é visto como evidência de uma área de conflito não resolvido na vida emocional da criança ou, reciprocamente, como apontado uma espécie de fixação intelectual, uma falta de habilidade para criar novas soluções ou abordagens. Nosso estudo experimental sugere que os temas fixos têm diferentes propósitos em diferentes crianças. Para a maioria, esses motivos e ideias repetidos não representam fixação, mas um território familiar no qual variação, inclusão de detalhes e novas combinações podem ser exploradas" (Gardner, 1982, p. 119).

Como se pode constatar, o fato de a criança se fixar num dado assunto pode servir para enriquecer ou elaborar com isso um motivo que lhe é familiar.

O autor procura analisar o repertório gráfico das crianças em numerosas dimensões, observando a variação das formas quanto às diferenças de tamanho, orientação, cor, à inclusão de detalhes, de novas combinações e de ações. Gardner mostra, também, que a criança explora a linguagem do desenho, destacando as possibilidades, as dificuldades, as limitações e as convenções da representação gráfica.

Gardner delineou, então, as tendências desenvolvimentistas da criança no desenho e as diferenças entre os trabalhos de crianças de uma mesma idade e com comparável capacidade intelectual.

Julgamos, assim, ter tratado o desenho como um sistema de representação ou de simbolização onde, para apropriar-se dele, a criança constrói representações de forma e de espaço[5] e as coordena num todo coerente, passando por diferentes concepções.

NOTAS

1 A este respeito Piaget já sugeria: "é conveniente pensar(...), na fundação de uma psicologia geral visando simultaneamente sobre os mecanismos descobertos pela psicanálise e sobre os processos cognitivos" (Piaget, 1983, p. 234).
2 O termo representação parece estar empregado, aqui, como uma cópia do referente pelo sujeito. De acordo com a teoria piagetiana, os signos e os símbolos são representações. Como vimos no capítulo anterior, os símbolos estão mais ligados à forma dos objetos – sendo considerados por isso analógicos –, enquanto os signos são arbitrários, convencionais.
3 Tal definição de signos configuracionais está mais próxima à definição de símbolo apresentada pelos piagetianos.
4 Piaget distingue três tipos de jogos: jogos de exercícios, jogos simbólicos e jogos de construção. O jogo de exercício é uma forma mais primitiva do jogo e a única que acontece no nível sensório-motor. Esse tipo de jogo "não comporta nenhum simbolismo nem técnica nenhuma especificamente lúdica, mas consiste em repetir pelo prazer das atividades adquiridas, aliás, com a finalidade de adaptação" (Piaget e Inhelder, 1985, p. 52).
5 No sistema de representação do desenho, há também as representações de cor que são construídas pela criança. No entanto, como essa pesquisa visa analisar a construção dos sistemas de desenho e escrita a partir das interações entre eles, deixaram-se de lado as representações de cor.

3

Escrita como um sistema de representação

Neste capítulo, será analisada a escrita como um sistema de representação, a partir dos estudos de Emilia Ferreiro e colaboradores, os quais mostram o processo percorrido pelo sujeito ao se apropriar do sistema alfabético de escrita.

Tais investigações provocaram, a partir da década de 1980, mudanças na visão que tradicionalmente se tinha sobre a aquisição da língua escrita. Desviando o foco de como se ensina – dos métodos de alfabetização – para como se aprende – para o sujeito cognoscente –, a autora procurou compreender a natureza, a função e o valor do sistema de representação da escrita do ponto de vista das concepções das crianças sobre esse objeto de conhecimento. Ao analisar essas concepções, Emilia Ferreiro constatou uma ordem constante de sucessão, um caráter integrativo entre elas, uma estrutura de conjunto, que lhe possibilitaram identificar a psicogênese da língua escrita, ou seja, a gênese e a evolução da construção de conhecimento sobre o sistema alfabético de escrita, a qual apresentaremos na sequência deste capítulo.

Nesta mesma época, surge, também, o conceito de letramento. Segundo Magda Soares (2000, p. 15) é na segunda metade dos anos de 1980 que o termo letramento começa a aparecer em trabalhos nos campos da Educação e das Ciências Linguísticas. Muitas são as discussões sobre os termos alfabetização e letramento, quanto aos seus significados e abrangência. Magda Soares (2000 e 2004) problematiza as distinções entre tais conceitos observando que a diferença fundamental "está no grau de ênfase posta nas relações entre as práticas sociais de leitura e de escrita e a aprendizagem do sistema de escrita, ou seja, entre o conceito de letramento (...)

e o conceito de alfabetização (...)" (Soares, 2004, p. 5). A autora ressalta, no entanto, "a especificidade e, ao mesmo tempo, a indissociabilidade desses dois processos – alfabetização e letramento, tanto na perspectiva teórica quanto na perspectiva da prática pedagógica" (Soares, 2004, p. 5).

O presente trabalho vincula-se à alfabetização, compreendida, a partir dos estudos de Emilia Ferreiro, como um processo de construção do sistema de escrita pela criança. Serão abordados, a seguir, em grandes linhas, os pressupostos conceituais que fundamentam as pesquisas da autora, de modo a esclarecer o enfoque dado à relação sujeito-objeto na aquisição do sistema de escrita.

PRESSUPOSTOS CONCEITUAIS

As pesquisas sobre leitura e escrita realizadas por Emilia Ferreiro e colaboradores estão baseadas na teoria de Piaget e na psicolinguística contemporânea. Diz a autora: "nosso objetivo será mostrar, nos fatos, a pertinência da teoria psicogenética de Piaget e das concepções da psicolinguística contemporânea para compreender a natureza dos processos de aquisição de conhecimento acerca da língua escrita" (Ferreiro e Teberosky, 1979, p. 37).

A teoria piagetiana embasa não só o tipo de situação experimental que a autora utiliza, mas também, e principalmente, a linha conceitual de suas investigações. A esse respeito Emilia Ferreiro ressalta que "a teoria de Piaget não é uma teoria particular sobre um domínio particular, senão um marco de referência teórico muito mais amplo, que nos permite compreender de uma maneira nova qualquer processo de aquisição de conhecimento" (Ferreiro e Teberosky, 1979, p. 32).

Para compreender o processo de aquisição da escrita, Emilia Ferreiro construiu situações experimentais com base no "método clínico" utilizado por Piaget em suas pesquisas. As situações experimentais procuram evidenciar os critérios que a criança usa para representar, através da escrita, o seu mundo. Esclarecendo acerca do método empregado nas situações experimentais, a autora afirma que "o método de indagação, inspirado no 'método clínico' (ou 'método de exploração crítica') desenvolvido amplamente pela escola genebrina, tem como objetivo explorar os conhecimentos da criança em relação às atividades de leitura e escrita" (Ferreiro e Teberosky, 1979, p. 32).

Neste trabalho, é utilizada uma das situações experimentais construídas por Emilia Ferreiro e seus colaboradores, visando investigar as ideias das crianças em relação ao sistema da escrita.

A respeito da linha conceitual de suas pesquisas, Emilia Ferreiro diz que "do ponto de vista interacionista, como o da conceptualização piagetiana que adotamos, o conhecimento se constrói a partir do sujeito cognoscente e do objeto a conhecer, onde o objeto serve de ocasião para que o conhecimento se desenvolva" (Ferreiro e Teberosky, 1979, p. 45).

Depreende-se, assim, que a autora concebe a aquisição da língua escrita como fruto da interação da criança com o objeto, e o sujeito da aprendizagem como aquele que vai construir o seu conhecimento. A partir do momento em que a criança começa a se interessar pela escrita, esta converte-se em um objeto de conhecimento. Ao interagir com o objeto, o sujeito busca compreender suas características, construindo ideias sobre essa representação da linguagem.

Tecendo um paralelo entre o modo como se concebe o desenho infantil e o modo de considerar a escrita, a autora lembra que "sabemos, desde Luquet, que desenhar não é reproduzir o que se vê, mas sim o que se sabe. Se este princípio é verdadeiro para o desenho, com mais razão o é para a escrita. Escrever não é transformar o que se ouve em formas gráficas, assim como ler também não equivale a reproduzir com a boca o que o olho reconhece visualmente" (Ferreiro, 1985c, p. 55).

Nesse sentido, quando a criança escreve, ela não está reproduzindo graficamente os sons da fala, mas, tal como no desenho, expressando suas ideias acerca da natureza desse sistema de representação. Dentro desse enfoque, escrever não é copiar um modelo e ler não é decifrar. Isso porque "uma coisa é a cópia, e outra a escrita real, que supõe a compreensão do modo de construção" (Ferreiro e Gomez Palacio, 1982b, p. 132).

Emilia Ferreiro diz que a escrita pode ser abordada de dois modos distintos, os quais têm sérias implicações pedagógicas e pressupostos conceituais diferentes. Esclarecendo tais abordagens da escrita, a autora diz: "se a escrita é concebida como um código de transcrição, sua aprendizagem é concebida como a aquisição de uma técnica; se a escrita é concebida como um sistema de representação, sua aprendizagem se converte na apropriação de um novo objeto de conhecimento, ou seja, em uma aprendizagem conceitual" (Ferreiro, 1985c, p. 16). Tal fato ocorre porque, como visto no Capítulo 1, ao se tratar a escrita como uma representação da linguagem em que nem os elementos nem as relações entre eles estão estabelecidos, cabe à criança criá-los ao se apropriar do sistema. Por outro lado, ao abordar-se a escrita como um código em que os elementos e as relações já estão determinados, à criança cabe, apenas, encontrar uma outra representação para tais elementos e relações. Nesse caso, ela estaria aprendendo uma técnica de transcrição gráfica.

Considerando a escrita como um sistema de representação, a autora observa que "quando uma criança começa a escrever, produz traços visíveis sobre o papel, e além disso, e fundamentalmente, põe em jogo suas hipóteses acerca do significado [...] da representação gráfica" (Ferreiro e Teberosky, 1979, p. 40).

Assim, o que interessa a Emilia Ferreiro são as concepções da criança sobre o sistema da escrita.

Em seus estudos, a autora vislumbrou a construção de sistemas de escrita pela criança, mostrando-nos que o sistema alfabético é o ponto final dessa construção, mas não é o único. A construção alfabética da escrita passa, então, por várias estruturações e reestruturações. Emilia Ferreiro diz que "na teoria de Piaget o conhecimento objetivo aparece como um logro, e não como um dado inicial. O caminho até este conhecimento objetivo não é linear: não nos aproximamos dele passo a passo, reunindo peças de conhecimento umas sobre as outras, senão por grandes reestruturações globais, algumas das quais são 'errôneas' (com respeito ao ponto final), mas 'construtivas' (na medida em que permitem aceder a ele). Esta noção de erros construtivos é essencial" (Ferreiro e Teberosky, 1979, p. 34).

Em relação à escrita, a autora procurou identificar os "erros construtivos" que a criança comete ao reconstruir este objeto de conhecimento, para apropriar-se. Nessa reconstrução da escrita, a criança não parte de elementos isolados que se irão associando, mas constrói sistemas interpretativos, em que as partes e as relações entre elas estão determinadas pelas leis do sistema. Assim, os "erros construtivos" evidenciam os sistemas interpretativos da criança quanto à escrita.

Emilia Ferreiro enfoca o processo de construção do sistema de representação da escrita centrando-se na criança. O sujeito da aprendizagem de que nos fala a autora é "o sujeito que conhecemos através da teoria de Piaget, um sujeito que trata ativamente de compreender o mundo que o rodeia, e de resolver as questões que este mundo lhe coloca. (...) É um sujeito que aprende basicamente através de suas próprias ações sobre os objetos do mundo, e que constrói suas próprias categorias de pensamento ao mesmo tempo que organiza o mundo" (Ferreiro e Teberosky, 1979, p. 28-29).

O sujeito cognoscente é, então, aquele que, através da sua atividade, na interação com o objeto da escrita, constrói suas estruturas cognitivas e, simultaneamente, reconstrói o sistema da escrita. Isso porque qualquer informação que o sujeito recebe precisa ser interpretada, transformada de acordo com suas estruturas mentais, para poder ser incorporada; e essas estruturas mentais também se modificam, seguindo uma sequência, em função das informações. Tal sujeito é diferente daquele que outras linhas teóricas postulam porque, como foi tratado no Capítulo 2, na teoria piagetiana, a origem de todo conhecimento está na ação, na interação do sujeito com os objetos.

A psicolinguística contemporânea alterou a visão que se tinha sobre os processos de aquisição da linguagem pela criança, propondo uma nova compreensão para essa problemática. A criança, de acordo com tal abordagem, não espera passivamente o reforço externo a suas emissões sonoras, que correspondem aos sons da linguagem do seu meio social; ao contrário, segundo Emilia Ferreiro, a criança "trata ativamente de compreender a natureza da linguagem que se fala ao seu redor, e (...) tratando de compreender, formula hipóteses, busca regularidades, põe à prova suas antecipações, e constrói sua própria gramática (que não é simples cópia deformada do modelo adulto, senão criação original)" (Ferreiro e Teberosky, 1979, p. 22) .

Assim, a teoria psicolinguística mostra que o sujeito problematiza a linguagem construindo ideias acerca da sua natureza, estrutura e função, e cria sistemas interpretativos coerentes com as suas concepções. Em suas pesquisas, Emilia Ferreiro constatou que o mesmo se dá em relação à língua escrita, quando o sujeito busca se apropriar desse sistema de representação.

Com base na psicolinguística contemporânea, Emilia Ferreiro estabelece uma distinção entre competência e desempenho das crianças em relação à construção do sistema de escrita. A competência diz respeito ao saber que a criança possui acerca da língua escrita. Já o desempenho está relacionado à utilização desse saber numa situação particular. A autora aponta que "essa distinção entre competência e desempenho está também na base da teoria piagetiana da inteligência" (Ferreiro e Teberosky, 1979, p. 26-27). Estes dois aspectos – a competência linguística e o desempenho – são fundamentais dentro do trabalho de Emilia Ferreiro, uma vez que a autora está interessada em analisar a estrutura do sistema de escrita, do ponto de vista das concepções do sujeito.

Julgamos, pois, ter esboçado, em grandes linhas, os pressupostos conceituais da teoria de Piaget e da psicolinguística contemporânea em que estão embasadas as pesquisas de Emilia Ferreiro.

PSICOGÊNESE DA ESCRITA

Ao conceber a aquisição da escrita como uma construção do sujeito, Emilia Ferreiro supôs que havia etapas nesse desenvolvimento. Estudando o processo de apropriação da escrita, a autora diz que "quando procuramos compreender o desenvolvimento da leitura e da escrita, do ponto de vista dos processos de apropriação de um objeto socialmente constituído (e não do ponto de vista da aquisição de uma técnica de transcrição), buscamos ver se havia modos de organização relativamente estáveis que se sucediam em certa ordem" (Ferreiro, 1986, p. 9).

A partir das conceptualizações dos sujeitos, Emilia pôde identificar o processo de construção do sistema da escrita e os níveis que o caracterizam, bem como a passagem de um modo de organização a outro.

Com base na teoria piagetiana, Emilia Ferreiro afirma que um progresso no conhecimento se dá através de um conflito cognitivo, ou seja, quando uma contradição desequilibra a criança, surge a necessidade de modificar os esquemas mentais para estabelecer novas coordenações, integrando num sistema mais amplo de relações os elementos que o sistema anterior não coordenava. Com isso, a criança busca reequilibrar-se.

Ao analisar a escrita a partir das intenções e das interpretações do sujeito, bem como dos critérios empregados para diferenciar as representações, Emilia Ferreiro observou que "do ponto de vista construtivo, a escrita infantil segue uma linha de evolução surpreendentemente regular(...). Aí, podem ser distinguidos três grandes períodos[1], no interior dos quais cabem múltiplas subdivisões: (1) distinção entre os modos de representação icônico e não icônico; (2) construção de formas de diferenciação (controle progressivo das variações sobre os eixos qualitativo e quantitativo); (3) fonetização da escrita (que se inicia com um período silábico e culmina no período alfabético)" (Ferreiro, 1985c, p. 19).

Os dois primeiros períodos correspondem ao que a autora denominou de nível pré-silábico da escrita. O terceiro período envolve os níveis silábico, silábico-alfabético e alfabético. Passaremos, agora, a descrever cada um desses níveis e suas respectivas construções.

Como visto no Capítulo 1, desenho e escrita têm uma origem gráfica comum, e por isso inicialmente são marcas indiferenciadas para a criança. Emilia Ferreiro constatou que, a partir dos 4 anos de idade, "começa a se estabelecer uma distinção muito importante entre o universo gráfico próprio do desenho representativo e o universo gráfico próprio da escrita" (Ferreiro e Teberosky, 1979, p. 55). Tal distinção é que vai constituir o desenho e a escrita enquanto objetos substitutos com naturezas e funções diferentes. O desenho passa, então, a representar a forma dos objetos, enquanto a escrita vai representar o nome desses.

A partir desse momento, a criança começa a construir hipóteses para entender o sistema de escrita. Tais hipóteses possibilitaram que Emilia Ferreiro e seus colaboradores determinassem quatro níveis no processo de aquisição da língua escrita, a saber: pré-silábico, silábico, silábico-alfabético e alfabético.

O nível *pré-silábico* caracteriza-se por "escritas alheias a toda busca de correspondência entre grafias e sons" (Ferreiro e Gomez Palacio, 1982b, p. 19). A respeito da denominação atribuída a este estágio, Emilia Ferreiro diz que "dado que o desenvolvimento de hipóteses sobre a correspondência entre grafias e sons tem seu ponto de partida numa análise silábica, chamamos 'pré-silábicas' as escritas que não apresentam nenhum tipo de correspondência sonora, embora essa denominação não nos resulte inteiramente satisfatória, já que caracteriza negativamente (isto é, por 'ausência de') um nível que queremos caracterizar em termos positivos" (Ferreiro e Gomez Palacio, 1982b, fasc. 2. p. 19).

É importante abordar, então, as construções que a criança faz no nível pré-silábico. Segundo a autora, nesse primeiro estágio "conseguem-se as duas distinções básicas que sustentarão as construções subsequentes: a diferenciação entre as marcas gráficas figurativas e as não figurativas, por um lado, e a constituição da escrita como objeto substituto, por outro" (Ferreiro, 1985c, p. 19).

Quando a criança consegue distinguir o desenho da escrita, ela começa a se preocupar com as diferenciações no interior de cada uma dessas linguagens. Assim, ao interessar-se pela escrita, a criança percebe que as formas dos grafismos não têm relação nem com a forma dos objetos nem com a sua organização espacial, mas que são formas arbitrárias e que se distribuem linearmente numa superfície, da esquerda para a direita. Essas formas arbitrárias são as letras utilizadas no seu meio sociocultural, das quais a criança logo se apropria.

A criança que se encontra no nível pré-silábico pensa que letras e números são a mesma coisa, pois são sinais gráficos muito parecidos para ela. A respeito dessa indiferenciação, Emilia Ferreiro esclarece que "no começo, letras e números se confundem não somente porque têm marcadas similitudes gráficas, senão porque a linha divisória fundamental que a criança trata de estabelecer é a que separa o desenho representativo da escrita (e os números se escrevem, tanto como as letras, e além disso aparecem impressos em contextos similares)" (Ferreiro e Teberosky, 1979, p. 58). A autora ressalta, ainda, que essa grande distinção entre desenho e escrita é fundamental tanto no início do processo como durante toda a construção do sistema de escrita.

Neste nível, a criança pensa que só se pode ler um texto quando acompanhado de uma imagem, pois a imagem é que lhe possibilita interpretar as letras. Apesar de os significantes serem diferentes, o sujeito espera que os significados sejam os mesmos. Na etapa em que a criança passa a se preocupar com o que a escrita representa, Emilia Ferreiro constatou que "a criança espera que a escrita – como representação próxima ainda que diferente do desenho – conserve algumas das propriedades do objeto que a substitui. Essa correspondência figurativa entre escrita e objeto é relativa, fundamentalmente, a aspectos quantificáveis que a escrita deve reter" (Ferreiro e Teberosky, 1979, p. 333-334).

Nesse sentido, a criança espera que objetos grandes possuam uma escrita correspondente ao seu tamanho: a palavra céu, por exemplo, deve ser escrita com muitas letras, pois seu referente é grande; já a palavra borboleta, por se referir a um animal pequeno, deve conter poucas letras.

Conforme a autora, no nível pré-silábico, "as crianças dedicam um grande esforço intelectual à construção de formas de diferenciação entre as escritas" (Ferreiro, 1985c, p. 20). Tais critérios de diferenciação são, inicialmente, intrafigurais, ou seja, a criança primeiro se preocupa com as propriedades que uma escrita precisa ter para poder possuir um significado.

A respeito dos critérios de diferenciação, Ferreiro diz que "esses critérios intrafigurais se expressam, sobre o eixo quantitativo, como a quantidade mínima de letras – geralmente três – que uma escrita deve ter para que 'diga algo' e, sobre o eixo qualitativo, como a variação interna necessária para que uma série de grafias possa ser interpretada (se o escrito tem 'o tempo todo a mesma letra', não se pode ler, ou seja, não é interpretável)" (Ferreiro, 1985c, p. 20). Assim, ao criar critérios de diferenciação quantitativa e qualitativa que um texto deve possuir para ser interpretável, o sujeito constrói hipóteses acerca da estrutura do sistema de escrita.

Em relação aos critérios quantitativos, a criança considera que palavras, em geral, com menos de três letras, não podem ser interpretadas, são apenas letras. Por isso, ela só escreve palavras com mais de três grafias (hipótese de quantidade mínima).

Os critérios qualitativos estão relacionados à variedade de letras utilizadas na palavra, isto é, a criança postula que, numa palavra, não se pode repetir mais de duas vezes seguidas a mesma letra (hipótese de variedade interna), para que esta tenha uma significação e possa ser interpretada, caso contrário são letras e não uma palavra.

Após estabelecer as diferenciações intrafigurais, a criança interessa-se pelas diferenciações entre as escritas, ou seja, interfigurais. Emilia Ferreiro constatou que, neste momento, "as crianças exploram então critérios que lhes permitem, às vezes, variações sobre o eixo quantitativo (variar a quantidade de letras de uma escrita para outra, para obter escritas diferentes), e, às vezes, sobre o eixo qualitativo (variar o repertório de letras que se utiliza de uma escrita para outra; variar a posição das mesmas letras sem modificar a quantidade)" (Ferreiro, 1985c, p. 24).

Constata-se, assim, que os critérios de diferenciação interfigurais também estão relacionados aos eixos quantitativo e qualitativo. Para diferenciar uma escrita de outra, a criança varia tanto a quantidade de grafias quanto a posição e o repertório de letras utilizado. Com um número restrito de grafias, alternando a quantidade, a criança escreve palavras com distintos significados. Variando a posição das letras de uma escrita para outra, o sujeito cria novas combinações e, portanto, novas palavras. Ao ampliar ou diminuir o repertório de grafias, diferencia-se uma escrita da outra.

Para a criança, é difícil, inicialmente, coordenar os dois critérios de diferenciação. O que se observa, nas escritas pré-silábicas, é que a criança usa ora a quantidade, ora a variedade, e que progride no sentido de coordenar esses dois critérios, buscando a máxima diferenciação entre suas escritas.

Outra hipótese que a criança faz, no nível pré-silábico, é que basta a letra inicial para escrever uma palavra (por exemplo, em relação ao seu nome, só a primeira é suficiente para representá-lo, pois esta é a sua letra).

Nesse nível, a criança escreve valendo-se de grafismos primitivos, escritas unigráficas, grafias sem controle de quantidade, escritas fixas, escritas diferenciadas sem valor sonoro convencional ou escritas diferenciadas com valor sonoro inicial. Os grafismos primitivos consistem em a criança não empregar grafias convencionais como letras e/ou números, mas, sim, rabiscos ou pseudoletras (Figura 3.1).

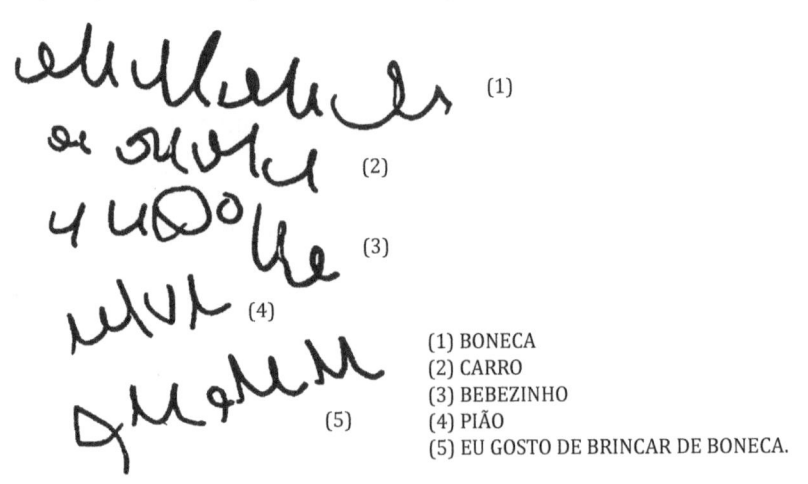

(1) BONECA
(2) CARRO
(3) BEBEZINHO
(4) PIÃO
(5) EU GOSTO DE BRINCAR DE BONECA.

Figura 3.1 Escrita pré-silábica com grafismos primitivos.

As escritas em que a criança controla a quantidade, utilizando uma só grafia, convencional ou não, para cada palavra, foram denominadas por Emilia Ferreiro de escritas unigráficas (Figura 3.2).

(1) PEDRO
(2) COMIDA
(3) PANELINHA
(4) SAL
(5) O PEDRO FEZ UMA SOPA DE PEDRA.

Figura 3.2 Escrita unigráfica no nível pré-silábico.

As escritas em que não há limites para controlar a quantidade de elementos, senão o tamanho da folha de papel, foram identificadas como grafias sem controle de quantidade (Figura 3.3).

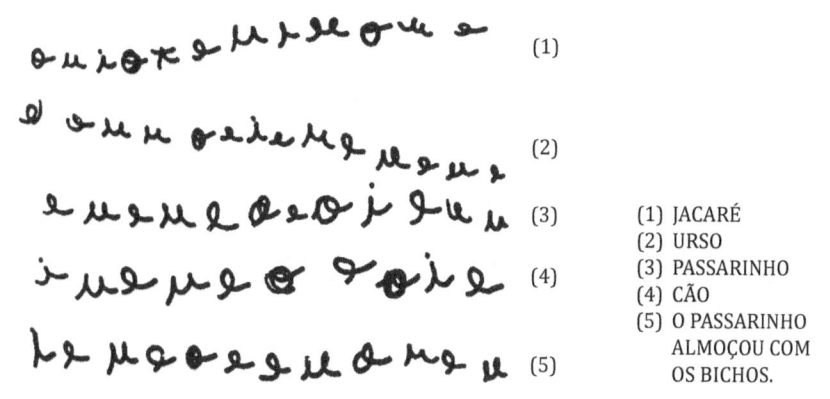

(1) JACARÉ
(2) URSO
(3) PASSARINHO
(4) CÃO
(5) O PASSARINHO ALMOÇOU COM OS BICHOS.

Figura 3.3 Escrita pré-silábica sem controle de quantidade.

As escritas fixas consistem em a criança não criar diferenciações objetivas entre as palavras. A intenção do sujeito garante distintos significados às mesmas escritas (Figura 3.4).

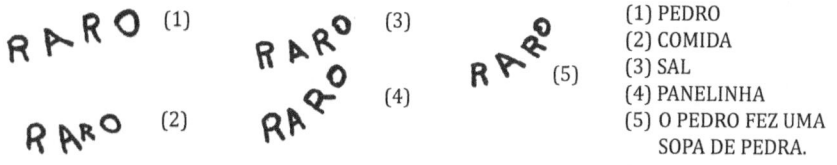

(1) PEDRO
(2) COMIDA
(3) SAL
(4) PANELINHA
(5) O PEDRO FEZ UMA SOPA DE PEDRA.

Figura 3.4 Escritas fixas no nível pré-silábico.

As escritas diferenciadas sem valor sonoro convencional caracterizam-se por a criança procurar variar a quantidade de grafias mantendo a mesma ordem, alterar a posição de alguns elementos, ou diversificar o repertório (Figura 3.5).

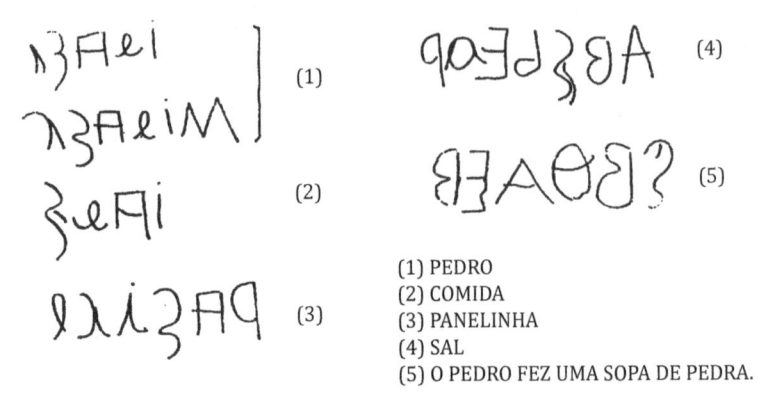

(1) PEDRO
(2) COMIDA
(3) PANELINHA
(4) SAL
(5) O PEDRO FEZ UMA SOPA DE PEDRA.

Figura 3.5 Escritas pré-silábicas diferenciadas, sem valor sonoro convencional.

As escritas diferenciadas com valor sonoro inicial são aquelas em que há presença de letras: a primeira letra está relacionada à sonoridade da palavra, e as demais não (Figura 3.6).

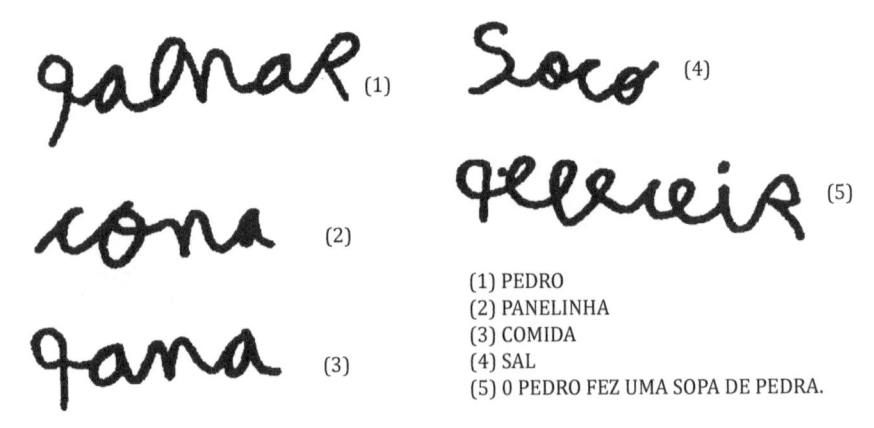

(1) PEDRO
(2) PANELINHA
(3) COMIDA
(4) SAL
(5) O PEDRO FEZ UMA SOPA DE PEDRA.

Figura 3.6 Escritas pré-silábicas diferenciadas, com valor sonoro inicial.

Nesse primeiro estágio, a ordem das grafias na palavra não é importante. As palavras não são estáveis, podendo variar conforme o contexto em que se encontram.

Em suma, no nível pré-silábico, não há correspondência entre escrita e pronúncia, pois a problemática da criança se refere a grandes interrogações sobre natureza e função da linguagem escrita, bem como à construção de diferenciações entre as escritas para que tenham significados distintos.

Com o *nível silábico*, inicia-se a fonetização da escrita, ou seja, a criança descobre que as diferenças entre as representações escritas estão relacionadas às diferenças sonoras das palavras. Buscando corresponder a pauta sonora à pauta escrita, "a criança começa por descobrir que as partes da escrita (suas letras) podem corresponder a outras tantas partes da palavra oral (suas sílabas)" (Ferreiro, 1985c, p. 24). Assim, o primeiro vínculo entre escrita/pronúncia que a criança estabelece vai nortear a quantidade de grafias da palavra em função do seu número de sílabas.

Emilia Ferreiro observou que as primeiras escritas silábicas não possuem uma correspondência estrita entre o número de sílabas e as grafias empregadas, mas que a criança "evolui até chegar a uma exigência rigorosa: uma sílaba por letra, sem omitir sílabas e sem repetir letras" (Ferreiro, 1985c, p. 25). A criança utiliza, às vezes, uma grafia qualquer para cada sílaba relacionando a quantidade de grafias com a quantidade de sílabas, mesmo sem se importar com o valor sonoro convencional das letras (Figura 3.7).

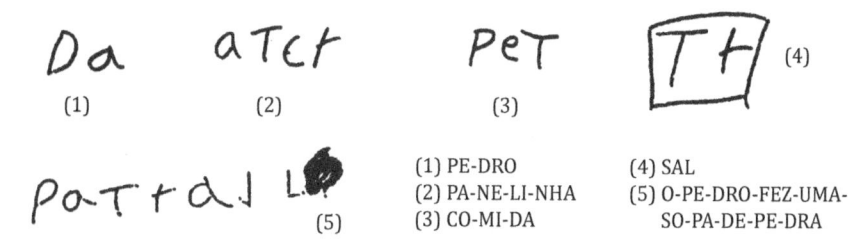

(1) PE-DRO
(2) PA-NE-LI-NHA
(3) CO-MI-DA
(4) SAL
(5) O-PE-DRO-FEZ-UMA-SO-PA-DE-PE-DRA

Figura 3.7 Escrita silábica sem valor sonoro convencional.

Outras vezes, utiliza uma vogal ou uma consoante com valor sonoro convencional correspondente àquela sílaba (Figura 3.8). Indicaremos através de números, nos exemplos que seguem, a quantidade de letras que a criança escreve para cada sílaba.

Segundo Emilia Ferreiro, o período silábico é um dos momentos mais importantes na aquisição da língua escrita. Justificando tal afirmação, a autora diz que "a hipótese silábica é da maior importância por duas razões: permite obter um critério geral para regular as variações na quantidade de letras que devem ser escritas, e centra a atenção da criança nas variações sonoras entre as palavras" (Ferreiro, 1985c, p. 25).

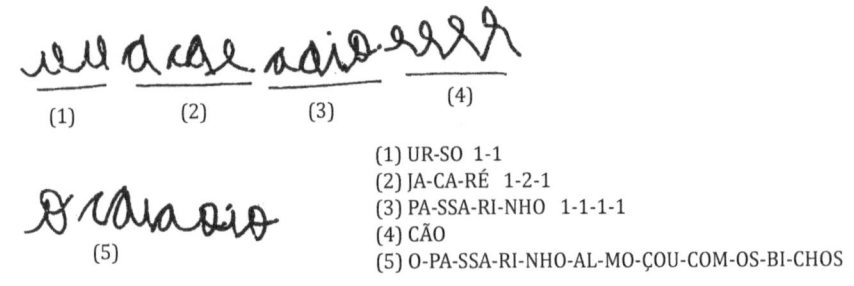

(1) UR-SO 1-1
(2) JA-CA-RÉ 1-2-1
(3) PA-SSA-RI-NHO 1-1-1-1
(4) CÃO
(5) O-PA-SSA-RI-NHO-AL-MO-ÇOU-COM-OS-BI-CHOS

Figura 3.8 Escrita silábica com valor sonoro convencional.

Assim, sobre o eixo quantitativo, neste estágio, há a preocupação da criança em vincular uma letra a cada sílaba da palavra. Já no eixo qualitativo, o sujeito atém-se aos valores sonoros das letras, fazendo corresponder letras semelhantes a partes sonoras semelhantes. Começa a interessar-se, então, pela ordem das letras na palavra.

Esse sistema silábico de escrita, no entanto, engendra algumas contradições. De acordo com a hipótese de quantidade mínima da criança, uma palavra tem de ser constituída por três ou mais grafias, com menos de três grafias não se trata de uma palavra, mas de letras. Já a hipótese silábica que a criança acabou de construir postula que para cada sílaba oral se deve fazer corresponder uma letra, o que, no caso dos monossílabos e das palavras dissílabas, ocasionaria representações com uma ou duas letras. Instaura-se, então, um conflito entre a hipótese silábica e a de quantidade mínima de letras, o qual a criança vai contornar colocando mais letras nas palavras monossílabas e dissílabas para preencher o critério de quantidade.

Conforme a hipótese de variedade interna do sujeito, uma mesma letra não pode estar repetida mais de duas vezes seguidas numa palavra para que esta possa ser interpretada. Na hipótese silábica, o que vai reger a variação das letras na palavra são as alterações sonoras das sílabas, o que implica repetir uma letra tantas vezes quantas forem as semelhanças sonoras entre as sílabas. Outro conflito desponta, aqui, entre a hipótese silábica e a de variedade interna, o qual é contornado pelo uso da mesma letra com alterações no seu tamanho ou formato, ou, ainda, pelo uso da consoante ou vogal da sílaba seguinte para não repetir a mesma letra.

A criança percebe, também, que as escrituras dos adultos possuem mais letras do que as suas escritas silábicas e se conflitua com isso. A solução que a criança dá a esse impasse é interpretar a escrita dos adultos como nomes mais completos: uma criança, por exemplo, chamada Rogério interpreta o seu nome nas três primeiras letras e nas seguintes lê o seu sobrenome, Oliveira.

Desenho e escrita como sistemas de representação **83**

São exatamente tais contradições, oriundas do sistema silábico com a hipótese de quantidade mínima, com a hipótese de variedade interna e com as escritas dos adultos, que levam a uma desestabilização da hipótese silábica e à construção de um novo sistema de escrita que procure resolver os conflitos que a criança apenas havia contornado.

Sobre este sistema emergente, Emilia diz que "o período silábico-alfabético marca a transição entre os esquemas prévios em vias de serem abandonados e os esquemas futuros em via de serem construídos" (Ferreiro, 1985c, p. 27).

No nível *silábico-alfabético*, a criança constata que uma grafia para cada sílaba não é suficiente para representar as palavras, pois, escrevendo silabicamente, os outros não conseguem ler o que foi escrito. Sem abandonar totalmente a hipótese silábica, a criança começa a analisar as palavras em termos de sílabas e fonemas, descobrindo, então, que a sílaba não é mais uma unidade, mas que se compõe de partes menores.

Emilia Ferreiro observa que "neste nível coexistem duas formas de corresponder sons e grafias: a silábica e a alfabética" (Ferreiro e Gomez Palacio, 1982b, p. 29). Assim, no nível silábico-alfabético, evidencia-se a utilização ora de uma letra para cada sílaba, ora de uma grafia para cada fonema. A criança compensa, desse modo, a hipótese de quantidade mínima analisando as palavras foneticamente. No entanto, as palavras podem ser escritas com marcas gráficas que correspondam a suas sílabas e/ou fonemas sem que o sujeito utilize o valor sonoro convencional das letras (Figura 3.9); ou com o predomínio do valor sonoro convencional das letras (Figura 3.10).

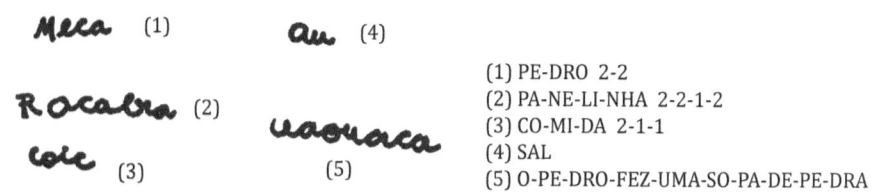

(1) PE-DRO 2-2
(2) PA-NE-LI-NHA 2-2-1-2
(3) CO-MI-DA 2-1-1
(4) SAL
(5) O-PE-DRO-FEZ-UMA-SO-PA-DE-PE-DRA

Figura 3.9 Escrita silábico-alfabética sem valor sonoro convencional.

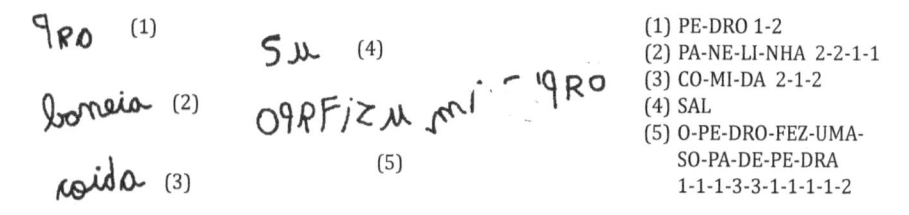

(1) PE-DRO 1-2
(2) PA-NE-LI-NHA 2-2-1-1
(3) CO-MI-DA 2-1-2
(4) SAL
(5) O-PE-DRO-FEZ-UMA-SO-PA-DE-PE-DRA
1-1-1-3-3-1-1-1-1-2

Figura 3.10 Escrita silábico-alfabética com predomínio do valor sonoro convencional.

Assim, o nível silábico-alfabético é um período de instabilidade entre um sistema silábico, com muitas contradições, e um sistema alfabético, apenas esboçado.

No nível *alfabético,* a criança abandona a análise silábica na construção de palavras e estabelece uma correspondência entre grafemas e fonemas. Tal correspondência pode ser feita sem predomínio do valor sonoro convencional das letras, ou seja, a criança atribui qualquer fonema a qualquer grafia, centrando-se tão somente na correspondência sonora (Figura 3.11).

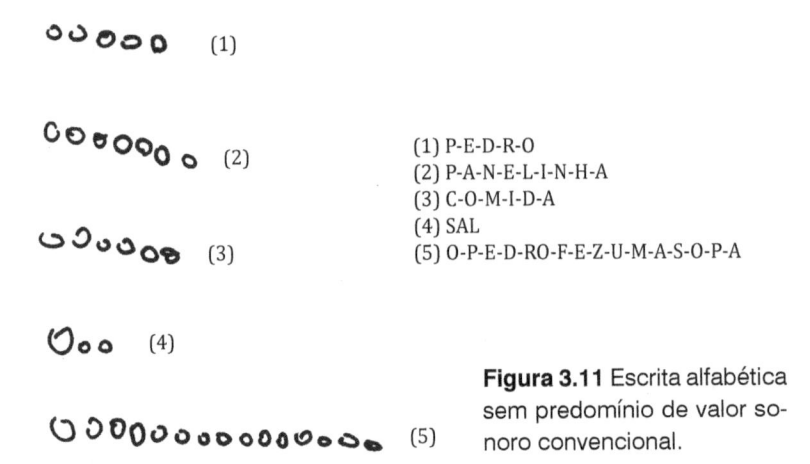

(1) P-E-D-R-O
(2) P-A-N-E-L-I-N-H-A
(3) C-O-M-I-D-A
(4) SAL
(5) O-P-E-D-RO-F-E-Z-U-M-A-S-O-P-A

Figura 3.11 Escrita alfabética sem predomínio de valor sonoro convencional.

A criança pode fazer corresponder, também, um grafema a cada fonema com algumas falhas na utilização do valor sonoro convencional das letras (Figura 3.12).

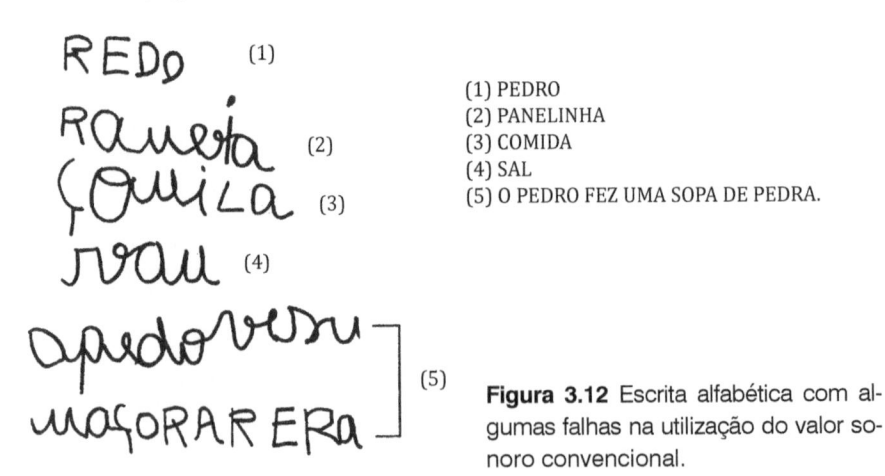

(1) PEDRO
(2) PANELINHA
(3) COMIDA
(4) SAL
(5) O PEDRO FEZ UMA SOPA DE PEDRA.

Figura 3.12 Escrita alfabética com algumas falhas na utilização do valor sonoro convencional.

O sujeito pode fazer corresponder, ainda, fonemas e grafemas utilizando o valor sonoro convencional das letras (Figura 3.13).

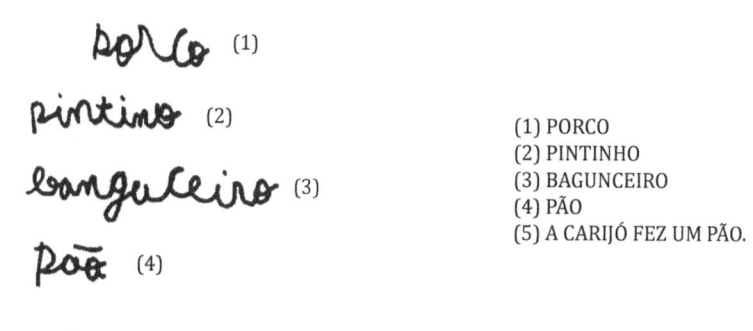

(1) PORCO
(2) PINTINHO
(3) BAGUNCEIRO
(4) PÃO
(5) A CARIJÓ FEZ UM PÃO.

Figura 3.13 Escrita alfabética com valor sonoro convencional.

A respeito das escritas alfabéticas com valor sonoro convencional, Emilia Ferreiro constatou que elas "correspondem inteiramente ao nosso sistema de escrita, embora a ortografia não seja totalmente convencional, isto é, trata-se de uma escrita a ser aperfeiçoada, mas não há dúvida de que além de se dominar a estrutura do sistema se aprendeu o valor sonoro convencional para a maioria das letras" (Ferreiro e Gomez Palacio, 1982b, p. 31).

Escrever alfabeticamente não significa, no entanto, saber escrever de modo ortográfico, conforme os padrões socialmente instituídos, e sim que o último passo para a compreensão do sistema da escrita foi dado, isto é, a vinculação da pronúncia com a construção alfabética de sílabas. Nesse momento, a criança estruturou o sistema alfabético da escrita.

Surgem, então, novos problemas advindos deste novo sistema de escrita. No eixo quantitativo, Emilia Ferreiro diz que "se por um lado não basta uma letra por sílaba, também não se pode estabelecer nenhuma regularidade duplicando a quantidade de letras por sílabas (já que há sílabas que se escrevem com uma, duas, três ou mais letras)" (Ferreiro, 1985c, p. 27). A criança abandonou o sistema silábico, que era rigoroso em relação à regularidade das letras na palavra, para ingressar num sistema mais complexo, onde não há regularidades predeterminadas.

Sobre o eixo qualitativo, o sujeito também vai se deparar com problemas, agora em relação à ortografia. A criança percebe que um mesmo som não garante a mesma letra, uma vez que as formas ortográficas nem sempre são lógicas, mas convencionadas socialmente. Na nossa ortografia, um mesmo som pode estar associado a várias letras, como, por exemplo, sapato, caçarola e massa; uma mesma letra pode corresponder a vários sons, tal como sopa e peso. Há também as separações convencionais entre as palavras, as quais na língua oral não são percebidas claramente.

Assim, após o nível alfabético, a criança vai se preocupar em aprimorar o sistema de escrita, aprendendo as regras de ortografia e as separações entre as palavras.

Como se pôde constatar, a abordagem que as pesquisas de Emilia Ferreiro e seus colaboradores dão à apropriação da língua escrita passa pela reconstrução deste objeto de conhecimento, onde o sujeito cria os elementos e as relações que compõem este sistema de representação. Nessa reconstrução, o sistema alfabético de escrita é uma das representações da linguagem e não uma representação gráfica dos sons da fala.

Dessa maneira, esperamos ter dado uma ideia da complexidade e da riqueza do processo da criança ao se apropriar deste objeto social que é a escrita.

NOTA

1 Estes três períodos de construção do sistema da escrita suscitaram a elaboração das hipóteses desta pesquisa em relação aos cinco períodos de construção comuns ao desenho e à escrita.

4

Situações de desenho e escrita

Interessa considerar, neste capítulo, a pesquisa realizada, a fim de verificar a construção dos sistemas de representação do desenho e da escrita, através das interações entre as duas linguagens. Para tal são apresentados os sujeitos envolvidos, os materiais utilizados e o procedimento empregado na coleta dos dados deste trabalho.

As hipóteses da pesquisa, já mencionadas anteriormente, são três:
a) após a diferenciação entre os sistemas gráficos icônico (desenho) e não icônico (escrita), há uma interação entre desenho e escrita, no período de aquisição desses sistemas;
b) essa interação corresponde a uma correlação entre desenho e escrita em que as crianças pré-silábicas produzem um desenho nos estágios do realismo fortuito, da incapacidade sintética ou do realismo intelectual; e as crianças silábicas, silábico-alfabéticas e alfabéticas produzem um desenho nos estágios da incapacidade sintética ou do realismo intelectual;
c) desenho e escrita seguem uma linha de evolução em que podem ser distinguidos cinco grandes períodos comuns na construção dos dois sistemas: (1) origem gráfica comum; (2) distinção entre os modos de representação icônico e não icônico; (3) construção de formas de diferenciação entre os elementos; (4) construção de diferenciações e de coordenações entre os elementos e as relações em cada um dos sistemas; (5) aprimoramento dos sistemas.

A pesquisa foi realizada com crianças de classe baixa, que cursavam o 1º ano do Ensino Fundamental, de diferentes escolas públicas da periferia de

Porto Alegre. Tal investigação consistiu na aplicação de situações de desenho e de escrita em três momentos equidistantes durante o período letivo.

AS CRIANÇAS

Os sujeitos desta pesquisa foram 97 crianças de classe baixa que, por primeira vez, cursavam o 1º ano do Ensino Fundamental, em diferentes escolas públicas situadas na periferia de Porto Alegre. As crianças, ao ingressarem em março na escola, tinham idades entre 6 (6;0) e 8 anos e três meses (8;3).

A escolha recaiu em crianças de classe baixa[1] por estas crianças terem, em geral, pouca experiência com uma linguagem gráfica, apresentando-se algumas delas nas fases iniciais dos processos gráfico-plástico e, principalmente, de escrita[2].

Tais crianças, provenientes de classes sociais de baixa renda, tinham possibilidades muito limitadas não só de convivência com hábitos de leitura e escrita e de desenho, como também de acesso a materiais escritos e gráfico-plásticos, dificultando o seu desenvolvimento. Com isso, algumas dessas crianças chegavam ao 1º ano do Ensino Fundamental em níveis incipientes de desenho e escrita, o que propiciou verificar as interações entre as duas linguagens através do acompanhamento da construção desses sistemas desde seus níveis iniciais[3]. Convém ressaltar, no entanto, que, apesar de estarem em níveis iniciais, nenhuma dessas crianças, nem mesmo as mais desfavorecidas, chegou ao 1º ano sem algum tipo de conhecimento a respeito do desenho e da escrita. Comparando-se as crianças de classe baixa com as de classes sociais de maior renda, vê-se que estas últimas convivem com diversas práticas sociais de desenho e escrita e têm acesso a materiais gráficos, o que lhes possibilita um maior desenvolvimento nos processos de desenho e escrita.

Logo, as crianças de classe baixa e as de classe média e alta têm oportunidades sociais diferentes em relação ao desenho e à escrita. Uma outra razão que leva as crianças de classes sociais de maior renda a desenvolverem-se tanto no desenho como na escrita é que estas, normalmente, iniciam cedo a sua escolarização e, ao ingressarem no 1º ano do Ensino Fundamental, encontram-se nas fases finais dos dois processos. Assim, ficaria difícil evidenciar, em crianças de classes sociais mais favorecidas, a interação desenho-escrita desde seus níveis iniciais, durante o 1º ano do Ensino Fundamental. A ideia de realizar a pesquisa com crianças do 1º ano do Ensino Fundamental se prende ao fato de ser neste período que a escrita começa a ser trabalhada de forma sistemática na escola.

Dessa forma, buscou-se compreender, nas crianças pesquisadas, como evoluem os processos de desenho e escrita a partir das suas interações. Para tanto, foram escolhidos dois grupos de crianças, os quais possuíam contextos diferenciados quanto à proporção de atividades no plano do desenho e da escrita, de acordo com as seguintes condições:
a) privilegiar igualmente desenho e escrita;
b) privilegiar mais a escrita do que o desenho.

Entende-se por privilegiar igualmente desenho e escrita aquele grupo em que tanto a escrita quanto o desenho foram trabalhados regularmente de forma continuada ao longo do ano. Este grupo foi designado de Grupo A e era composto por 57 crianças. As crianças deste grupo não possuíam escolaridade anterior, segundo os prontuários das escolas (ver Anexo I, Tabela 2). As idades das crianças dos grupos A e B eram comparáveis, havendo uma maior concentração de sujeitos nas idades entre 6;0 e 7;0 anos (ver Anexo I, Tabela 1). No Quadro I do Anexo I, apresenta-se a idade em anos e meses de cada uma das crianças do Grupo A. O horário semanal deste grupo durante o ano letivo foi o seguinte:

Quadro 4.1 Horário do Grupo A

	2ª FEIRA	3ª FEIRA	4ª FEIRA	5ª FEIRA	6ª FEIRA
7:45	ALF.	ARTES	ALF.	ALF.	ALF.
8:30	ARTES	ARTES	ED. FÍSICA	ALF.	ALF.
9:15	ED. FÍSICA	ALF	ED. FÍSICA	ARTES	ALF.
10:00	RECREIO	RECREIO	RECREIO	RECREIO	RECREIO
10:15	ALF.	ALF.	ARTES	ALF.	ARTES
11:00	ALF.	ALF.	ALF.	ALF.	ALF.

ALF. – Alfabetização; ARTES – Ensino de Artes; ED. FISICA – Educação Física.

Como se pode constatar no quadro anterior, o grupo desenvolveu atividades de artes diariamente, tendo, na terça-feira, um período maior de trabalho, realizado por uma professora de artes visuais.. Nos outros dias da semana, essas atividades eram desenvolvidas pelas professoras das classes. O tipo de atividades de artes realizadas, tanto pela professora especializada como pelas professoras das classes, centrou-se principalmente no desenho, com alguns trabalhos de recorte e colagem e de pintura. As professoras das classes desenvolviam tais atividades com propostas dirigidas como, por exemplo, o desenho relacionado com dias comemorativos, uma história contada ou de acontecimentos vivenciados pelas crianças no trabalho da sala de aula. Já a professora de artes visuais realizava atividades sem propostas explícitas, o que chamava de "desenho livre" ou "pintura livre". Desse modo, as crianças do Grupo A tiveram oportunidade de desenvolver o processo gráfico-plástico, seja através de propostas das professoras, seja através das suas preocupações em relação à linguagem plástica.

Por privilegiar mais a escrita do que o desenho, entende-se o grupo em que foi dada maior ênfase ao sistema da escrita e em que as atividades de desenho foram trabalhadas esporadicamente ou até nem foram realizadas. Tal grupo foi denominado de Grupo B e dele faziam parte 40 crianças. Apenas dois sujeitos deste grupo não haviam frequentado a escola em anos anteriores, os demais cursaram o maternal e/ou o jardim I ou II, sendo muito significativo o número de crianças que cursou o Jardim II (ver Anexo I, Tabela 2). As idades das crianças do Grupo B estão descritas no Anexo I, Quadro II e, em comparação com o Grupo A, na Tabela 1. Pode-se examinar, a seguir, o horário semanal deste grupo durante o ano escolar:

Quadro 4.2 Horário do Grupo B

	2ª FEIRA	3ª FEIRA	4ª FEIRA	5ª FEIRA	6ª FEIRA
7:30	RELIG.	ALF.	ALF.	ALF.	ALF.
8:15	ED. FÍSICA	ALF.	ALF.	ALF.	SOE
9:00	BIBLIOG.	ALF.	ALF.	ALF.	ALF.
9:45	ALF.	ALF.	ALF.	ALF.	ALF.
10:15	RECREIO	RECREIO	RECREIO	RECREIO	RECREIO
10:30	ALF.	ALF.	ED. FÍSICA	ALF.	HIG.
11:15	ALF.	ALF.	ALF.	ALF.	ED. FÍSICA

RELIG. – Religião; ED. FISICA – Educação Física; ALF. – Alfabetização; SOE – Serviço de Orientação Educacional; BIBL. – Biblioteca; HIG. – Higiene.

Vê-se, pelo quadro, que o grupo não tinha um horário de artes. As atividades de desenho realizadas em sala de aula pelas professoras se restringiam à cópia de modelos fornecidos, quando era ensinada uma "letra nova", ou quando as crianças tinham religião. Isso porque, ao apresentar cada uma das letras do alfabeto, as professoras transformavam-nas em animais, objetos ou personagens, como por exemplo, a letra "J" que aparecia no quadro-negro como uma jibóia, e era reproduzida pelas crianças no caderno. Nas aulas de religião, as professoras contavam uma passagem da vida de Cristo e propunham às crianças que a desenhassem. Como se pode observar, as crianças do Grupo B realizavam atividades de desenho bem dirigidas, ora copiando desenhos feitos pelas professoras, ora desenhando conforme um tema bem determinado. Além disso, estes períodos de desenho tenderam a desaparecer no segundo semestre, quando foi dada uma maior ênfase à alfabetização. Assim, o processo gráfico-plástico destas crianças pouco se desenvolveu devido às escassas oportunidades de contato com tal linguagem em sala de aula.

Tanto no Grupo A como no Grupo B, as professoras desconheciam a existência de estudos sobre o processo de desenvolvimento do desenho de crianças, até mesmo a professora de artes visuais. No Grupo A, as professoras das classes realizavam atividades de desenho porque "sabiam que as crianças gostavam", enquanto a professora de artes visuais justificava a importância das atividades de artes como forma de as crianças "se expressarem livremente". As professoras do Grupo B contaram que as crianças pediam para desenhar, mas que elas não podiam "perder tempo" com atividades de desenho, pois tinham de alfabetizar essas crianças. As poucas vezes em que elas propunham atividades de desenho era quando ensinavam uma "letra nova", porque "o desenho facilita a aprendizagem de letras", e quando davam aulas de religião "para as crianças gostarem destes momentos".

O método de alfabetização utilizado pelas professoras, nos dois grupos de crianças, foi o método "misto"[4]. No entanto, em cada um dos grupos, este método foi abordado de maneira distinta: o Grupo A valorizou mais o método analítico, enquanto o Grupo B deu maior ênfase ao método sintético. Para desenvolverem suas metodologias, as professoras do Grupo A usaram, paralelamente, histórias infantis e a cartilha "Pipoca". As professoras do Grupo B basearam-se nas cartilhas "Crianças no Nosso Brasil", "Pipoca" e "Caminho Suave".

O tipo de letra utilizado pelas professoras do Grupo A foi a letra de imprensa, maiúscula e minúscula, até a metade do ano e depois a letra cursiva. No Grupo B, as professoras escreviam tudo em letra cursiva, maiúscula e minúscula, desde o início do ano.

Em suma, o Grupo A, com suas atividades regulares de desenho durante todo o ano letivo, permitiu acompanhar o desenvolvimento concomitante dos sistemas de desenho e escrita. O Grupo B, com o trabalho esporádico de desenho, forneceu dados relativos à escrita, predominantemente. Tais situações contrastantes, do ponto de vista das interações desenho-escrita, possibilitaram comparar as condições de desenvolvimento dos dois sistemas quando estes são trabalhados conjuntamente e quando apenas a escrita é desenvolvida em sala de aula.

OS INSTRUMENTOS

Quanto aos materiais empregados na pesquisa, selecionaram-se dois instrumentos, um baseado nos estudos de Luquet, para analisar os níveis de estruturação do sistema do desenho pela criança (Anexo II), e outro elaborado por Emilia Ferreiro, para analisar os níveis de conceptualização da criança em relação ao sistema de escrita[5]. Este último instrumento utiliza o "método clínico" ou "método crítico" próprio dos estudos piagetianos. Tal método consiste em conversar com a criança sobre um tema dirigido pelo experimentador, o qual segue as respostas da criança, pede-lhe que justifique o que diz e contra-argumenta-a. As perguntas do experimentador não são padronizadas, adaptando-se ao vocabulário, às atitudes e às respostas do sujeito. No entanto, ele parte de uma hipótese diretriz que conduz a sua conversação com a criança.

Na aplicação dos instrumentos de desenho e de escrita, foram necessários materiais como folha de papel, lápis preto, canetas hidrográficas e giz de cera. Todos estes materiais eram conhecidos dos alunos por serem utilizados nas escolas, mesmo nas turmas onde o desenho era muito pouco trabalhado. Sua aplicação, em cada criança individualmente, ocorreu em três momentos: no início do primeiro bimestre, entre o segundo e o terceiro bimestre e no final do quarto bimestre escolar. A escolha destes momentos pode ser justificada por estabelecer cortes nos processos de desenho e escrita, possibilitando acompanhar como tais processos estavam no início do ano, como se desenvolveram e como estavam no final do ano letivo. O cruzamento dos dados de desenho e escrita, em cada um desses momentos, forneceu subsídios para analisar as interações entre as duas linguagens. Para respeitar os intervalos entre uma entrevista e outra, cerca de dois meses, manteve-se fixa a ordem das entrevistas, de acordo com a sequência alfabética das crianças em cada um dos grupos pesquisados. As aplicações tiveram uma duração média de, aproximadamente, 40 minutos, com variações, conforme o ritmo de cada criança. As respostas dos sujeitos foram registradas pelo experimentador e, depois, combinadas com as produções das crianças.

OS PROCEDIMENTOS

Os procedimentos adotados dizem respeito à maneira como foi realizada a coleta de dados.

Em primeiro lugar, selecionaram-se dois grupos de crianças de classe baixa, no 1º ano do Ensino Fundamental, em diferentes escolas públicas da periferia de Porto Alegre (RS). O objetivo inicial dessa seleção era coletar amostras contrastantes de acordo com os critérios apresentados no item 4.1.

Em seguida, foram caracterizados os grupos quanto à proporção de horas de trabalho em desenho e escrita (item 4.1).

Levantaram-se, então, os dados pessoais das crianças tais como idade, escolaridade, profissão e grau de instrução dos pais. Estes dados foram extraídos dos prontuários de cada criança, existentes nas escolas, os quais foram respondidos pelos pais (Anexo I, tabelas 3,4, 5 e 6).

Posteriormente, foram aplicados os dois instrumentos, em cada uma das crianças, nos três momentos já estabelecidos no item 4.2. Tais instrumentos consistiram em ler uma história para a criança e, em seguida, pedir que ela desenhasse; ao término do desenho, solicitou-se à criança que escrevesse uma palavra dissílaba, uma polissílaba, uma trissílaba, uma monossílaba e uma oração. Essas palavras faziam parte de um mesmo universo semântico, no caso a história lida. As palavras dissílaba e polissílaba se caracterizavam por apresentarem, respectivamente, referencial grande e palavra pequena ou referencial pequeno e palavra grande.

Para as três aplicações, foram escolhidas histórias que cumprissem os seguintes critérios:

a) conter tanto aspectos visuais como verbais;
b) possuir elementos comuns à realidade das crianças de classe baixa;
c) ser uma história pequena e interessante.

Uma história com aspectos visuais e verbais[6] significa uma história que possibilite tanto uma leitura iconográfica através das suas ilustrações, quanto uma leitura do texto escrito. Nesse sentido, todas as histórias lidas eram ilustradas, sendo que as ilustrações do segundo e terceiro momento de aplicação eram tridimensionais, com alguns objetos que se moviam.

O segundo critério para a seleção das histórias lidas diz respeito à proximidade com a realidade das crianças de classe baixa, ou seja, histórias com situações e personagens que elas pudessem identificar como familiares. Isso porque é importante que a criança conheça os objetos mencionados na história, para poder construir hipóteses acerca de suas representações escritas.

Por fim, a história deveria ser pequena e interessante. Pequena para que pudesse ser lida pelo experimentador a cada uma das crianças sem despender muito tempo, apenas criando um contexto significativo. Interessante a fim de prender a atenção das crianças e fazê-las gostar da história.

As histórias utilizadas em cada uma das entrevistas são apresentadas a seguir, juntamente com suas ilustrações.

Entrevista I

Para a primeira entrevista, foi escolhida a história do Pedro Malasartes, intitulada A sopa de pedra (GIACOMO, 1975. v. 1. p.6.). Pedro Malasartes é um personagem da literatura popular de tradição oral que sempre consegue sair de situações embaraçosas devido à sua esperteza e criatividade.

A sopa de pedra

Foi um dia, Pedro estava com fome e bateu na porta de uma velha rica. Mas a velha não era de aceitar convidados para o jantar. Foi dizendo:

– Já jantei e não sobrou comida.

– Não faz mal, disse Pedro; se a senhora me emprestar uma panela com água e fogo, faço uma sopa de pedra.

A velha ficou curiosa:

– Sopa de pedra? Nunca ouvi falar nisso.

– Pois é uma sopa ótima, replicou Pedro.

A velha acendeu o fogo, encheu a panela com água. Pedro jogou uma pedra dentro da panela e colocou-a no fogo.

A velha insistiu:

– Mas esta sopa vai ficar boa mesmo?

– Claro que vai! Ficaria ainda melhor se levasse cebola... Mas fica boa até sem cebola.

– Isso posso arrumar, disse a velha dando-lhe a cebola. Mas vai ficar boa mesmo?

– Com cebola então!... disse Pedro, lambendo os beiços. Ficaria melhor com um pedaço de carne. Mas só com cebola vai bem.

A velha arrumou a carne.

– E ficaria melhor se levasse tomate, umas batatas, repolho...

E a velha foi dando tudo o que ele pedia. Por fim, Pedro falou em sal. A velha, muito curiosa, não negou.

Pronta a sopa, Pedro tirou dela a pedra e pôs-se a tomá-la com grande apetite.

– Quer provar? perguntou à velha.

Ela aceitou logo. Tomou um prato cheio e disse:

– Ora vejam só! Pois não é que a tal sopa de pedra é boa mesmo?

Entrevista II

Na segunda entrevista, foi escolhida a história Onde almoçaste, Pardal? (MARCHAK, 1972), cujo personagem central é um passarinho muito amigo de outros animais. Para melhor compreensão das crianças, a história sofreu algumas adaptações, indicadas entre parênteses, no que se refere à apresentação da história e às ocorrências lexicais. As ilustrações, apresentadas concomitantemente com o texto, são em terceira dimensão e o passarinho se move de uma ilustração a outra.

ONDE ALMOÇASTE, PARDAL?

(Era uma vez um passarinho chamado Pardal. O passarinho vivia voando por todos os lugares. Um dia, as crianças, suas amigas, perguntaram-lhe:)

– Onde almoçaste, Pardal (passarinho)?
E comeste bem ou mal?
(E o passarinho respondeu:)
– Almocei até mais não (muito bem)
Entre as grades do leão.

– Comi na jaula da raposa.
Bebi água com a morsa (foca).

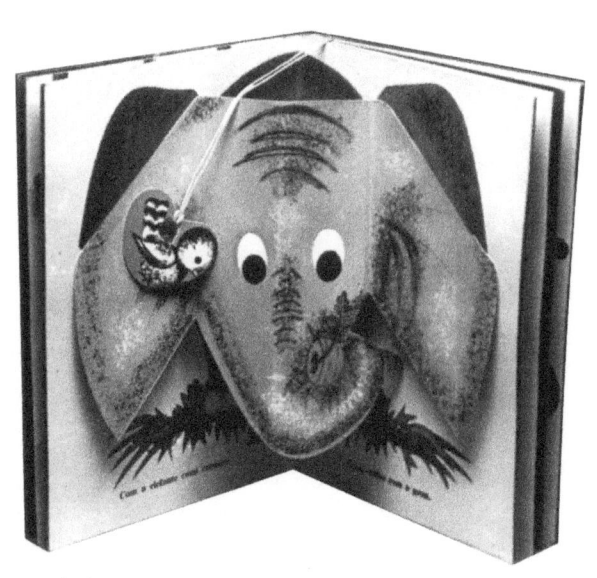

– Com o elefante, comi cenoura.
Comi milho com o grou (a garça).

– O rinoceronte mau-pelo
Deu-me um pouco de farelo.

– Almocei como um glutão (guloso)
Com o canguru saltão.

– Tive um almoço de festa
Com o urso da floresta.

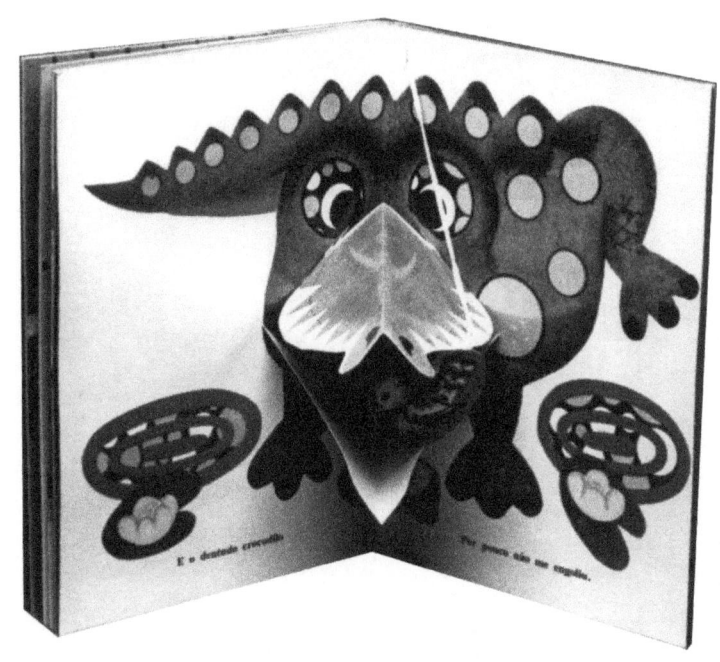

– E o dentudo (dentuço) crocodilo (jacaré)
Por pouco não me engoliu.

Entrevista III

A terceira história utilizada foi uma adaptação de A pega de asa branca (PESCADA, 1974) a qual conta, em português de Portugal, a história da Galinha Carijó ou Galinha Ruiva que queria fazer um pão e pediu que lhe auxiliassem, dando pão somente a quem lhe ajudou. Adaptou-se o nome da história para A galinha Carijó, mantendo-se as ilustrações tridimensionais que se movem.

Vale ressaltar que, nas histórias lidas, o que interessava era a criação de um contexto.

A GALINHA CARIJÓ

A galinha Carijó convidou as crianças para lhe ajudarem a fazer um pão. Quando o pão ficou pronto, ela foi à janela e chamou as crianças para comerem.

Desenho e escrita como sistemas de representação **101**

Ao urso ela deu pão
Porque ele carregou água para fazer o pão.

Ao porco-espinho ela deu pão
Porque ele cortou lenha para o fogão.

Ao pintinho a Carijó deu pão
Porque ele carregou a lenha para casa.
Ao coelho a galinha deu pão
Porque ele acendeu o forno.

Ao passarinho a galinha deu pão
Porque ele moeu o trigo.

E o galo Bagunceiro não ganhou pão
Porque ele não carregou água,
Não cortou lenha,
Não levou a lenha para casa,
Não acendeu o forno,
Não moeu o trigo.

Ao galo Bagunceiro a galinha Carijó disse:
– Fica quieto no portão.
Para ti um pote vazio.

Após ler a história, em cada aplicação, perguntou-se à criança se ela gostaria de desenhar. O que interessava, no momento, não era o tema a ser desenhado, mas o modo como a criança desenhava as figuras, a casa, as plantas, etc., e como as organizava no espaço. Assim, pouco importou se a criança fez o desenho da história ou se quis desenhar outra cena, o que interessava era analisar como a criança representava os objetos e o espaço naquele momento.

Ao finalizar o desenho, foi proposta à criança a situação de escrita, usando-se os critérios estabelecidos por Emilia Ferreiro no instrumento das quatro palavras e uma oração. As palavras selecionadas foram apresentadas na seguinte ordem, em cada uma das entrevistas respectivamente:

ENTREVISTA I
PEDRO
PANELINHA
COMIDA
SAL
O PEDRO FEZ UMA SOPA DE PEDRA.

ENTREVISTA II
URSO
JACARÉ
PASSARINHO
CÃO
O PASSARINHO ALMOÇOU COM OS BICHOS.

ENTREVISTA III
PORCO
PINTINHO
BAGUNCEIRO
PÃO
A CARIJÓ FEZ UM PÃO.

Conforme o protocolo elaborado por Ferreiro, Gomez Palacio e colaboradores (Ferreiro et al., 1982b, fasc. 1, p. 24-26), perguntou-se à criança se ela conhecia um urso e um passarinho, por exemplo. Em seguida, perguntou-se qual é maior, se o urso ou o passarinho, e, por fim, com quantas letras se escreve a palavra urso. Tais perguntas antecipam a quantidade de grafias que tem a palavra e a hipótese adotada pela criança, no momento, para regular a quantidade de grafias das palavras. Como passo seguinte, solicitou-se a escrita da palavra pedida, fazendo o mesmo com as demais palavras do instrumento. Na oração, a consigna era que a criança escrevesse sem precisar antecipar a quantidade de grafias.

A aplicação dos instrumentos foi feita num mesmo dia, possibilitando, pelos cortes estruturais nos dois processos, analisar como a criança se encontrava no desenho e na escrita concomitantemente.

Depois da primeira entrevista, foram selecionados, para acompanhamento, casos de crianças no estágio inicial de escrita e em diferentes estágios de desenho. Tal acompanhamento ocorreu durante o período de uma semana, em cada uma das aplicações dos instrumentos de desenho e escrita mencionadas no item 4.2. O objetivo desse acompanhamento era fornecer subsídios para se conhecer o desenvolvimento, simultâneo, do desenho e da escrita em momentos distintos de interação, desde os níveis iniciais até a construção dos sistemas de representação.

Para não criar uma variável interveniente que provocasse alterações no desenvolvimento dos processos estudados, procuraram-se realizar situações semelhantes às da sala de aula, exceto em relação ao desenho no grupo que não o realizava sistematicamente. Como, porém, foram apenas três semanas de acompanhamento, diluídas ao longo do ano letivo, acredita-se não ter produzido uma variável interveniente nos processos, uma vez que este período de tempo é muito pequeno se comparado à carga horária do ano inteiro.

As situações de acompanhamento foram diferentes a cada dia. Em relação ao desenho, foi lida uma história à criança e, em seguida, o experimentador convidou-a a desenhar; conversou-se com a criança sobre os seus brinquedos e vivências, pedindo-lhe, após, que os representasse através do desenho. Em relação à escrita, foi lida uma história à criança e feita a entrevista relativa à situação de escrita; foi feito um ditado com palavras escolhidas pelo experimentador a partir do repertório gráfico da criança, das preocupações dela naquele momento e dos materiais utilizados para desenhar; foi realizado um autoditado no qual a criança determinava as palavras que escreveria; foi solicitada a escrita de uma história a partir de um desenho da criança; e a escrita de uma carta a alguém.

Obtiveram-se, então, 291 conjuntos de entrevistas, entendendo-se por conjunto o desenho e a escrita da criança em cada entrevista. Também foram feitas observações para levantar dados complementares sobre o tipo de trabalho de desenho e de alfabetização realizados em sala de aula.

Vale ressaltar que o que interessava nas situações de acompanhamento, bem como nas entrevistas, era que a criança se expressasse através do desenho e da escrita da maneira como ela os concebia.

A evolução concomitante desenho-escrita, propiciada pelos cortes estruturais nos dois processos, possibilitou mostrar a relação e as interações entre os progressos num sistema e noutro.

NOTAS

1 Entende-se por classe baixa aquele grupo social constituído por famílias de trabalhadores com serviços temporários, renda muito baixa e escassa escolaridade dos pais. No Anexo I, tabelas 3, 4, 5 e 6, pode-se ver a profissão e o grau de instrução dos pais das crianças pesquisadas.
2 Conforme a pesquisa do GEEMPA, "Proposta Didática Integrada para Alfabetizandos em Escolas de Periferia Urbana", baseada nos estudos de Emilia Ferreiro, a maioria das crianças de classes populares chega à escola no nível inicial da escrita (pré-silábico). De acordo com minhas constatações no âmbito do projeto do GEEMPA, em relação ao desenho algumas dessas crianças se encontram no nível do realismo fortuito ou da incapacidade sintética. (Ver GEEMPA [1986] e Pillar [1986].).
3 Nesta pesquisa são considerados níveis iniciais no desenho o realismo fortuito e a incapacidade sintética, e na escrita o pré-silábico e o silábico.
4 O método "misto" de alfabetização, como o nome diz, consiste em combinar os dois métodos tradicionais de aprendizagem da escrita e da leitura, a saber, o analítico e o sintético. O método analítico parte de textos para chegar aos elementos mais simples como as palavras, as sílabas e as letras. Já o método sintético parte de letras que combinadas formam sílabas, palavras e frases. (Mialaret, Gaston. Psicologia experimental da leitura, da escrita e do desenho. In: PIAGET, J.; FRAISSE, P. Tratado de psicologia experimental. Rio de Janeiro, Forense, 1965. v. 8. p. 153. e FERREIRO, E.; TEBEROSKY, A. Los sistemas de escritura en el desarrollo del niño. México, Siglo XXI, 1979. p. 17-21).
5 O instrumento utilizado nesta pesquisa para analisar os níveis de escrita está em FERREIRO, E. et al. El momento inicial y el momento final del aprendizaje escolar: comparación de las escrituras producidas por los niños en el primer año escolar. In: _____. Analisis de las pertubaciones en el proceso de aprendizaje escolar de la lectura y la escritura. México: Dirección General de Educación Especial, 1982b. (Fascículo 1). p. 24-26.
6 O aspecto visual refere-se a imagens gráficas ou pictóricas de objetos que a história contenha ou suscite. O aspecto verbal diz respeito à representação em linguagem escrita de um texto.

5
Relações entre desenho e escrita

As relações entre os sistemas de desenho e de escrita são apresentadas em duas partes: de uma forma qualitativa e de outra quantitativa. A análise qualitativa é destinada a interpretar cada um dos processos envolvidos do ponto de vista das construções da criança, assim como a encontrar, nos níveis de desenvolvimento do desenho e da escrita, as interações de que se ocupa este trabalho. Para tal, são apresentados três estudos de casos semilongitudinais.

A análise quantitativa se propõe a dar uma ideia sobre a frequência dessas interações nos processos das crianças, evidenciando se a interação desenho-escrita, na construção destes dois sistemas de representação, é comum a todas as crianças ou não. Nesse sentido, é feita a descrição, por meio de tabelas e figuras, e a análise inferencial dos resultados, esta última baseada no teste não paramétrico qui-quadrado (X^2).

Tanto a análise qualitativa quanto a quantitativa procuram responder as seguintes questões: em que medida os progressos na escrita estão relacionados com os progressos no desenho? E em que medida coincidem, nos mesmos sujeitos, níveis equivalentes para processos diferentes? Isto é, os sujeitos que estão nos níveis finais do processo de desenho são os mesmos que estão nos níveis finais do processo de escrita?

Para tratar de tais questões, foi preciso considerar os resultados obtidos no desenho, na escrita e no cruzamento desenho-escrita, em cada criança, nas três entrevistas, e o desenvolvimento destes sistemas no tempo. Isso implicou analisar os cortes estruturais feitos no desenho e na escrita com as interações, bem como agrupar as três entrevistas, evidenciando, dessa forma, o processo de cada criança.

O DESENVOLVIMENTO SIMULTÂNEO DOS SISTEMAS

A análise qualitativa que segue visa tratar a apropriação dos sistemas de representação do desenho e da escrita pela criança, mostrando as interações entre estes sistemas. Para acompanhar as interações desenho-escrita, foram selecionados, entre as 97 crianças, 10 casos, tendo por critério estarem no estágio inicial de escrita e em diferentes estágios de desenho. O acompanhamento ocorreu durante o período de uma semana, em cada uma das entrevistas já referidas anteriormente. Desses 10 estudos de casos, são apresentados três que exemplificam momentos distintos de interação desenho-escrita: dois do Grupo A e um do Grupo B.

Estes casos são descritos, agora, começando pela análise dos desenhos, das escritas e, em seguida, demonstrando o desenvolvimento concomitante nos dois sistemas.

O desenho foi abordado a partir das intenções e das interpretações de cada criança. Considerou-se o repertório gráfico criado pela criança quanto à variação das formas, à inclusão de detalhes, às novas combinações, às diferenças nas dimensões e na orientação das formas; e o modo como ela organizava estas formas no espaço. Foi observada, também, a exploração, pela criança, das possibilidades e das limitações da linguagem do desenho em relação à linha e à representação bidimensional de formas em três dimensões. Os desenhos foram analisados de acordo com os quatro níveis propostos por Luquet no processo de desenvolvimento do grafismo, a saber, realismo fortuito, incapacidade sintética, realismo intelectual e realismo visual, com atualizações de Piaget e Gardner. No Capítulo 2, explicitaram-se cada um destes níveis. As situações de desenho, conforme esclareceu-se no Capítulo 4, consistiram em ler uma história à criança e, em seguida, convidá-la a desenhar; e em conversar com a criança sobre as suas vivências, pedindo-lhe, após, que as representasse no desenho.

A escrita foi analisada a partir das construções e interpretações das crianças, de acordo com os quatro níveis psicogenéticos definidos por Emilia Ferreiro e seus colaboradores: pré-silábico, silábico, silábico-alfabético e alfabético. Tais níveis estão descritos no Capítulo 3. As situações de escrita incluíram propostas diferentes a cada dia. Assim, foi lida uma história à criança e feita a entrevista relativa ao instrumento das quatro palavras e uma oração, com personagens da história; foi feito um ditado com palavras escolhidas pelo experimentador a partir do repertório gráfico-plástico da criança, das preocupações dela naquele momento e dos materiais utilizados para desenhar; foi realizado um autoditado em que a criança determinava as palavras que escreveria; foi solicitada a escrita de uma história a partir de um desenho da criança; e foi sugerida a escrita de uma carta a alguém.

O cruzamento dos dados de desenho e escrita, obtidos em cada entrevista, procura mostrar o desenvolvimento concomitante da criança nos dois sistemas e as interações entre os progressos num sistema e noutro. Essas interações foram constatadas na dinâmica dos processos de cada criança. Passar-se-á, então, à análise dos desenhos, das escritas e das interações entre desenho e escrita em cada um dos estudos de casos.

ESTUDOS DE CASOS

Caso 1: Gabriel

Gabriel, aos seis anos e dois meses (6;2), estava pela primeira vez na escola, num 1º ano do Ensino Fundamental em que o desenho e a escrita eram trabalhados diariamente (Grupo A). Seu pai é pedreiro e sua mãe trabalha como faxineira. O nível de instrução dos pais é o Ensino Fundamental incompleto. A família mora numa favela na periferia de Porto Alegre, e é formada pelo casal mais cinco filhos. Gabriel é o primeiro filho.

A seguir, encontram-se os desenhos e as escritas feitos por Gabriel durante o período de uma semana, no início do primeiro bimestre escolar. Esse período de cinco dias corresponde ao que estamos designando por "primeira entrevista" e compreende cinco produções da criança relativas ao desenho e à escrita.

Entrevista I: Desenho

Gabriel concentrava-se no trabalho e desenhava fazendo poucos comentários sobre sua atividade.

Gabriel começa experimentando o material – giz de cera colorido (Figura 5.1). Faz traços no sentido horizontal, vira o papel e, novamente, risca linhas horizontais, dando a impressão, no desenho, de ter alterado seus movimentos. Desenha muito concentrado. Risca com vigor e não expressa verbalmente a intenção de representar algo através do desenho nem interpreta-o.

Gabriel, no segundo dia de trabalho, principia fechando dois círculos pequenos que aparecem a esquerda na folha (Figura 5.2). Depois de desenhar diz: "Eu e o meu pai ..." Faz traços com movimentos predominantemente verticais e horizontais. Ao finalizar o desenho, comenta: "O jogo do Gre-Nal.. ." (a criança refere-se ao jogo entre os times do Grêmio e do Internacional que havia assistido com seu pai).

Figura 5.1 Primeira produção de desenho de Gabriel (6;2) na Primeira Entrevista.

Figura 5.2. Segunda produção do desenho de Gabriel (6;2) na Primeira Entrevista.

Gabriel começa a fazer linhas em várias direções, sem alterar a posição da folha (Figura 5.3). Trabalha em pé desenhando com movimentos amplos do braço. Enquanto desenha comenta: "Um cachorrão". Ao dar por acabado o desenho, mostra ao experimentador e diz: " Um monstro... um monstro enorme, todo azul. Ele veio do mar".

Figura 5.3 Terceira produção de Gabriel (6;2) na Primeira Entrevista.

Figura 5.4 Quarta produção de Gabriel (6;2) na Primeira Entrevista.

Gabriel utilizou a folha no sentido vertical, procurando fazer o contorno de uma forma para depois colorir dentro desta. Este tipo de exercício psicomotor estava sendo feito em sala de aula nesta época. Sua linha é toda tracejada, como se pode ver no desenho (Figura 5.4). Após fazer o contorno da figura, anuncia estar fazendo "o urso", personagem de uma história contada pela professora da classe naquele dia.

Figura 5.5 Quinta produção de Gabriel (6;2) na Primeira Entrevista.

Antes de iniciar o trabalho (Figura 5.5), Gabriel diz: "Vou fazer a corrida..." Desenha primeiro uma forma no centro da folha, depois faz uma figura no canto superior esquerdo do papel, preenche vários planos com cores e, por fim, traça linhas em toda a folha, dizendo: "as pistas..."

Analisando esses desenhos realizados no início do primeiro bimestre escolar, vê-se que Gabriel, aos 6 anos e 2 meses, principiou traçando linhas com grande vigor, predominantemente nos sentidos vertical e horizontal, sem intenção de representar algo no desenho. Seu trabalho era mais gesto motor, expressão do prazer de traçar linhas sobre uma superfície (Figura 5.1). Em seguida, o menino começa a interpretar o que desenha, fazendo algumas formas fechadas (Figuras 5.2, 5.3 e 5.4). Por fim, observa-se a intenção de Gabriel de representar objetos e vivências suas através do desenho (Figura 5.5). Como Gabriel fala pouco, só num desenho (Figura 5.3) se pôde ter indícios de uma intenção inicial, a qual depois foi alterada por uma parecença maior do grafismo com outro animal, ou seja, a intenção não coincidiu com a interpretação. Dos outros desenhos sabe-se, apenas, que, a partir de um determinado momento, Gabriel começou a interpretá-los, baseando-se, talvez, no que o traçado lhe sugeria; e que depois surgiu a intenção de representar os objetos. O desenho tornou-se, então, um objeto substituto. A partir dos comentários de Gabriel, pôde-se constatar que, em seus trabalhos (Figuras 5.2, 5.3, 5.4 e 5.5), a atividade de desenhar passou a ter a função de representar a forma dos objetos. Essa função foi atribuída ao desenho pelo menino que o realizou. Logo, só ele sabia o que tinha desenhado, podendo alterar a interpretação, caso achasse uma semelhança maior do desenho com outro objeto (Figura 5.3). Esta maneira de abordar o desenho diz respeito ao estágio do realismo fortuito, inicialmente no nível do desenho involuntário (Figura 5.1) e depois no nível do desenho voluntário com intenção representativa (Figuras 5.2, 5.3, 5.4 e 5.5).

O menino estava descobrindo a possibilidade de representar, através do desenho, objetos e personagens do seu meio, da literatura infantil e da televisão. Gabriel, ao desenhar, geralmente ocupava todo o espaço da folha com formas. Sua linha nos primeiros desenhos é firme, depois, passa a ser tracejada e torna-se mais solta no último trabalho.

Entrevista I: Escrita

Paralelamente ao processo de desenho, acompanhou-se o processo de escrita de Gabriel (6;2), no período de uma semana no início do primeiro bimestre escolar. Tal período abrange cinco produções, agora, relativas à escrita de Gabriel. Como foi mencionado anteriormente, as situações de escrita incluíam propostas diferentes a cada dia.

Na Figura 5.6, apresenta-se a primeira produção de Gabriel relativa à escrita de quatro palavras e uma oração.

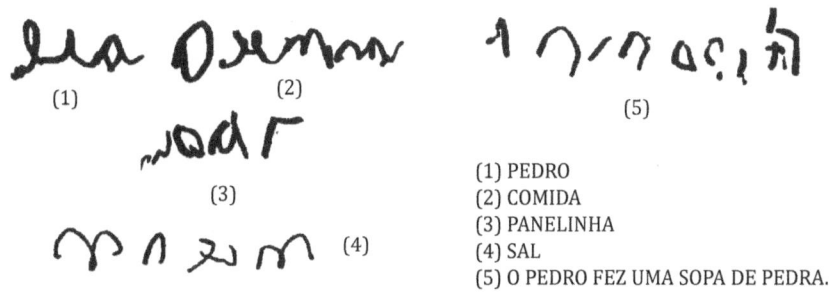

(1) PEDRO
(2) COMIDA
(3) PANELINHA
(4) SAL
(5) O PEDRO FEZ UMA SOPA DE PEDRA.

Figura 5.6 Primeira produção escrita de Gabriel (6;2) na Primeira Entrevista.

Na Figura 5.7, apresenta-se a produção escrita de Gabriel na situação de ditado.

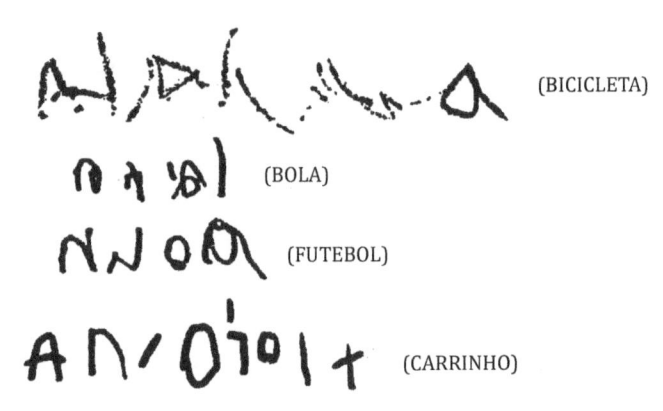

(BICICLETA)

(BOLA)

(FUTEBOL)

(CARRINHO)

Figura 5.7 Segunda produção escrita de Gabriel (6;2) na Primeira Entrevista.

Na Figura 5.8, mostra-se uma história criada por Gabriel a partir de um desenho que tinha feito (Figura 18).

"O monstro ... o monstro enorme. Ele mora no mar."

Figura 5.8 Terceira produção escrita de Gabriel (6;2) na Primeira Entrevista.

Na Figura 5.9, mostram-se as escritas de Gabriel numa situação de autoditado.

(URSO)   (MONSTRO)

Figura 5.9 Quarta produção escrita de Gabriel (6;2) na Primeira Entrevista.

Na Figura 5.10, exibe-se a produção de Gabriel relativa à escrita de uma carta, na qual o menino escreve uma frase sobre o seu time de futebol.

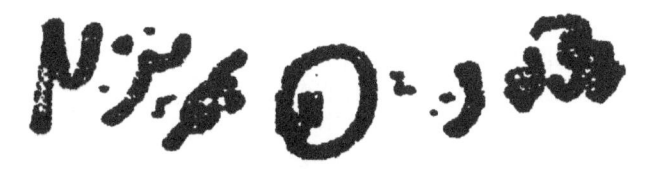

"O colorado é campeão."

Figura 5.10 Quinta produção escrita de Gabriel (6;2) na Primeira Entrevista.

Com base nas escritas e nas interpretações de Gabriel (6;2), do primeiro bimestre, depreende-se que a escrita era, para ele, um objeto substituto distinto do desenho. Isso porque o tipo de grafismo, a intenção e a interpretação do menino em relação aos sistemas de desenho e de escrita eram diferentes (Figuras 5.1 e 5.6). Os grafismos que representavam a escrita apresentavam formas arbitrárias como se fossem letras e uma disposição linear.

A interpretação dada por Gabriel a suas escritas não era estável, podia variar conforme as circunstâncias. Ele não conservava, também, a escrita das palavras, como, por exemplo, ao escrever Pedro isoladamente e na oração (Figura 5.6).

Gabriel utilizava grafismos primitivos (Figuras 5.6, 5.8, 5.9 e 5.10) e algumas letras cursivas minúsculas e maiúsculas (Figuras 5.6, 5.7 e 5.9) para escrever várias palavras. Certas letras são as do seu nome – A, L, E – e outras de nomes significativos para ele, como o do pai (Osmar) e da mãe (Noeli). Gabriel criou um critério de quantidade mínima de grafias para que uma escrita se constituísse numa palavra, exigindo um mínimo de duas letras para formar uma palavra (Figura 5.9).

O menino mostra-se empenhado em diferenciar as escritas para que estas tivessem significados distintos (Figura 5.7). Assim, Gabriel criou critérios de variação interna entre as grafias do seu repertório, tal como, mudança de suas posições para formar combinações diferentes e, com isto, novas palavras (Figuras 5.6 e 5.7). Observa-se, ainda, que Gabriel não utiliza a mesma letra mais de duas vezes seguidas numa palavra (Figuras 5.6 e 5.7), porque para constituir uma palavra era preciso variar as letras. Uma mesma letra repetida não se constituía numa palavra, eram apenas letras.

A problemática de Gabriel em relação ao sistema de escrita, no início do primeiro bimestre escolar, dizia respeito a grandes interrogantes sobre o que a escrita representa e como construir formas para diferenciar as escritas umas das outras. Tais diferenciações visavam a criar significantes diferentes para significados distintos. Gabriel (6;2) não vinculava a escrita das palavras com a sua pronúncia, o que evidencia que sua conceptualização do sistema de escrita é pré-silábica.

Entrevista I: Interações desenho-escrita

Apresenta-se, a seguir, a construção paralela dos sistemas de desenho e escrita realizada por Gabriel na primeira entrevista. Tal construção é ilustrada com o desenho e a história escrita pela criança, no mesmo dia, a partir deste desenho.

Na Primeira Entrevista, realizada no início do primeiro bimestre escolar, Gabriel fez o desenho que segue e contou ao experimentador que era um cachorrão. Ao finalizar o desenho, o experimentador solicitou-lhe que escrevesse a história do seu desenho, a qual aparece em grafismos primitivos (Figura 5.11).

Pelo que foi exposto, viu-se que, no início do primeiro bimestre escolar, Gabriel estava no estágio do realismo fortuito (RF) no desenho, e no nível pré-silábico (PS) na escrita (Figura 5.11). Gabriel começou desenhando sem intenção de representar os objetos (Figura 5.1), mas em seguida o desenho passa a ter a função de representar a forma dos objetos (Figuras 5.2, 5.3, 5.4 e 5.5). Tais representações gráficas não se confundiam com as representações escritas, as quais serviam para representar o nome dos objetos (Figuras 5.6, 5.7, 5.8, 5.9 e 5.10). Isso significa que, quando Gabriel ingressou no 1º ano do Ensino Fundamental, ele já havia feito a primeira grande diferenciação entre as representações gráficas icônicas (desenho) e as não icônicas (escrita). Assim, o vínculo que o menino estabeleceu entre o objeto e o desenho deste era analógico, isto é, o desenho guardava certa semelhança em relação à forma do objeto; enquanto o vínculo entre o objeto e a escrita era arbitrário, quer dizer, a escrita não retinha nada do objeto, senão a denominação a ele socialmente estabelecida.

Logo, na Primeira Entrevista, as preocupações de Gabriel, tanto no desenho como na escrita, se referiam a amplos interrogantes acerca da natureza e da função destes objetos de conhecimento. Sobre a natureza destes sistemas, o menino descobriu que o desenho é uma representação cuja invenção de formas é pessoal e de natureza simbólica, ao passo que a escrita não possibilita a criação de novas marcas, mas vale-se de signos gráficos com valores sonoros convencionados socialmente, ou seja, a escrita é uma representação de natureza social e utiliza signos.

Tanto no desenho como na escrita, Gabriel representa os objetos por uma totalidade. No desenho, há uma forma fechada que contém o objeto ou uma cena. Na escrita, um conjunto de grafismos constitui-se numa frase em que a correspondência está fundada no todo, com um significado fornecido pela criança, sem uma relação da escrita com a pronúncia (Figura 5.11).

"O monstro ... o monstro enorme. Ele mora no mar."

Figura 5.11 Desenho e escrita contando a história dos desenhos realizados por Gabriel (6;2) na Primeira Entrevista.

Constata-se, assim, a coincidência no mesmo sujeito de níveis iniciais no desenho e na escrita, além de interesses similares na construção dos sistemas de representação.

Entrevista II: Desenho

A "segunda entrevista" corresponde ao período de cinco dias (daí cinco produções) em que observamos Gabriel (6;6). Tal entrevista ocorreu entre o segundo e o terceiro bimestre escolar.

Gabriel ouve a história "Onde almoçaste, Pardal?" e, depois, põe-se a desenhar (Figura 5.12). Esboça uma figura maior à direita da folha e diz: "É a mãe". Depois, faz uma figura menor embaixo e comenta: "Aqui sou eu". Desenha a casa e umas figuras dentro. Traça o sol e uma linha sinuosa perto da figura que o representa observando: "um carro". Como se pode constatar, o que Gabriel desenhou não tem qualquer relação com a história lida (ver Capítulo 4).

Figura 5.12 Primeira produção de desenho de Gabriel (6;6) na Segunda Entrevista.

Gabriel desenha a casa com face lateral e frontal conjugadas no mesmo alinhamento e demarca o telhado da casa. No telhado, faz "uma janela" e coloca formas dentro desta. Desenha um sol no centro da folha, risca por cima dizendo: "Me enganei... saiu torto". Do telhado da casa, tece uma trama e na outra extremidade desta coloca duas formas arredondadas: "O poste da luz" (Figura 5.13).

Figura 5.13 Segunda produção de desenho de Gabriel (6;6) na Segunda Entrevista.

Gabriel, na Figura 5.14, desenha um carro no centro da folha, depois, vira a posição do papel e faz uma figura acima do carro e um sol com rosto. Muda, novamente, a posição da folha e desenha uma árvore e outras formas. Torna a girar o papel e faz uma forma grande à direita e outra, menorzinha, perto do carro. Ao finalizar o desenho, diz: "O ladrão que estava fugindo da polícia".

Figura 5.14 Terceira produção de desenho de Gabriel (6;6) na Segunda Entrevista.

Gabriel se interessa por carros, como se pode notar em seus desenhos anteriores. Neste dia, começa a desenhar e pergunta ao experimentador se ele assiste a desenhos na televisão. O menino fala da *Corrida maluca*, um desenho animado, dizendo: "É superlegal... tem uns carros que se pecham (chocam)". A primeira forma que desenha é um carro na parte superior da folha (Figura 5.15), constituído por um retângulo ao qual agrega dois círculos nas extremidades inferiores, retângulos menores como detalhes e planos de cores. Embaixo, faz uma figura com cabeça e prolongamentos: "O Mootli". Gira o papel e faz outras figuras. Ao desenhar a figura central, comenta: "A Penélope".

Figura 5.15 Quarta produção de desenho de Gabriel (6;6) na Segunda Entrevista.

Gabriel faz um desenho no centro da folha (Figura 5.16), um animal e, ao mesmo tempo, conta que ele tem uma cachorra. Desenha outra forma à esquerda do papel e diz: "Sabe, a minha cadela deu cria ontem". Por fim faz uma forma menor à direita da folha comentando: "Nasceram sete cachorrinhos..." Coloca algumas letras dentro ou próximo às formas, e diz ser o nome dos animais.

Apreciando os desenhos realizados no período de uma semana, entre o segundo e o terceiro bimestre escolar, observa-se que Gabriel (6;6) procurava diferenciar cada categoria de objetos, construindo representações distintas para cada uma delas. Havia, assim, a busca de uma representação gráfica que desse uma noção do objeto enquanto classe. Nessa construção, Gabriel variava as formas, acrescentando-lhes detalhes e explorando diferenças de tamanho (Figura 5.12). Utilizava o que descobriu sobre as possibilidades e limitações desta linguagem gráfica para criar um universo com personagens do seu meio e da televisão.

O vocabulário gráfico de Gabriel constituía-se de pontos, linhas retas, curvas e mistas e de manchas. Seu repertório era composto por figuras humanas, casas, sol, carros, árvores e animais (Figuras 5.12, 5.13, 5.14, 5.15 e 5.16).

Vê-se que Gabriel não relacionava os objetos desenhados uns com os outros, construindo um espaço único. Suas preocupações eram, no entanto, com o espaço interior de cada uma das figuras. O menino estava interessado em representar as características mais gerais dos objetos, tais como, as formas fechadas ou abertas; o que estava dentro e o que estava fora dos objetos; o que estava próximo e o que estava distante em relação a cada um dos elementos desenhados. Este modo de organizar as formas no papel diz respeito à representação topológica do espaço. Gabriel apreendia, também, a configuração dos objetos, conforme esta se apresentava a sua percepção e a identificava com formas geométricas como círculos, quadrados, triângulos ou retângulos que melhor expressassem a noção do objeto.

As preocupações de Gabriel, nesses desenhos, centravam-se, portanto, na construção de formas de diferenciação entre os elementos que desenhava, na exploração do vocabulário específico da linguagem do desenho e na estruturação topológica do espaço. Tais preocupações são características do estágio da incapacidade sintética.

Figura 5.16 Quinta produção de desenho de Gabriel (6;6) na Segunda Entrevista.

Entrevista II: Escrita

Entre o segundo e o terceiro bimestre escolar, observou-se Gabriel durante o período de cinco dias (daí, cinco produções da criança relativas à escrita).

Na Figura 5.17, podem-se ver as produções de Gabriel referentes à escrita de quatro palavras e uma oração.

OU   (UR-SO)

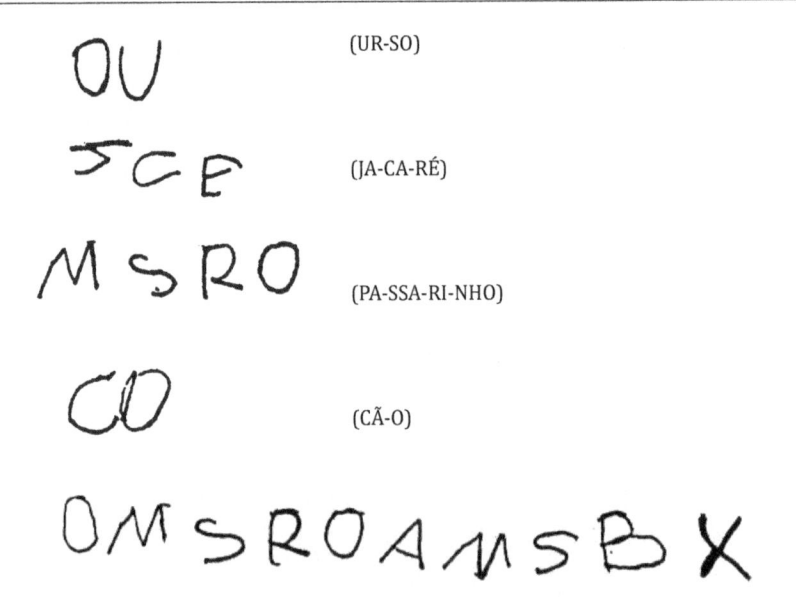

JCE   (JA-CA-RÉ)

MSRO   (PA-SSA-RI-NHO)

CO   (CÃ-O)

OMSROAMSBX

(O-PA-SSA-RI-NHO-AL-MO-ÇOU-BI-CHOS)
O PASSARINHO ALMOÇOU COM OS BICHOS.

Figura 5.17 Primeira produção escrita de Gabriel (6;6) na Segunda Entrevista.

A Figura 5.18 exibe a produção escrita de Gabriel na situação de ditado.

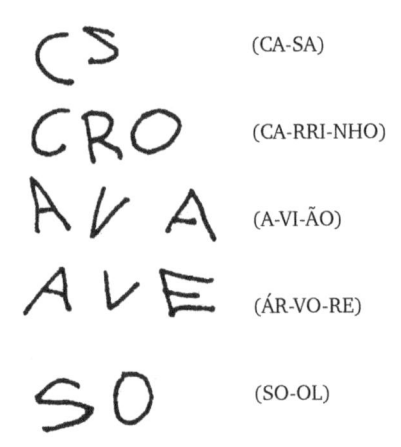

CS   (CA-SA)

CRO   (CA-RRI-NHO)

AVA   (A-VI-ÃO)

AVE   (ÁR-VO-RE)

SO   (SO-OL)

Figura 5.18 Segunda produção de Gabriel (6;6) na Segunda Entrevista.

A Figura 5.19 mostra as escritas de Gabriel na situação de autoditado.

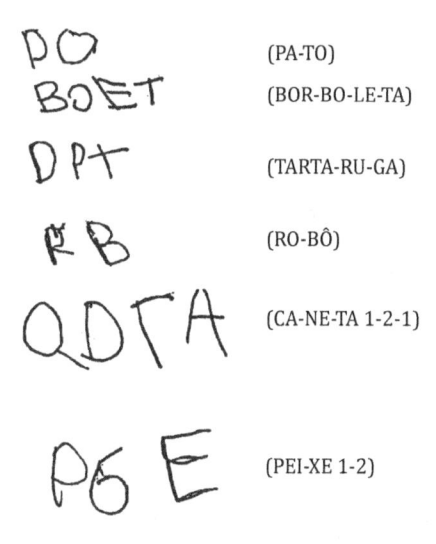

PO   (PA-TO)
BOET   (BOR-BO-LE-TA)
DPT   (TARTA-RU-GA)
RB   (RO-BÔ)
QDTA   (CA-NE-TA 1-2-1)
PGE   (PEI-XE 1-2)

(Os números indicam quantas letras a criança assinalou ao emitir cada sílaba.)

Figura 5.19 Terceira produção escrita de Gabriel (6;6) na Segunda Entrevista.

Na Figura 5.20, apresenta-se a história criada por Gabriel a partir do desenho (Figura 5.12) que tinha acabado de fazer.

CRDMLMLCA TVSO-A

(CO-RRI-DA-MA-LU-MA-LU-CA-TELE-VI-SÃO)
A CORRIDA MALUCA NA TELEVISÃO.

Figura 5.20 Quarta produção escrita de Gabriel (6;6) na Segunda Entrevista.

A Figura 5.21 exibe a produção de Gabriel na situação de escrita de uma carta. O menino escreveu a letra da música "Atirei o Pau no Gato".

A partir dessas escritas e das interpretações de Gabriel (6;6), pode-se constatar que, entre o segundo e o terceiro bimestre escolar, ele estava relacionando a escrita da palavra com a sua pronúncia. Tal relação baseava-se na associação de uma letra para cada sílaba. Além disso, a ordem em que Gabriel escrevia as letras tinha uma correspondência com a sua emissão sonora. O menino construiu, assim, um sistema silábico de escrita com predomínio do valor sonoro convencional das letras (Figuras 5.17, 5.18, 5.19, 5.20 e 5.21). Em alguns casos, o menino colocou duas letras para uma sílaba (Figura 5.19).

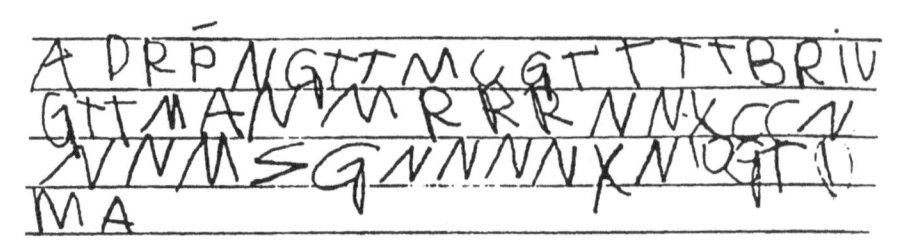

"Atirei o pau no gato, tô, mas o gato, tô, tô não morreu. Dona Chica, cá, cá, admirou-se, se, se do berro, do berro que o gato deu. Miau."

Figura 5.21 Quinta produção escrita de Gabriel (6;6) na Segunda Entrevista.

Gabriel utilizava ora a vogal ora a consoante da sílaba para representar cada uma das emissões sonoras, às vezes, dentro de uma mesma palavra (Figuras 5.17, 5.18, 5.19, 5.20 e 5.21).

Nas orações, o interesse do menino centrava-se, rigorosamente, no sistema silábico de escrita que havia construído. Ele não atentava para os espaços em branco entre as palavras, pois tais espaços não existem ao falar (Figuras 5.17, 5.20 e 5.21).

Na escrita das quatro palavras e uma oração, Gabriel ficou pensativo ao silabar a palavra "cão", parecendo estar conflituado entre as hipóteses silábica e de quantidade mínima. Pela hipótese silábica a palavra deveria ser escrita com apenas uma letra; enquanto, pela sua hipótese de quantidade mínima, uma palavra se compõe de duas letras, uma letra só não constitui uma palavra – é tão somente letra. O menino supera tal impasse ao silabar "cão" como "cã-o", escrevendo, em seguida, duas letras (Figura 5.17). Nas outras situações de escrita, as palavras monossílabas são escritas com duas letras também, o que demonstra um predomínio da hipótese de quantidade mínima sobre a hipótese silábica.

A solicitação para escrever uma carta a um amigo, à professora, etc. não motivou o menino. Então, o experimentador sugeriu-lhe que escrevesse a letra de uma música. Gabriel gostou da ideia e começou a escrever, cantando baixinho a música "Atirei o Pau no Gato" (Figura 5.21).

Pode-se constatar, assim, que Gabriel estava no nível silábico da escrita e que utilizava o valor sonoro convencional das letras de cada sílaba.

Entrevista II: Interações Desenho-Escrita

A seguir, encontra-se a história criada por Gabriel a partir do seu desenho. O tema do desenho é uma corrida de carros apresentada no seriado de televisão "Corrida Maluca" (Figura 5.22).

Na Segunda Entrevista, Gabriel tinha um desenho no estágio da incapacidade sintética (IS) e sua escrita era silábica (S). No desenho, suas preocupações centravam-se, como vimos anteriormente, em diferenciar as formas dos objetos por categorias e em estabelecer relações topológicas entre os elementos de um objeto (Figuras 5.12, 5.13, 5.14, 5.15 e 5.16). Do mesmo modo, na escrita Gabriel diferencia as palavras, fazendo corresponder uma letra a cada sílaba, para obter significados diversos. Tais diferenciações nas escritas estavam relacionadas à pronúncia das palavras, bem como a dois critérios, um quantitativo e outro qualitativo. A diferenciação quantitativa vinculava o número de letras a serem escritas com o número de sílabas da palavra. A diferenciação qualitativa variava o repertório de letras e suas posições de acordo com o som de cada sílaba e a ordem destas na palavra (Figuras 5.17, 5.18, 5.19, 5.20 e 5.21).

"A Corrida Maluca na Televisão..."

Figura 5.22 Desenho e escrita de Gabriel (6;6) realizados na Segunda Entrevista.

Vê-se, novamente, coincidir no mesmo sujeito preocupações semelhantes para níveis similares no desenvolvimento do desenho e da escrita (Figura 5.22). Assim, à medida que o menino evoluiu no desenho, ele também progrediu na escrita.

Entrevista III: Desenho

No final do quarto bimestre escolar, Gabriel (6;10) realizou os desenhos que seguem. Tais desenhos foram feitos durante o período de cinco dias e correspondem ao que denominamos "terceira entrevista" com suas cinco produções.

Gabriel conta que sua classe fez um passeio a um parque da cidade e começa a desenhar um retângulo dizendo: "O ônibus que levou a gente no passeio". Depois, faz outro ônibus e atrás deste alguns carros (Figura 5.23). Secciona os veículos para mostrar as pessoas no interior destes. Traça uma linha de chão abaixo dos automóveis, a qual serpenteia pela folha comentando: "A rua onde passavam os carros". Planifica a rua.

Figura 5.23 Primeira produção de desenho de Gabriel (6;10) na Terceira Entrevista.

Gabriel faz vários traços, marcando o chão e sobre este desenha uma figura dizendo: "O guri com o barco". Desenha a casa, porém invertida, ou seja, com a face frontal voltada para a direita e não como tinha feito anteriormente. A casa aparece planificada para mostrar todas as suas vistas. Dispõe objetos no interior da casa: cadeiras, mesas e "a escada". Do lado de fora da casa faz uma árvore e umas flores. Ao detalhar a copa da árvore, explica: "As maçãs". Por fim, desenha "um avião" acima da casa (Figura 5.24).

Figura 5.24 Segunda produção de desenho de Gabriel (6;10) na Terceira Entrevista.

Gabriel pergunta ao experimentador se ele assistiu à "corrida de carros" no fim de semana. Desenha, em seguida, "o box de arrumar os carros" (a forma maior à esquerda na Figura 5.25), faz um carro pequeno saindo do box e "as pistas de corrida". As pistas estão planificadas. Comenta, ainda, que gosta do Airton Senna.

Gabriel desenha o chão e a estrutura da casa. Põe, em seguida, uns objetos dentro da casa e uma porta com uma figura. Diz, neste momento: "Antes, eu não sabia desenhar ... era uma riscaria. Agora, eu sei". Faz um avião ao lado da casa e uma árvore. Traça umas nuvens e o sol com o rosto. Ao finalizar o trabalho, resolve fazer um retângulo no primeiro plano, sugerindo um novo enquadramento ao desenho (Figura 5.26).

Figura 5.25 Terceira produção de desenho de Gabriel (6;10) na Terceira Entrevista.

Figura 5.26 Quarta produção de desenho de Gabriel (6;10) na Terceira Entrevista.

Gabriel diz: "Vou desenhar a casa da professora". Faz uma estrutura retangular em toda a extensão da folha e a subdivide. Na parte superior da casa, desenha vários quartos. No andar abaixo, desenha à direita "a professora e o homem dela dormindo"; à esquerda, esboça figuras em volta de uma mesa. Na parte inferior, faz a cozinha com outra mesa e pessoas em torno desta; e, à direita, desenha duas figuras maiores, nomeando-as: "Eu e o meu amigo João na casa da professora" (Figura 5.27).

Figura 5.27 Quinta produção de desenho de Gabriel (6;10) na Terceira Entrevista.

Examinando os desenhos e as interpretações de Gabriel (6;10), do final do quarto bimestre escolar, nota-se que ele havia criado uma forma exemplar para cada categoria de objetos: automóveis, casas, figura humana, etc. Não uma forma exemplar estática, mas dinâmica, a qual ele modificava acrescentando detalhes, variando o tamanho e a orientação das formas, e explorando o vocabulário de linhas e formas de modo expressivo. Para melhor representar os objetos, o menino utilizou processos como a planificação (Figuras 5.23, 5.24, 5.25 e 5.26), especialmente no desenho da casa com as vistas frontal e lateral conjugadas no mesmo alinhamento; a descontinuidade, quando não apoiava os objetos sobre a linha de chão, mas deixava-os acima desta (Figura 5.26); e a mudança de pontos de vista (Figuras 5.23, 5.24, 5.25, 5.26 e 5.27), ao colocar num mesmo desenho objetos vistos de cima e de frente, de fora e de dentro, de perfil e de cima.

Gabriel construiu seu repertório gráfico centrando-se, principalmente, em objetos. Desenhava automóveis, plantas, animais, casas, aviões e figuras humanas. Na entrevista anterior, ele representava a figura humana por traços bem simplificados: primeiro, por um círculo para a cabeça e prolongamentos para o corpo; depois, representa a figura com cabeça e corpo circulares e pernas. No final do ano, a figura, quando em tamanho reduzido, fica esquematizada com cabeça circular, corpo, braços e pernas representados por linhas. Mas, quando desenhada numa escala maior, a figura com cabeça e corpo circulares é acrescida de braços com extremidades e pernas. Não coloca cabelo na figura. O rosto é formado por pontos para os olhos e traços para nariz e boca. Em geral, a figura representada é masculina.

O menino estabeleceu a linha de chão nos seus trabalhos ora deixando-a implícita na borda do papel (Figura 5.24), ora desenhando-a com alguns objetos apoiados nesta e outros tangentes (Figuras 5.23, 5.25, 5.26 e 5.27). Gabriel esboça, também, a linha do céu na parte superior da folha, delimitando o espaço do desenho entre a linha de chão e a linha do céu (Figuras 5.24 e 5.26). Gabriel começa a alterar as proporções dos objetos e, com isto, as distâncias visuais entre eles (Figura 5.27). Estrutura as formas no espaço, construindo uma cena no desenho. O menino passou a especular, então, a representação de um espaço tridimensional numa linguagem gráfica de duas dimensões.

Gabriel mostra, nesses desenhos, seu interesse por criar uma cena organizada, ou seja, por coordenar as representações dos objetos com as relações espaciais entre eles. Esse vínculo que ele criou entre os elementos internos de um objeto e o objeto, bem como entre os objetos, marcou a construção do sistema do desenho no estágio do realismo intelectual. O menino construiu, portanto, uma forma exemplar, genérica para cada objeto, e começou a explorar relações projetivas e euclidianas entre as formas. As relações projetivas evidenciam-se nas secções dos objetos (Figuras 5.23, 5.24, 5.26 e 5.27). As relações euclidianas aparecem nas diferentes proporções e distâncias entre os objetos. Ao integrar as representações de forma e de espaço, Gabriel construiu o sistema de representação gráfica do desenho. Como ele mesmo admite: "Antes eu não sabia desenhar... era uma riscaria. Agora, eu sei". Em outras palavras, durante o ano letivo, Gabriel estava construindo o sistema do desenho, o qual, depois de estruturado, possibilitou-lhe a apropriação do sistema.

Assim, Gabriel principiou o ano no estágio do realismo fortuito, no subnível do desenho involuntário; no final do quarto bimestre escolar, ele havia construído o sistema do desenho encontrando-se no estágio do realismo intelectual. Essa trajetória percorrida durante o período letivo foi propiciada pelo contexto da sala de aula, no qual o desenho era realizado todos os dias de modo continuado.

Entrevista III: Escrita

A seguir, encontram-se as escritas de Gabriel realizadas durante o período de uma semana, no final do quarto bimestre escolar.

Na Figura 5.28, exibe-se a produção de Gabriel relativa à escrita de quatro palavras e uma oração.

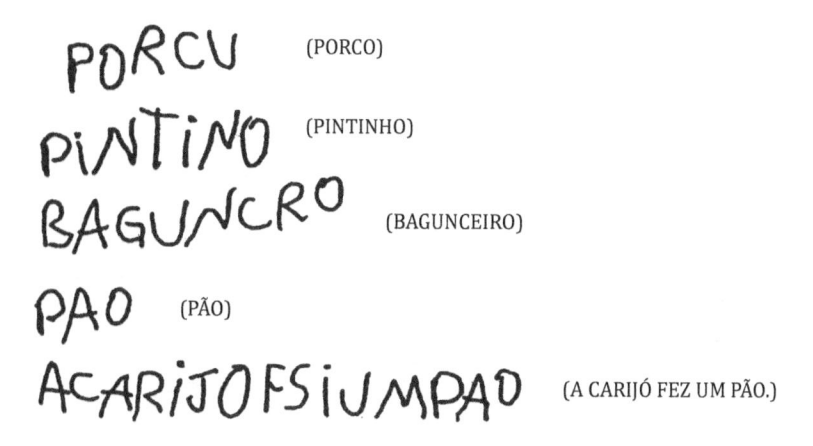

PORCU (PORCO)

PINTINO (PINTINHO)

BAGUNCRO (BAGUNCEIRO)

PAO (PÃO)

ACARIJOFSIUMPAO (A CARIJÓ FEZ UM PÃO.)

Figura 5.28 Primeira produção escrita de Gabriel (6;10) na Terceira Entrevista.

A Figura 5.29 mostra a produção escrita de Gabriel na situação de ditado.

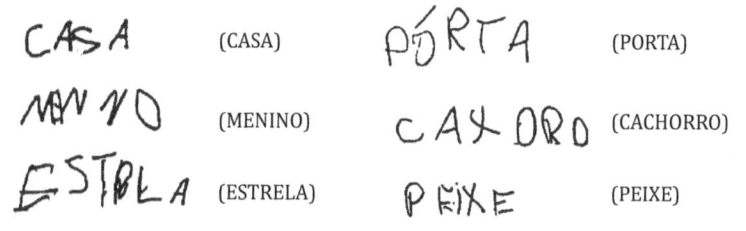

CASA (CASA)   PORTA (PORTA)

MENNO (MENINO)   CAYORO (CACHORRO)

ESTRLA (ESTRELA)   PEIXE (PEIXE)

Figura 5.29 Segunda produção escrita de Gabriel (6;10) na Terceira Entrevista.

Na Figura 5.30, podem-se ver as escritas de Gabriel relativas à situação de autoditado.

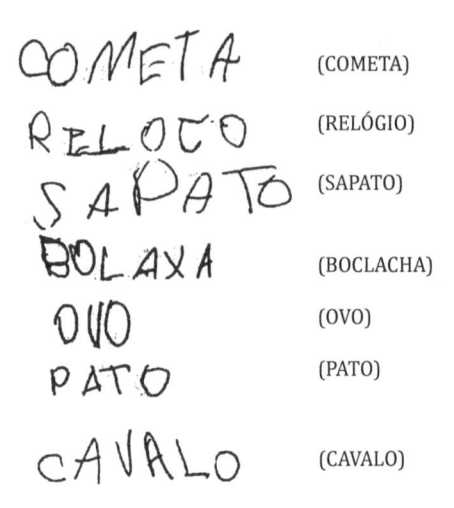

COMETA (COMETA)

RELOCO (RELÓGIO)

SAPATO (SAPATO)

BOLAXA (BOCLACHA)

OVO (OVO)

PATO (PATO)

CAVALO (CAVALO)

Figura 5.30 Terceira produção escrita de Gabriel (6;10) na Terceira Entrevista

Na Figura 5.31, apresenta-se a história que Gabriel criou a partir do desenho (Figura 5.25).

TEVIUMCORIDA
DOAIRTOMCENA
EDAIOAIRTOMCENA

"Teve uma corrida do Airton Senna e daí o Airton Senna."

Figura 5.31 Quarta produção escrita de Gabriel (6;10) na Terceira Entrevista.

A Figura 5.32 mostra uma carta escrita por Gabriel para o Papai Noel dizendo o que ele gostaria de ganhar de presente de Natal.

Analisando as produções escritas de Gabriel (6;10) e as interpretações que ele lhes conferiu, constata-se que, no final do quarto bimestre escolar, o menino havia construído o sistema de representação alfabético da escrita, ou seja, ele tinha descoberto os princípios do sistema alfabético. Gabriel fez corresponder não mais uma letra a cada sílaba da palavra, mas um grafema a cada fonema, utilizando o valor sonoro convencional das letras. Para estruturar este sistema, o menino estabeleceu critérios de diferenciação quantitativa e qualitativa. Assim, a quantidade de letras a ser escrita em cada palavra dependia do número de fonemas que esta possuía; as letras a serem utilizadas estavam relacionadas a valores fonéticos estáveis e à ordem em que estes eram emitidos oralmente (Figuras 5.28, 5.29, 5.30, 5.31 e 5.32).

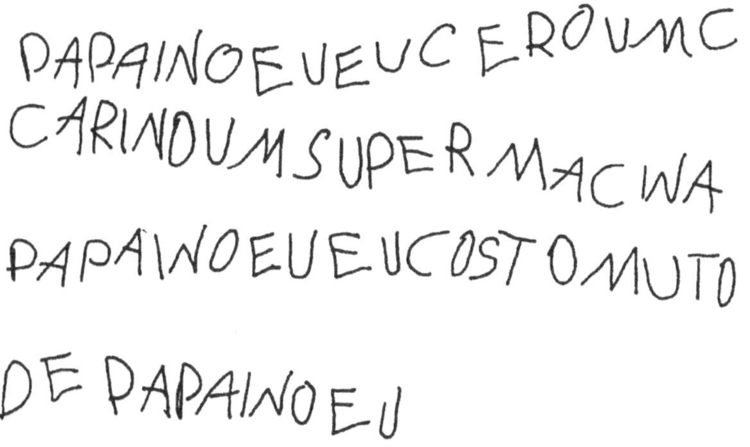

PAPAINOEUEUC EROUMC CARINOUMSUPER MACWA PAPAINOEUEUCOSTOMUTO DE PAPAINOEU

"Papai Noel eu quero um carrinho, um super máquina. Papai Noel eu gosto muito de Papai Noel."

Figura 5.32 Quinta produção escrita de Gabriel (6;10) na Terceira Entrevista.

Para Gabriel, o sistema alfabético era lógico e aplicável a todas as situações de escrita, por isso, ele usava uma ortografia simplificada, fazendo corresponder unidades gráficas semelhantes a unidades sonoras similares, como em "caxoro" e "peixe" (Figura 5.29) e "bolaxa" (Figura 5.30). Sua escrita era, portanto, alfabética e não ortográfica. Ele escrevia conforme o sistema alfabético que tinha elaborado, o qual era estritamente lógico na correspondência de grafemas e fonemas. Isso explica porque Gabriel escreveu as palavras "pintino" (Figura 5.28) e "carino" (Figura 5.32) sem a letra H, para construir o "NH"; porque "baguncro" (Figura 5.28) não tem as letras "e" e "i", uma vez que a letra C é lida como "cê"; e porque o til não foi colocado em "pao" (Figura 5.28). Tais "erros" ortográficos são convenções socialmente estabelecidas, as quais não faziam parte do sistema alfabético que a criança acabou de construir. Aprender estas convenções significaria escrever ortograficamente.

Preocupado em explorar o sistema alfabético, Gabriel redige orações e textos sem deixar espaços em branco entre as palavras, ou seja, não separa as palavras uma das outras (Figuras 5.28, 5.31 e 5.32). Não utiliza, também, sinais de pontuação. Essas regras gráficas da escrita são arbitrárias e não dizem respeito à associação grafema-fonema, característica do nível alfabético.

Entrevista III: Interações Desenho-Escrita

Na Terceira Entrevista, realizada no final do quarto bimestre escolar, Gabriel desenhou uma corrida de Fórmula Um e escreveu a história do desenho tendo como personagem central o Airton Senna.

Figura 5.33 Desenho e escrita de Gabriel (6;10), realizada na Terceira Entrevista.

Pela análise dos desenhos e das escritas de Gabriel realizados no final do quarto bimestre escolar, constatou-se que ele havia construído os sistemas de desenho e de escrita. Sua concepção do sistema do desenho dizia respeito ao estágio do realismo intelectual (RI), caracterizado pela criação de uma forma exemplar para cada categoria de objetos, por uma representação topológica do espaço com alguns elementos projetivos e euclidianos, e pela coordenação das representações de forma e espaço de modo a constituírem um sistema gráfico icônico. Sua escrita era alfabética (A), isto é, ao coordenar os sistemas gráfico e sonoro, Gabriel fazia corresponder um grafema a cada fonema.

No estágio do realismo intelectual, o menino iniciou a construção de representações projetivas e euclidianas para as formas. Os sistemas projetivo e euclidiano, quando coordenados, visam a representação de um espaço em perspectiva, ou seja, a criação de um espaço tridimensional ilusório numa linguagem de duas dimensões. Esse tipo de representação no desenho não faz parte do estágio do realismo intelectual, mas diz respeito ao realismo visual e a uma apreensão, neste estágio, das convenções do desenho.

No nível alfabético, Gabriel realizou uma correspondência entre grafemas e fonemas, estabelecendo regularidades no sistema de escrita. As irregularidades e as convenções do sistema ortográfico de escrita são, portanto, desconhecidas nesse nível de escrita.

Assim, à medida que Gabriel estruturou o desenho como um sistema de representação, ele construiu, também, o sistema de representação da escrita (Figura 5.33). A partir de então, resta-lhe aprimorar estes sistemas, apropriando-se das convenções socialmente instituídas, a saber, a perspectiva e a ortografia.

Caso 2: Carolina

Carolina é filha única de um casal de classe de baixa renda. Seu pai trabalha como servente de obras e sua mãe é dona de casa. O nível de instrução do pai é o 2º ano do Ensino Fundamental e sua mãe é analfabeta. A família mora numa favela em Porto Alegre. Aos sete anos e um mês, a menina estava pela primeira vez no 1º ano do Ensino Fundamental e pertencia ao Grupo A, o qual privilegiava igualmente desenho e escrita, trabalhando-os diariamente.

Apresentam-se, a seguir, os desenhos e as escritas de Carolina, aos 7;1, realizados durante o período de uma semana no início do primeiro bimestre escolar. Este período de cinco dias (daí, cinco produções) em que observamos Carolina corresponde ao que designamos por "primeira entrevista".

Entrevista I: Desenho

A menina é muito comunicativa e, enquanto desenhava, ela ia comentando o que fazia. Carolina desenha uma forma no centro da folha e outra menor a direita (Figura 5.34). Próximo a borda inferior do papel, faz um círculo, pequenos círculos ao redor deste e um prolongamento. Diz, então: "Uma árvore... uma flor". E explica ao experimentador: "Eu não sabia desenhar quando eu vim para cá (para o seu endereço atual). Daí, a minha amiga Jaqueline me ensinou e eu entrei na escola sabendo desenhar. Eu não fazia igrejinha". O experimentador pergunta-lhe o que é desenhar. "Desenhar é uma coisa que a gente aprende a fazer, a aprender a desenhar o que não sabe, ajuda a fazer um desenho que a gente não sabe".

Figura 5.34 Primeira produção de desenho de Carolina (7;1) na Primeira Entrevista.

Carolina diz: "Vou desenhar a igrejinha". Desenha uma forma no centro da folha e outras menores mais nas bordas do papel (Figura 5.35).

Figura 5.35 Segunda produção de desenho de Carolina (7;1) na Primeira Entrevista.

Carolina principia desenhando, próximo ao canto superior esquerdo do papel, uma forma com cabeça, corpo, pernas, braços e mãos (Figura 5.36). Em seguida, faz uma forma menor mais abaixo da primeira e outra mais acima. Começa a traçar várias linhas e comenta: "As bonequinhas... A Bate-palminha, o Peposo e a Nana-nenê. Elas estavam brincando de pegar e foi aquela bagunça".

Carolina faz um quadrado no centro da folha e um retângulo abaixo deste (Figura 5.37). Agrega ao retângulo uma forma quadrangular e diz: "A igrejinha". Faz traços preenchendo planos.

Carolina pega o material e comenta: "Vou fazer a igrejinha" (Figura 5.38). Desenha uma forma, à direita da folha, composta por quadrados e triângulo, sugerindo várias vistas de uma casa. Mais ao centro, faz um quadrado e diz: "Agora, vou fazer outra igrejinha". Subdivide o quadrado e, depois, desenha outras formas, comentando: "Eu fiz errado. Agora, já que fiz errado, vou fazer uma casa". Desenha, à esquerda, uma forma e a delimita por um círculo.

Analisando esses desenhos, vê-se que Carolina (7;1), no início do primeiro bimestre escolar, estava interessada em construir representações diferentes para cada classe de objetos: plantas, figura humana, casas e igrejas (Figuras 5.34, 5.35, 5.36, 5.37 e 5.38). A menina desenhava um objeto de várias maneiras num mesmo trabalho.

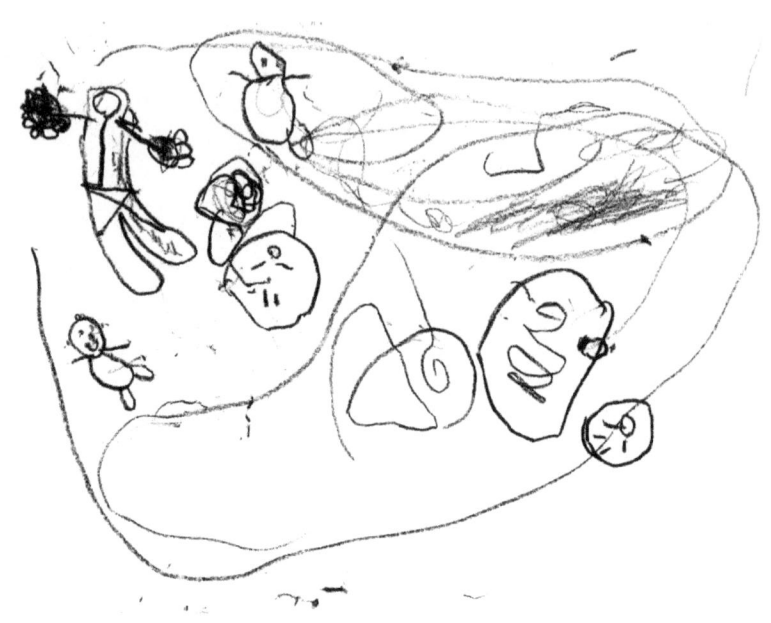

Figura 5.36 Terceira produção de desenho de Carolina (7;1) na Primeira Entrevista.

Figura 5.37 Quarta produção de desenho de Carolina (7;1) na Primeira Entrevista.

Figura 5.38 Quinta produção de desenho de Carolina (7;1) na Primeira Entrevista.

Ela não conservava as formas dos objetos, variando-as a cada desenho pelo acréscimo de detalhes, bem como por alterações no tamanho dos elementos. Suas formas são mais horizontais do que verticais. Seu traço é firme, apesar de as linhas serem onduladas.

O modo como a menina dispõe os objetos no papel e como organizou cada um dos elementos internamente demonstrava suas inquietações com as características gerais de cada forma, se aberta ou fechada, próxima ou distante, com o que continha e com o que não continha. Carolina, nesses trabalhos, não estabelecia relações entre as formas desenhadas, ou seja, não as organizava numa cena. As formas estão justapostas umas às outras e, para integrá-las, a menina utiliza, às vezes, traços como na Figura 5.36, em que, para expressar a ação conjunta dos bonecos no brinquedo de pegar, ela entrelaçou-os com linhas sinuosas. Essa maneira de abordar o espaço é topológica.

Os temas que Carolina desenhou não eram inspirados em personagens da literatura infantil nem na televisão, como em Gabriel (caso 1), mas em seus brinquedos com bonecas e em suas lembranças.

Carolina explorava, assim, a construção de representações diferenciadas para cada categoria de objetos; a organização topológica do espaço de cada objeto sem se preocupar com o todo da cena; e as possibilidades e as limitações de expressar-se nessa linguagem. Tais inquietações são características do estágio da incapacidade sintética.

Entrevista I: Escrita

São apresentadas, a seguir, as escritas de Carolina (7;1) realizadas no período de cinco dias no início do primeiro bimestre escolar. Tal período compreende cinco produções relativas à escrita de Carolina. As situações de escrita incluíam propostas diferentes a cada dia, como foi mencionado anteriormente.

Na Figura 5.39, exibe-se a produção de Carolina relativa à escrita de quatro palavras e uma oração.

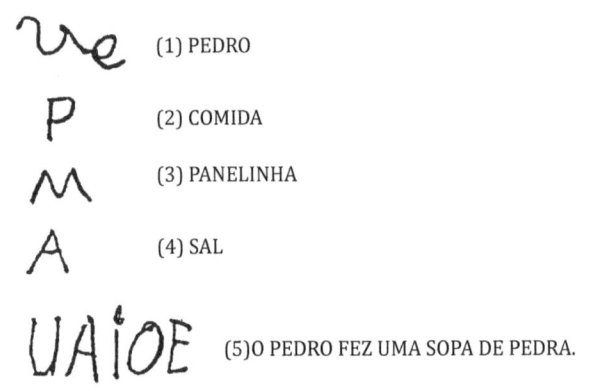

つℓ   (1) PEDRO

P   (2) COMIDA

M   (3) PANELINHA

A   (4) SAL

UAIOE   (5) O PEDRO FEZ UMA SOPA DE PEDRA.

Figura 5.39 Primeira produção escrita de Carolina (7;1) na Primeira Entrevista.

A Figura 5.40 mostra a produção escrita de Carolina na situação de ditado.

XVIA   (ÁRVORE)

AIu   (FLOR)

MEAZU   (IGREJINHA)

PA   (MAÇÃ)

XUA   (JANELA)

cBRI   (PORTA)

Io   (FOLHA)

Figura 5.40 Segunda produção escrita de Carolina (7;1) na Primeira Entrevista.

Na Figura 5.41, apresenta-se a história criada por Carolina a partir de um desenho seu.

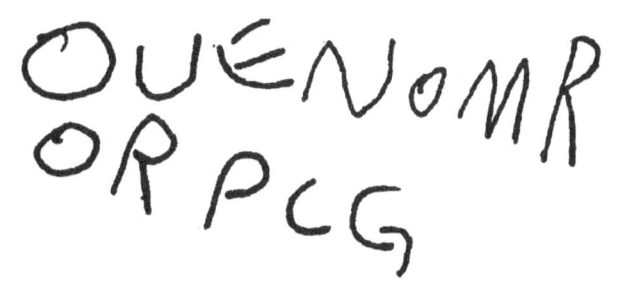

OUENOMR
ORPCG

"O Peposo foi pegar a Nana-nenê e, daí, ela fugiu."

Figura 5.41 Terceira produção escrita de Carolina (7;1) na Primeira Entrevista.

Na Figura 5.42, mostram-se as produções escritas de Carolina relativas à situação de autoditado.

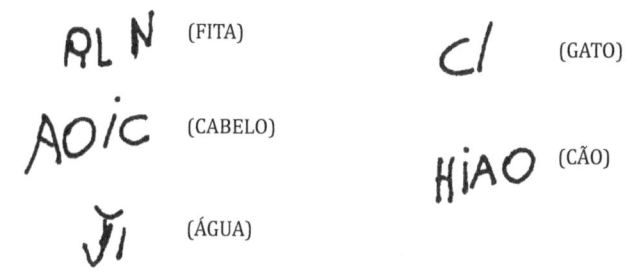

RLN (FITA)   Cl (GATO)

AOiC (CABELO)   HiAO (CÃO)

Ji (ÁGUA)

Figura 5.42 Quarta produção escrita de Carolina (7;1) na Primeira Entrevista.

A Figura 5.43 exibe a carta escrita por Carolina a sua amiga Jaqueline.

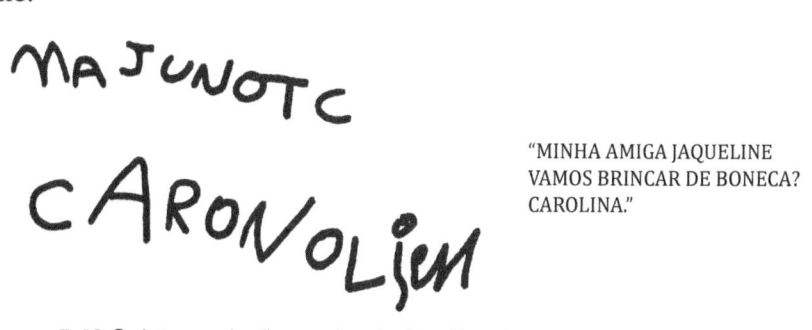

MAJUNOTC
CARONOLjen

"MINHA AMIGA JAQUELINE
VAMOS BRINCAR DE BONECA?
CAROLINA."

Figura 5.43 Quinta produção escrita de Carolina (7;1) na Primeira Entrevista.

A análise das escritas e das interpretações de Carolina mostra que sua concepção do sistema de escrita, no primeiro bimestre escolar, era pré-silábica. Na sua primeira produção escrita, Carolina utilizava grafismos primitivos, como em Pedro (Figura 5.39), e escritas unigráficas para a maioria das outras palavras (Figura 5.39). Em "panelinha" parece haver uma coincidência da letra usada com a inicial da palavra, o que não se verifica nas demais grafias. Ao escrever a oração, a menina colocou várias letras juntas, não conservando a escrita da palavra dissílaba, quando isolada e quando na oração (Figura 5.39). As letras da oração, como se pode ver, são todas vogais, refletindo o que ela estava aprendendo na sala de aula.

No ditado, Carolina apresentava não mais uma escrita unigráfica, mas variava a quantidade de letras e o repertório utilizado. A variação na quantidade de letras relacionava-se mais ao tamanho dos objetos do que ao das palavras. Assim, o objeto porta como é maior do que o objeto janela, tem mais letras (Figura 5.40).

Carolina, ao fazer o desenho (Figura 5.36), comentou que as bonecas estavam brincando de pegar e traçou muitas linhas para mostrar a ação do brinquedo. Depois de realizado o desenho, o experimentador pediu-lhe que escrevesse sobre o que estava acontecendo no desenho: "O Peposo foi pegar a Nana-nenê e, daí, ela fugiu" (Figura 5.41). Para expressar através da escrita a história que contou, ela utilizava várias letras juntas – OUENOMR ORPCG –, observando uma disposição linear.

Nas palavras que ditou para si (Figura 5.42), Carolina variava tanto a quantidade de letras como o repertório. As palavras menores que escreveu têm duas letras. Novamente, parece haver uma relação entre o tamanho dos objetos e sua escrita, como a escrita de gato "CI" que é um bicho pequeno e a de cão "HIAO", um bicho maior.

Na escrita de uma carta (Figura 5.43), Carolina gostou da proposta e se pôs a escrever "MAJUNOTC", interpretando como: "Minha amiga Jaqueline vamos brincar de boneca?" e assinou CARONOLIM.

Vê-se, assim, que, no primeiro bimestre escolar, Carolina estava preocupada em diferenciar as escritas para que tivessem significados distintos. Mesmo quando escreve com uma só letra, como na entrevista das quatro palavras e uma oração, não utilizava a mesma letra para as palavras, ao contrário, variava. Seu repertório era composto por letras do seu nome (A, I, O, C, N, R) e outras letras (U, E, M, P, G). As letras ou grafismos primitivos são usados aqui como marcas convencionadas características da escrita, não tendo qualquer relação com a forma dos objetos nem com o valor sonoro convencional das letras ou com a pronúncia das palavras.

Carolina criou critérios de diferenciações quantitativa e qualitativa para as escritas. Inicialmente, a quantidade de letras para que uma escrita se constituísse numa palavra era de uma grafia; posteriormente, a quantidade mínima de letras passou a ser duas para cada palavra. A diferenciação qualitativa dizia respeito à variedade de letras na palavra, a qual não poderia ser escrita com uma mesma letra repetida mais de duas vezes seguidas.

Em suma, Carolina se encontrava no nível pré-silábico da escrita, atendo-se a explorar o que a escrita representa e em construir formas de diferenciações entre as escritas, para que expressassem distintos significados. A menina não estabeleceu uma vinculação entre a pronúncia e a escrita das palavras, uma vez que suas inquietações referiam-se a amplas questões sobre a natureza, a função e o valor do sistema de escrita.

Entrevista I: Interações Desenho-Escrita

A partir das análises, em separado, dos processos de desenho e escrita, passaremos, agora, a examinar como eles se desenvolveram paralelamente, ilustrando com um desenho e uma escrita da criança.

Na "primeira entrevista", realizada no início do primeiro bimestre escolar, Carolina fez o desenho que segue e interpretou-o como uma brincadeira de pegar entre suas bonecas: Bate-palminha, Peposo e Nana-nenê. O experimentador solicitou-lhe, após fazer o desenho, que escrevesse a história do desenho (Figura 5.44).

A análise dos desenhos e das escritas de Carolina, realizados no início do primeiro bimestre escolar, mostrou que seu modo de abordar o desenho era relativo ao estágio da incapacidade sintética (IS) e que sua concepção do sistema da escrita era pré-silábica (PS) (Figura 5.44). Isso significa que Carolina havia desenvolvido mais o sistema do desenho do que o da escrita antes de ingressar na escola.

No desenho, suas preocupações centravam-se na construção de diferenciações entre as formas, buscando representar cada categoria de objetos, e na elaboração de um espaço gráfico topológico para cada objeto (Figuras 5.34, 5.35, 5.36, 5.37 e 5.38). O vínculo entre as formas era dado pela menina através dos seus comentários. O interesse de Carolina era pela relação dos elementos com o todo de cada objeto desenhado, ou seja, pelas propriedades gerais das formas.

Na escrita, Carolina empenhava-se em descobrir o que o sistema de escrita podia representar e em construir diferenciações entre as escritas para que estas expressassem distintos significados. Carolina não estabelecia uma vinculação entre a pronúncia e a escrita das palavras, pois sua problemática residia em conhecer a natureza, a função e o valor do sistema de escrita (Figuras 5.39, 5.40, 5.41, 5.42 e 5.43).

"O Peposo foi pegar a Nana-nenê e, daí, ela fugiu."

Figura 5.44 Desenho e escrita contando a história do desenho realizado por Carolina (7;1) na Primeira Entrevista.

Assim, apesar de Carolina estar mais evoluída no desenho do que na escrita, suas preocupações nos dois sistemas são semelhantes, isto é, referiam-se à construção de diferenciações entre os elementos, seja diferenciações entre as formas dos objetos, seja diferenciações quantitativas e qualitativas entre as escritas.

Entrevista II: Desenho

Os desenhos que seguem foram realizados por Carolina durante o período de cinco dias, entre o segundo e o terceiro bimestre escolar. Cada desenho foi feito num dia.

Carolina começa traçando um plano de cor na base inferior da folha: o chão (Figura 5.45). Faz uma figura maior, à direita, e diz: "Aqui, sou eu. Agora, eu vou fazer o nenê da mãe". Desenha, então, uma forma menor ovalada. Faz outra figura pequena à esquerda: "A minha amiga Jaqueline". Próxima à forma que a representa, faz uma "fogueira de São João". Espalha formas circulares pela folha, dizendo: "Os enfeites". Ao concluir o desenho, comenta: "Eu não sei fazer guri. Vou pedir para a mãe me ensinar". O experimentador pergunta se a mãe lhe ensinou a desenhar e ela responde: "A minha mãe me ensinou a fazer a casinha, o campo". Mas fazes do mesmo jeito que ela te ensinou? "Não, eu modifiquei umas coisas".

Figura 5.45 Primeira produção de desenho de Carolina (7;5) na Segunda Entrevista.

Carolina desenha a estrutura da casa colocando, em seguida, as portas e janelas (Figura 5.46). Faz uns traços acima da casa e diz: "Tem que ter chaminé para sair a fumaça, senão fica tudo sufocado". Desenha a linha de chão e sobre esta uma forma. No canto superior direito da folha, esboça um círculo: "Um avião". No canto esquerdo, constrói outra forma circular e comenta: "O sol de todas as cores". Durante a realização do desenho conta: "Antes, eu fazia uma igrejinha... agora, eu faço a casa".

Figura 5.46 Segunda produção de desenho de Carolina (7;5) na Segunda Entrevista.

Carolina desenha uma árvore e coloca frutas na copa: "são maçãs" (Figura 5.47). O experimentador pergunta se ela já viu árvore com maçãs, e Carolina diz: "Não existe, só árvore com bergamota" (mexerica). Faz a casa com figuras na janela. Ao desenhar as figuras, comenta: "A boneca eu aprendi (a desenhar) junto com a casa". Desenha outras formas pela folha e numa delas diz: " Epa, me enganei", riscando por cima. A figura com antenas, no canto superior esquerdo, "é a Formiga Atômica". Por fim, faz a lua e "o sol rindo".

"O chão", anuncia Carolina ao riscar linhas na borda inferior da folha (Figura 5.48). Desenha acima destas a letra A bem grande formando a face frontal da casa, da qual traça prolongamentos para o telhado e a lateral. Faz uma árvore no canto esquerdo do desenho, vários corações soltos na folha e o sol.

Desenho e escrita como sistemas de representação **147**

Figura 5.47 Terceira produção de desenho de Carolina (7;5) na Segunda Entrevista.

Figura 5.48 Quarta produção de desenho de Carolina (7;5) na Segunda Entrevista.

Carolina principia demarcando o chão (Figura 5.49). Faz a casa, as portas, as janelas e a chaminé com fumaça. Desenha uma figura ao lado da casa e outra menor mais atrás. Repete a mesma forma da figura, variando as dimensões. Por fim, coloca o sol na borda superior do papel.

Figura 5.49 Quinta produção de desenho de Carolina (7;5) na Segunda Entrevista.

Esses desenhos realizados entre o segundo e o terceiro bimestre escolar e as interpretações que Carolina lhes confere indicam que a menina coordenou as representações dos objetos e as relações espaciais entre eles, estruturando, assim, o sistema do desenho. Ela criou uma forma exemplar para cada categoria de objetos, a qual repete acrescentando detalhes, variando a orientação e a dimensão. A temática de Carolina baseia-se em suas vivências e lembranças. Seu repertório é composto por figuras humanas, fogueiras, casas, aviões, plantas e animais. Para melhor representar a casa, a menina planificou-a, colocando num mesmo alinhamento as faces frontal e lateral (Figuras 5.46, 5.47, 5.48 e 5.49). A figura humana, geralmente, é constituída por cabeça com rosto e cabelos, corpo, braços com mãos e pernas com pés (Figuras 5.45 e 5.49). As figuras desenhadas são todas femininas, pois Carolina admite que "não sabe fazer guri" (Figura 5.45).

Seu desenho ocupa toda a folha, criando uma cena com os elementos traçados. Carolina organizou as formas na linha de chão e delimitou o espaço em que o desenho acontece com a linha do céu, demarcada pelo sol (Figuras 5.45, 5.46, 5.47 e 5.48). Há uma preferência pelo uso horizontal da folha de papel para fazer o trabalho, o qual acompanha a orientação escolhida.

O modo de abordar o espaço da cena nestes desenhos é topológico, mas começa a surgir uma representação euclidiana para o espaço quando as relações entre os objetos, suas proporções e distâncias, passam a interessar a menina (Figuras 5.45 e 5.49).

Os desenhos de Carolina mostram, assim, um modo de representação típico do estágio do realismo intelectual.

Entrevista II: Escrita

Entre o segundo e o terceiro bimestre escolar, observou-se Carolina durante o período de cinco dias (daí, cinco produções da criança relativas à escrita).

A Figura 5.50 apresenta a produção de Carolina relativa à escrita de quatro palavras e uma oração.

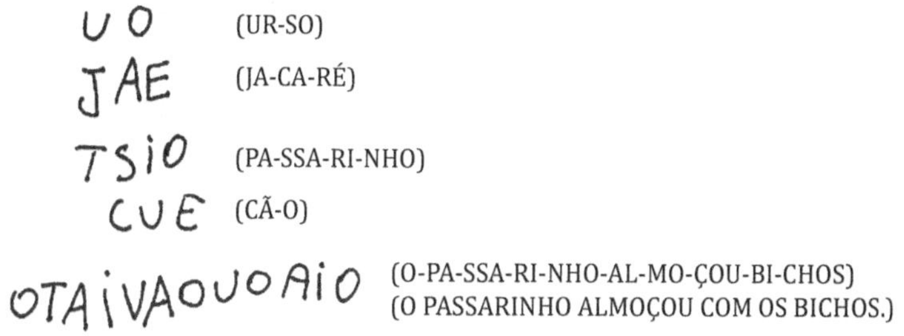

U O   (UR-SO)
J AE   (JA-CA-RÉ)
T S i O   (PA-SSA-RI-NHO)
C U E   (CÃ-O)

OTA i VA O U O A i O   (O-PA-SSA-RI-NHO-AL-MO-ÇOU-BI-CHOS)
                       (O PASSARINHO ALMOÇOU COM OS BICHOS.)

Figura 5.50 Primeira produção escrita de Carolina (7;5) na Segunda Entrevista.

Na Figura 5.51, mostram-se as escritas de Carolina na situação de ditado.

C A   AV E   J N A   X M E
(CA-SA)   (ÁR-VO-RE)   (JA-NE-LA)   (CHA-MI-NÉ)

G A   C N T   O A   O A
(GRA-MA)   (CA-NE-TA)   (POR-TA)   (SO-FÁ)

Figura 5.51 Segunda produção escrita de Carolina (7;5) na Segunda Entrevista.

Na Figura 5.52, podem-se ver as escritas de Carolina na situação de autoditado.

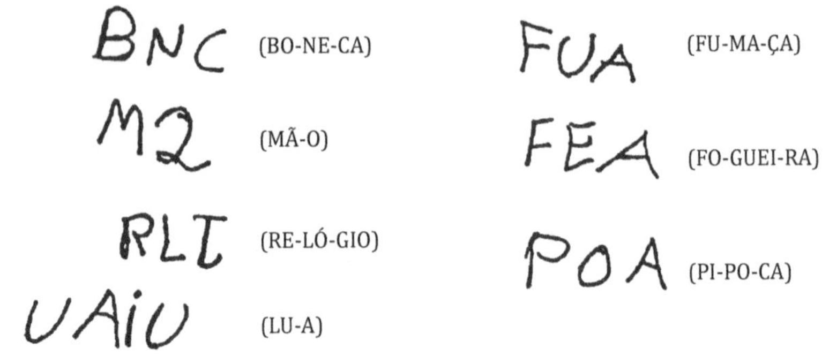

BNC (BO-NE-CA)   FUA (FU-MA-ÇA)
M2 (MÃ-O)   FEA (FO-GUEI-RA)
RLT (RE-LÓ-GIO) POA (PI-PO-CA)
UAIU (LU-A)

Figura 5.52 Terceira produção escrita de Carolina (7;5) na Segunda Entrevista.

A Figura 5.53 exibe a escrita realizada por Carolina contando a história do desenho (Figura 5.48).

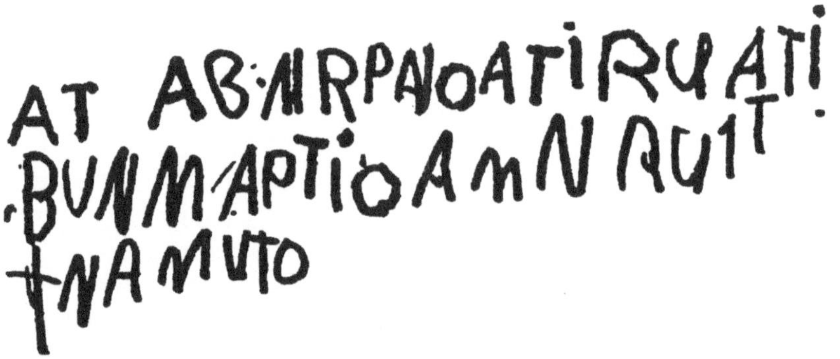

AT AB·NRPNOATIRUATI
BUNMAPTIOAMNRUIT
TNAMUTO

"Era uma vez uma casa linda, a mais linda de todas.
Daí, ela tava apaixonada pelo sol. E a árvore ficou triste."

Figura 5.53 Quarta produção escrita de Carolina (7;5) na Segunda Entrevista.

Na Figura 5.54, apresenta-se a carta que Carolina escreveu ao seu namorado.

Examinando as produções escritas e as interpretações de Carolina, entre o segundo e o terceiro bimestre escolar, observa-se que a menina começou a relacionar o sistema gráfico com o sistema sonoro, associando uma letra a cada sílaba da palavra. Sua concepção do sistema de escrita era

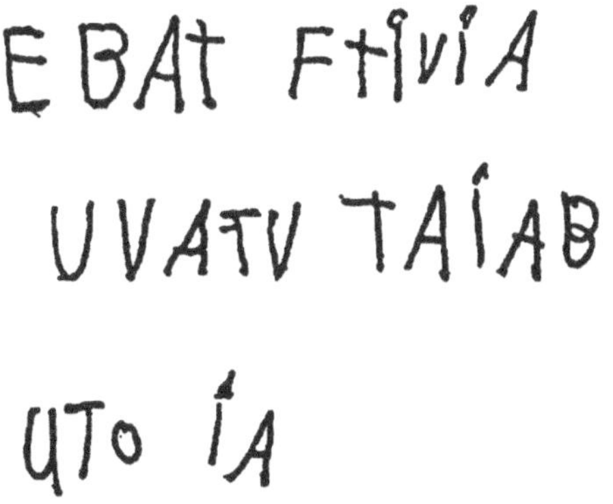

E BAT FtÍVÍA

UVATV TAÍAB

UTO ÍA

"Rogério
Eu gosto muito de você. Como eu não vejo
mais você, eu mando uma carta para você.
Eu gosto muito de você."

Figura 5.54 Quinta produção escrita de Carolina (7;5) na Segunda Entrevista.

silábica, ou seja, Carolina construiu um sistema silábico para representar a escrita, utilizando o valor sonoro convencional das letras. Para determinar quantas letras escrever na palavra, a menina dizia baixinho a palavra e ia contando suas sílabas nos dedos.

Na entrevista das quatro palavras e uma oração, constata-se que Carolina utilizava ora vogais ora consoantes para representar as sílabas numa mesma palavra (Figura 5.50). Ao escrever passarinho, coloca a letra "T" para a sílaba "pa", S para "ssa", I para "ri" e O para "nho". Quando vai escrever cão, diz que a palavra tem uma letra, mas escreve com três, mostrando estar conflituada entre as hipóteses silábica e de quantidade mínima. Ao escrever a oração, ela não conserva a mesma escrita de "passarinho" quando isolada. Os espaços em branco entre as palavras não são considerados, nem o plural na palavra bichos (Figura 5.50).

No ditado, Carolina mostra-se silábica estrita, colocando rigorosamente uma letra para cada sílaba escrita. Em chaminé, utiliza a letra x para a sílaba "chá" (Figura 5.51), porque faz uma correspondência lógica som-grafia.

As palavras que Carolina dita para si tinham por inspiração os objetos que havia desenhado e o que observava ao seu redor, como o relógio que havia na sala. Ao escrever lua e mão, vê-se, novamente, que a menina não coloca uma só letra, dando indícios de conflitos entre o sistema silábico que construiu e a hipótese de quantidade mínima (Figura 5.52).

Carolina, ao escrever a história do desenho, não segue a sua concepção do sistema de escrita, mas mostra uma reunião de letras desvinculadas da pronúncia das palavras. Há uma preocupação em englobar, na sua narrativa, os elementos desenhados mais do que representar na escrita a história contada (Figura 5.53).

A carta que escreve é endereçada ao seu namorado chamado Rogério. Também sua escrita não se relaciona com a pronúncia (Figura 5.54).

Constata-se, então, que Carolina, entre o segundo e o terceiro bimestre, estava silábica utilizando uma letra para cada sílaba, ao escrever palavras isoladas, e que, ao escrever orações, ora conservava o mesmo critério ora desconsiderava a relação pronúncia-escrita, escrevendo de modo pré-silábico (Figuras 5.53 e 5.54).

Seu critério de diferenciação quantitativa dependia de uma referência externa considerada como fixa: o número de sílabas da palavra. E as diferenciações qualitativas relacionadas ao repertório e à posição das letras também atinham-se a valores silábicos estáveis, fazendo corresponder uma mesma grafia a sons semelhantes.

Entrevista II: Interações Desenho-Escrita

Apresentam-se, a seguir, desenho e escrita produzidos por Carolina na Segunda Entrevista, entre o segundo e o terceiro bimestre escolar. Na Figura 5.55, ao contrário da Primeira Entrevista, não é apresentada a história do desenho, mas de um desenho e uma escrita realizados nesse período. Tal modificação deve-se ao fato de Carolina, ao escrever textos, ter, na Segunda Entrevista, regredido para o nível pré-silábico, não revelando sua concepção do sistema de escrita que era silábica.

Carolina, na Segunda Entrevista, havia integrado as representações de forma e espaço, construindo o sistema do desenho no estágio do realismo intelectual (RI). A menina elaborou uma forma para cada categoria de objetos – as formas exemplares; estendeu as relações espaciais topológicas a toda a cena desenhada e, ao mesmo tempo, iniciou a construção de relações projetivas e euclidianas para representar o espaço no desenho. Carolina apoiava algumas formas na linha de chão e utilizava processos como a descontinuidade e a planificação para representar os objetos (Figuras 5.45, 5.46, 5.47, 5.48 e 5.49).

Na escrita, como analisou-se anteriormente, a menina havia vinculado os sistemas gráfico e sonoro construindo um sistema silábico de escrita, ao associar uma letra a cada sílaba da palavra. Viu-se, também, que Carolina

U O   (UR-SO)
J A E   (JA-CA-RÉ)
T S I O   (PA-SSA-RI-NHO)
C U E   (CÃ-O)

OTA I VA O U O A I O   (O PASSARINHO ALMOÇOU COM OS BICHOS.)

Figura 5.55 Desenho e escrita de Carolina (7;5) realizados na Segunda Entrevista.

estava conflituada entre as hipóteses silábica e de quantidade mínima de letras, o que se evidencia na escrita dos monossílabos (Figuras 5.50 e 5.52). Ao escrever textos, como nas Figuras 5.53 e 5.54, a menina não relacionava a escrita com a pronúncia, escrevendo de modo pré-silábico.

Dessa forma, Carolina, tanto no desenho como na escrita, estava construindo diferenciações e coordenações entre os elementos e as relações dos sistemas: no desenho, quando atribuiu uma forma exemplar a cada categoria de objetos e ao coordenar as representações de forma e espaço num sistema; na escrita, quando representou cada palavra de modo distinto das demais e quando vinculou uma letra a cada sílaba da palavra, relacionando a escrita com a pronúncia. Vê-se, assim, que as preocupações de Carolina em ambos os processos eram semelhantes, embora se referissem a diferentes sistemas de representação gráfica. Em outras palavras, pode-se dizer que, em Carolina, coincidiam níveis equivalentes de construção para processos diferentes.

Entrevista III: Desenho

A "terceira entrevista" corresponde ao período de cinco dias (daí cinco produções) em que observamos Carolina. Tal entrevista ocorreu no final do quarto bimestre escolar. Passaremos, então, a apresentar os desenhos feitos por Carolina neste período.

Carolina ouve a história *A galinha Carijó* e, após, desenha uma casa, começando pela face frontal, depois, o telhado e a face lateral. Coloca janelas, portas, detalhes no telhado e a chaminé. Marca bem o chão, cobrindo um pouco a base da casa. Por fim, desenha flores ao lado da casa (Figura 5.56).

Figura 5.56 Primeira produção de desenho de Carolina (7;9) na Terceira Entrevista.

Carolina desenha a casa, as nuvens e uma forma maior: "o sol tapado pela nuvem" (Figura 5.57). Faz o chão, dizendo: "a grama", e, depois, desenha as figuras. Vê-se que há diferenças sexuais nas figuras: a figura feminina tem cabelos longos e vestido, enquanto a figura masculina não tem cabelos e sua roupa é quadrada. Ao desenhar as figuras, diz: "eu e o meu namorado".

Desenho e escrita como sistemas de representação **155**

Figura 5.57 Segunda produção de desenho de Carolina (7;9) na Terceira Entrevista.

Os primeiros traços de Carolina, na Figura 5.58, são para demarcar "a grama". Sobre esta faz uma árvore com linha contínua, a qual coloca "maçãs" na copa; uma casa; e uma figura que define como "uma velha braba". Mais acima, desenha uns morros com sol e umas nuvens. Próximos à casa e à

Figura 5.58 Terceira produção de desenho de Carolina (7;9) na Terceira Entrevista.

figura, desenha uns "passarinhos" e mais no centro da folha umas flores. Ao finalizar o desenho, diz: "Era uma vez a velha e a casa e a flor. O sol e a árvore. O sol e o monte colorido e, aí, nas montanhas, tinha um monte colorido".

Carolina desenha pequenos montes representando o chão, faz a casa com porta, janela e chaminé, a árvore e as flores. Desenha com muita atenção (Figura 5.59).

Figura 5.59 Quarta produção de desenho de Carolina (7;9) na Terceira Entrevista.

Carolina desenha o chão, uma casa, uma árvore, uma figura e flores à direita da folha (Figura 5.60). Resolve, então, dividir o espaço do desenho, dizendo: "aqui, é um lugar lindo" (referindo-se ao que havia desenhado). "Agora, vou fazer um lugar feio". Faz elementos quase simétricos aos anteriores. As diferenças entre o lugar "feio" e o lugar "lindo" não estão nas formas, que são praticamente as mesmas, mas no modo de fazê-las. O lugar "lindo" foi feito com mais cuidado e colorido minuciosamente, enquanto o lugar "feio" foi feito rapidamente e com um certo desleixo.

Pode-se observar nesses desenhos de Carolina, do final do quarto bimestre escolar, que as formas estão apoiadas na linha de chão. Vê-se, também, que surgiu um segundo plano sugerido pelos morros com sol (Figuras 5.58 e 5.60). A menina mostrava-se, assim, interessada pela possibilidade de representar, numa linguagem de duas dimensões, um mundo tridimensional. As relações espaciais que Carolina estabelecia não eram, apenas, entre os elementos de cada objeto, mas entre os objetos, ou seja, o espaço representado era topológico, como no início do ano, mas começam a aparecer relações projetivas (quando a menina coordena os pontos de vista representando os objetos numa única vista dentro da cena).

Carolina conservava as formas exemplares de cada categoria de objetos, ora acrescentando-lhes detalhes, ora simplificando-as. A menina

Figura 5.60 Quinta produção de desenho de Carolina (7;9) na Terceira Entrevista.

faz uso da planificação, principalmente no desenho da casa (Figuras 5.56, 5.57, 5.58, 5.59 e 5.60). Há descontinuidade, quando Carolina não apoia os objetos sobre a linha de chão, mas deixa-os tangentes a esta (Figuras 5.57 e 5.58). A figura humana apresenta diferenciações quanto ao sexo através das roupas e do cabelo (Figura 5.57).

Seu repertório gráfico mantém-se o mesmo: casas, plantas e figuras humanas, às vezes, ela desenha passarinhos e morros. Sua linha está mais firme e contínua e suas formas estão mais contidas.

O modo como Carolina está concebendo o desenho é característico do realismo intelectual. Assim, Carolina iniciou o ano no estágio da incapacidade sintética; na segunda entrevista, ela havia construído o sistema do desenho no estágio do realismo intelectual; no final do ano, apesar de se encontrar no mesmo estágio de desenho da entrevista anterior, seu desenho se transformou.

Entrevista III: Escrita

A seguir, encontram-se as cinco produções escritas de Carolina realizadas durante o período de uma semana escolar, no final do quarto bimestre.

A Figura 5.61 mostra a produção de Carolina relativa à escrita de quatro palavras e uma oração.

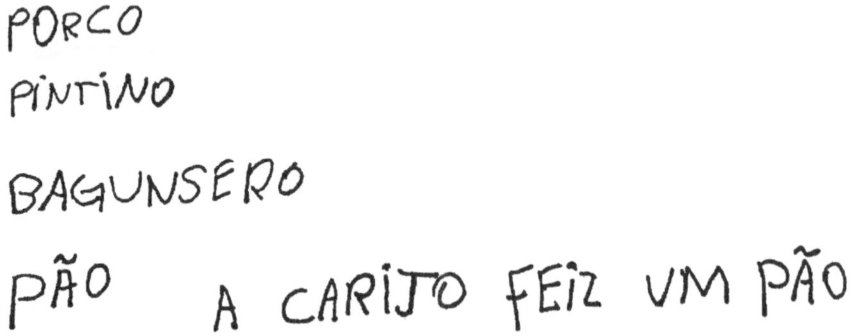

PORCO
PINTINO
BAGUNSERO
PÃO   A CARIJO FEIZ UM PÃO

Figura 5.61 Primeira produção escrita de Carolina (7;9) na Terceira Entrevista.

Na Figura 5.62, apresentam-se as escritas de Carolina na situação de ditado.

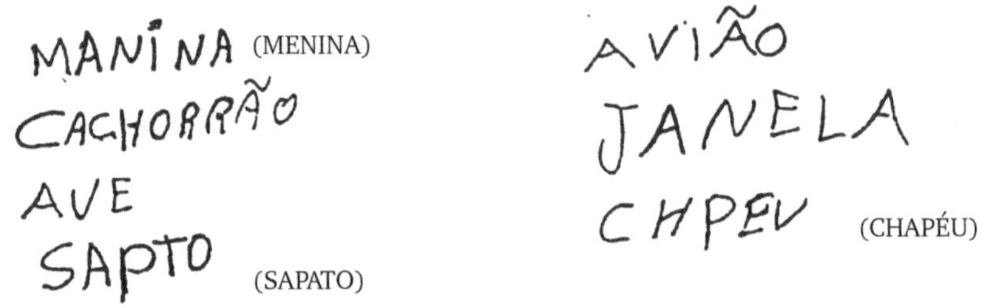

MANINA (MENINA)   AVIÃO
CACHORRÃO   JANELA
AVE   CHPEV (CHAPÉU)
SAPTO (SAPATO)

Figura 5.62 Segunda produção escrita de Carolina (7;9) na Terceira Entrevista.

A Figura 5.63 exibe a produção escrita de Carolina relativa à situação de autoditado.

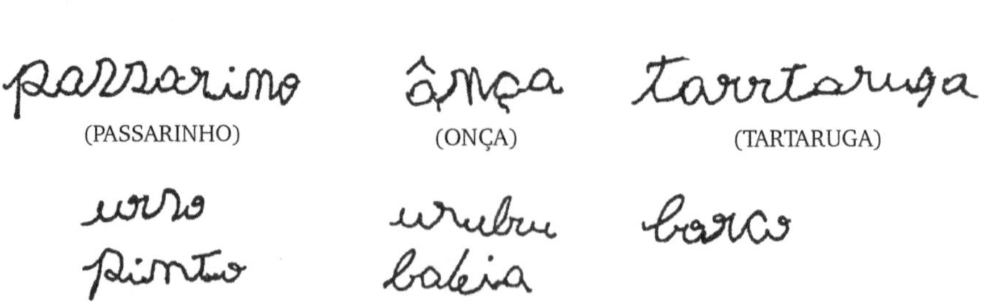

passarinho   ônça   tarrtaruga
(PASSARINHO) (ONÇA)   (TARTARUGA)

urso   urubu   barco
pinto   baeia

Figura 5.63 Terceira produção escrita de Carolina (7;9) na terceira Entrevista.

Desenho e escrita como sistemas de representação **159**

Na Figura 5.64, pode-se ver a história criada por Carolina a partir do seu desenho (Figura 5.58).

MAUVE A VELÍA É A CASA É A FOLR
OSOUCOÉ A RAVOE O SOU EA MONOTE
LORIDO IAI É NAS MONITEIAS TINACMA
A MONOTCOLORIDA

"Era uma vez a velha e a casa e a flor. O sol e a árvore.
O sol e o monte colorido e, aí, nas montanhas, tinha um monte colorido."

Figura 5.64 Quarta produção escrita de Carolina (7;9) na Terceira Entrevista.

A Figura 5.65 apresenta o "recado" que Carolina escreveu para sua professora.

ETELUMACOSA EU GUTODEVOCE
TO ▨▨▨ MIAMIGA. VOCÉ ÉMU

"Eu gosto de você e tem uma coisa você é muito minha amiga."

Figura 5.65 Quinta produção escrita de Carolina (7;9) na Terceira Entrevista.

As escritas e as interpretações de Carolina, no final do quarto bimestre escolar, mostram que ela estava relacionando os sistemas gráfico e sonoro, associando não mais uma letra a cada sílaba, como na entrevista anterior, mas um grafema a cada fonema.

Na primeira produção da Terceira Entrevista, Carolina escreveu a palavra pintinho sem a letra H, bagunceiro foi escrito com a letra S e o verbo fez na oração foi escrito de acordo com a pronúncia da criança (Figura 5.61). Isso porque a menina havia construído um sistema lógico para representar a escrita de forma alfabética. Nesse sentido, as convenções do nosso sistema ortográfico, as quais não são lógicas, mas arbitrárias, serão posteriormente aprendidas por Carolina.

No ditado, nas palavras sapato e chapéu (Figura 5.62), Carolina utiliza um sistema de escrita silábico-alfabético ao escrever um grafema para cada fonema numa sílaba e, na outra, uma letra para cada sílaba. Nas demais palavras do ditado, ela é predominantemente alfabética.

As palavras que Carolina escreveu no autoditado eram relativas aos animais vistos no zoológico, num passeio feito com a turma, no dia anterior. É interessante observar que, nessa situação de escrita, ela exercita a letra cursiva, a qual estava sendo ensinada pela professora nesse período do ano. Sua concepção da língua escrita é alfabética, correspondendo a nossa escrita ortográfica na maioria das palavras, exceto em "passarinho" por Carolina não colocar a letra H (Figura 5.63).

A história do desenho (Figura 5.64) foi escrita por Carolina de modo alfabético, ora utilizando o valor sonoro convencional das letras, ora não. O verbo, no início da história, não é escrito e o artigo indefinido "uma" aparece com a letra U no final, em vez de estar no início. Sua história nomeia os objetos desenhados (Figura 5.58), descrevendo o que se vê no desenho. As separações entre as palavras às vezes ocorriam, diferenciando artigos de substantivos, outras vezes havia uma união dos artigos com substantivos e verbos.

Na carta endereçada a sua professora, Carolina escreveu alfabeticamente, deixando espaços em branco entre algumas palavras, unindo sílabas de uma palavra com outra e juntando várias palavras. O conteúdo da carta reflete o momento pelo qual Carolina estava passando, ou seja, a separação da professora no final do 1º ano do Ensino Fundamental.

Vê-se, assim, que, nas palavras e nas orações escritas no final do ano letivo, Carolina havia construído um sistema de representação alfabética da escrita, utilizando predominantemente o valor sonoro convencional das letras.

Entrevista III: Interações Desenho-Escrita

O desenho e a história escrita por Carolina com base no que ela havia desenhado (Figura 5.66) foram realizados na "terceira entrevista", no final do quarto bimestre escolar.

Na análise dos processos de desenho e de escrita, em separado, viu-se que Carolina, no final do quarto bimestre escolar, apresentava um desenho no estágio do realismo intelectual (RI) e que, paralelamente, sua escrita era alfabética (A). Isso significa que a menina havia construído os sistemas de representação gráfica do desenho e da escrita. Tal construção consistiu em, simultaneamente, diferenciar e coordenar os elementos e as relações de cada sistema.

Desenho e escrita como sistemas de representação **161**

MAUVE A VELÍA É A CASA É A FOLR
O SOUCOÉ A RAVOE O SOU E A MONOTE
LORIDO IAI É NAS MONTEIAS TIVACMA
A MONOTCOLORIDA

"Era uma vez a velha e a casa e a flor.
O sol e a árvore. O sol e o monte colorido e, aí,
nas montanhas, tinha um monte colorido."

Figura 5.66 História criada por Carolina a partir do seu desenho na Terceira Entre-

Seu desenho, apesar de estar no mesmo estágio da entrevista anterior, tinha se modificado, possuindo, agora, a maioria das formas assentes na linha de chão e sugerindo um segundo plano representado pelos morros com sol (Figuras 5.58 e 5.60).

Carolina concebia o sistema de escrita relacionando um grafema a cada fonema, conforme Figuras 5.61, 5.62, 5.63, 5.64 e 5.65.

Aqui, tal como nas outras entrevistas, havia preocupações semelhantes na construção do desenho e da escrita, apesar de os sistemas serem distintos. Esses interesses similares dão indícios de uma interação entre os dois sistemas representativos em nível de suas construções, ou seja, constatou-se que, à medida que Carolina construía o sistema do desenho, ela construía, também, o sistema de escrita (Figura 5.66). Este fato, como se viu anteriormente, não ocorreu só com Carolina, uma vez que Gabriel também apresentara uma construção paralela dos dois processos. Carolina iniciou o ano letivo no estágio da incapacidade sintética (IS) e no nível pré-silábico (PS) e terminou o ano no realismo intelectual (RI) e alfabética (A); já Gabriel chegou à escola no realismo fortuito (RF) e pré-silábico (PS) e concluiu o 1º ano no estágio do realismo intelectual (RI) e alfabético (A). Constata-se, então, que estas duas crianças, ao construírem o sistema do desenho, tinham construído, também, o sistema alfabético de escrita.

Após ter escrito a história do desenho (Figura 5.66), Carolina, conversando com o experimentador sobre a interação desenho-escrita, comenta: "Escrever é bom... é uma coisa que a gente faz para aprender a ler". O que dá para ler? "Livros, histórias..." Dá para ler um desenho? "Desenho a gente lê ... a gente olha". Ler é a mesma coisa que olhar? "Não". O que é olhar? "Olhar é uma coisa que a gente tá fazendo...". E ler? "Ler é outra coisa, a gente tá lendo e, depois, está escrevendo". Desenhar ajuda a aprender a escrever? "Não ajuda, porque desenhar é uma coisa e escrever é outra". Uma criança que desenha assim (o experimentador faz uns rabiscos no papel) sabe escrever? "Não sabe escrever, porque ela risca. Não sabe escrever, porque não sabe desenhar, é só riscaria". Então, como tem que ser o desenho de quem sabe escrever? "Bonito... tem que ter árvore, flor, casa, boneca, chuva, sol, nuvem... Tem que ser... que nem o meu. Quando a gente sabe fazer uma coisa sabe fazer a outra".

Nessa conversa, Carolina explicita a complementaridade dos processos de leitura e de escrita na compreensão da língua escrita, a diferenciação entre os sistemas de desenho e de escrita e a interação desenho-escrita, quando diz que uma criança que rabisca não sabe escrever e que, quando se sabe desenhar, sabe-se escrever. A menina mostra, assim, na sua concepção, a relação entre as construções de um sistema e de outro.

Vale lembrar, porém, que tanto Carolina como Gabriel faziam parte do Grupo A, o qual privilegiava igualmente desenho e escrita, possibilitando-lhes evoluir paralelamente nos dois processos.

Apresenta-se, a seguir, o caso de uma criança do Grupo B, onde a escrita era mais trabalhada do que o desenho.

Caso 3: Janaína

Janaína é filha caçula de uma família de seis filhos. Seu pai trabalha como garagista num posto de gasolina e sua mãe é faxineira numa creche. O nível de instrução de ambos é o Ensino Fundamental incompleto. A família mora numa favela na periferia da cidade de Porto Alegre. A menina tem seis anos e oito meses e é a primeira vez que vai à escola, numa classe onde a escrita é trabalhada diariamente e o desenho é realizado de modo ocasional (Grupo B).

Os desenhos e as escritas de Janaína (6;8) que seguem foram realizados um a cada dia, no período de uma semana escolar, no início do primeiro bimestre. Este período de cinco dias corresponde ao que estamos designando por "primeira entrevista" e compreende cinco produções da criança relativas ao desenho e à escrita.

Entrevista I: Desenho

A menina fala o tempo todo sobre o que vai desenhar, sobre os seus colegas, sobre os seus irmãos, dentre outros assuntos.

Figura 5.67 Primeira produção de desenho de Janaína (6;8) na Primeira Entrevista.

O experimentador lê para Janaína a história *A sopa de pedra do Pedro Malasartes* e, depois, convida-a a desenhar. A menina principia, dizendo: "Vou fazer o Pedro... depois, eu faço a casa" (Figura 5.67). Desenha uma forma circular para a cabeça, coloca olhos, boca e cabelo, depois, faz o corpo com um quadrado para o tórax, dois retângulos para as pernas e dois para os braços, coloca pés e mãos mais orgânicos na figura. Ao finalizar o desenho do Pedro, diz: "Com um calor deste e ele de calça comprida... Ele estava em cima de uma pedra". Faz o desenho da pedra e, em seguida, escreve RAMP acima da figura: "O nome dele (Pedro)". O experimentador pergunta-lhe o que acontece, se tirar o nome? "Sem nome não dá para saber o que é". Desenha, então, a casa: "Vou fazer a casa, senão onde ele vai bater? Não vai bater no chão, né?... Aqui, está morando a vovó". Desenha a casa, logo, faz um carro e começa a esboçar a vovó: "A vovó tem cabelo comprido... Ela vinha vindo do centro". Abaixo da figura feminina faz uns rabiscos: "O chão, né".

Janaína escolhe um giz de cera e diz: "Vou fazer uma boneca" (Figura 5.68). Começa desenhando um círculo no canto esquerdo da folha para a cabeça, faz o rosto e os cabelos, depois, faz um triângulo

Figura 5.68 Segunda produção de desenho de Janaína (6;8) na Primeira Entrevista.

e um trapézio para o corpo e comenta: "Ih! Eu ia fazer um vestido, mas não deu". Fez a figura "de saia e blusa". Por fim, desenha as pernas. Esboça um semicírculo: "Uma pedra, onde ela brincava de se esconder". Refaz o contorno da pedra e acima desta estrutura uma forma toda com círculos: "Tinha um passarinho em cima da pedra. Agora, vou fazer outra bonequinha. Ela é pequena e tá de vestido. Ela e a amiga tavam jogando bola". Desenha a figura e acima dela uma bola.

Janaína apanha uma caneta hidrográfica e diz: "Vou fazer a guria de trança.... Ela vai tomar banho na vizinha... Depois, eu faço a vizinha". Desenha a figura com rosto, cabelos longos, "saia e blusa" e pernas com pés voltados para o mesmo lado (Figura 5.69). Colore toda a figura. Faz a casa, começando pelo telhado, depois, as faces frontal e lateral da casa e, por fim, coloca janela, porta e chaminé com fumaça. Observa neste momento: "A vizinha tava fazendo a comida". Colore toda a casa. Após, desenha uma forma, à direita da folha, com linha contínua: "O cachorro que veio morder a guria". Ao finalizar o desenho, diz: "Sabe, a Alexsandra (irmã) me ensinou a fazer a casa e um monte de coisas".

Figura 5.69 Terceira produção de desenho de Janaína (6;8) na Primeira Entrevista.

Janaína desenha primeiro uma linha horizontal ondulada de uma ponta a outra da folha e comenta: "Aqui, é o chão" (Figura 5.70). Faz, acima deste "chão", uma árvore com linha contínua no centro da folha, enfeita sua copa com "laranjas" e colore-a, dizendo: "Tá tudo verde, até as laranjas". Constrói outra árvore mais à esquerda e observa: "As laranjas tão bem pequeninhas, aqui". Desenha uma figura no centro da folha: "A boneca chegando. Ela tava toda de azul. Ela ia na casa da amiga. Depois eu desenho a casa". Desenha a casa à direita da folha com porta e janela, na janela, desenha uma figura: "A amiga tá na janela". Faz uma casa à esquerda da folha e uma terceira árvore bem à direita. Conta que, na aula, eles estavam copiando uma história do quadro-negro.

Figura 5.70 Quarta produção de desenho de Janaína (6;8) na Primeira Entrevista.

Janaína (6;8) desenha uma linha horizontal, em laranja, , e diz: "O chão é de terra (Figura 5.71). Agora, eu vou fazer a guria". Desenha uma figura feminina à esquerda da folha e, depois, outra figura feminina: "A mãe da guria". Faz uma terceira figura feminina próxima às anteriores, traça o contorno de uma árvore e colore dentro desta: "A guria tava escondida atrás da árvore". Desenha outra figura feminina mais ao centro da folha: "A irmã da guria é casada. Depois, eu faço o marido. Ela é mais velha que o marido". Representa a figura masculina sem braços: "O marido foi atrás dela". Constrói uma árvore mais à direita da folha com tronco e copa. Na copa, coloca uns grafismos: "As frutinhas". "Agora, vou fazer a casa das gurias", comenta ao iniciar o desenho da casa.

Janaína contou que desenhava muito em casa com suas irmãs e disse ter "um montão de desenhos em casa". Assim, ao ingressar na

Figura 5.71 Quinta produção de desenho de Janaína (6;8) na Primeira Entrevista.

escola pela primeira vez, a menina (6;8) já havia construído uma forma exemplar para cada categoria de objetos, a qual variava acrescentando detalhes. Janaína tinha uma forma exemplar para a figura humana tanto feminina quanto masculina, para a casa, para carros, para árvores, para o cachorro (Figuras 5.67, 5.68, 5.69, 5.70 e 5.71). Seu desenho centrava-se, principalmente, na figura humana, a qual, quase sempre, era a primeira forma a ser feita e possuía mais detalhes que as outras. As diferenciações quanto ao sexo das figuras são sugeridas por alterações no tipo de cabelo e na roupa. Nas figuras desenhadas no segundo dia de trabalho (Figura 5.68), Janaína não colocou os membros superiores, o que não acontece nos trabalhos anteriores e posteriores. Há uma preferência por desenhar uma cena com a figura e a casa nestes desenhos do primeiro bimestre. O fato de Janaína repetir estes temas, que lhe são familiares, não significa que ela os realize sempre do mesmo modo, ao contrário, há uma busca de novas possibilidades de representação para ambos, como nas figuras de vestido ou de saia e blusa (Figura 5.68) e no plano de cor ou na textura utilizados no telhado da casa (Figuras 5.70 e 5.71).

Janaína desenhava as formas, inicialmente, com dimensões equivalentes (Figuras 5.67, 5.68 e 5.69), depois fez uma leve redução no tamanho da figura em relação à casa e às árvores (Figuras 5.70 e 5.71).

A menina construiu seu repertório gráfico a partir de suas experiências familiares, mas incorporou ao seu desenho elementos da história lida.

O traço de Janaína é firme e pode-se constatar que ela está experimentando as propriedades da linha e as relações espaciais possíveis de criar com esta no desenho. Janaína prefere uma orientação mais horizontal do que vertical para o seu trabalho e a cena representada segue a mesma orientação espacial da folha.

Durante a realização dos desenhos, a menina, como se viu, ia comentando suas intenções e suas interpretações em relação às formas representadas. Tais observações são esclarecedoras para se entender o processo do ponto de vista do sujeito que o desenvolve, bem como a ação específica que estava acontecendo na cena desenhada (Figura 5.68).

O modo como Janaína organizou as formas no espaço diz respeito às suas primeiras incursões nos sistemas projetivo e euclidiano. Isso aparece quando ela se interessa pelas relações entre os objetos representados, alterando-lhes as dimensões. Assim, se as relações projetivas e euclidianas apenas se esboçam, o que predomina no desenho são relações topológicas, não só entre as partes e o todo de cada objeto desenhado, mas entre os objetos da cena. Tais relações evidenciam-se no modo de alinhar as formas, colocando-as mais próximas ou mais distantes umas das outras, de acordo com a ação que está acontecendo no desenho; na inclusão de uma forma dentro da outra (Figura 5.70); nas formas fechadas ou abertas para representar cada um dos objetos, por exemplo, o desenho da árvore é uma forma aberta (Figura 5.71) e o desenho do cachorro, uma forma fechada (Figura 5.69).

Nos primeiros desenhos, Janaína apenas sugere a linha de chão deixando-a implícita na borda do papel (Figuras 5.67, 5.68 e 5.69). Nos desenhos seguintes, a linha de chão é fortemente marcada, sendo o primeiro elemento representado na realização do trabalho. A menina faz uso da descontinuidade ao colocar objetos tangentes à linha de chão (Figuras 5.67, 5.68 e 5.69); da planificação na representação da casa com as faces frontal e lateral no mesmo alinhamento (Figuras 5.69, 5.70 e 5.71); e da mudança de pontos de vista ao representar a figura de frente com os pés de perfil (Figuras 5.67, 5.68, 5.69 e 5.71).

Assim, no início do primeiro bimestre escolar, Janaína havia coordenado as representações de forma e espaço no sistema do desenho, encontrando-se no estágio do realismo intelectual (RI). Portanto, a menina ingressou no 1º ano do Ensino Fundamental com o sistema do desenho construído.

Entrevista I: Escrita

Apresentam-se, agora, as produções escritas de Janaína (6;8) realizadas no período de cinco dias no início do primeiro bimestre escolar. As situações de escrita incluíam propostas diferentes a cada dia, como foi mencionado no Capítulo 4.

Na Figura 5.72, exibe-se a produção de Janaína relativa à escrita de quatro palavras e uma oração.

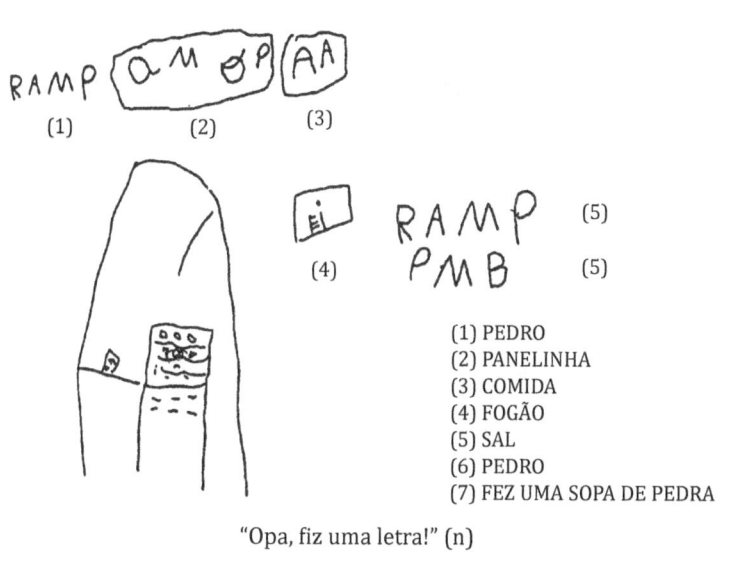

(1) PEDRO
(2) PANELINHA
(3) COMIDA
(4) FOGÃO
(5) SAL
(6) PEDRO
(7) FEZ UMA SOPA DE PEDRA

"Opa, fiz uma letra!" (n)

Figura 5.72 Primeira produção escrita de Janaína (6;8) na Primeira Entrevista.

A Figura 5.73 mostra a produção escrita de Janaína na situação de ditado.

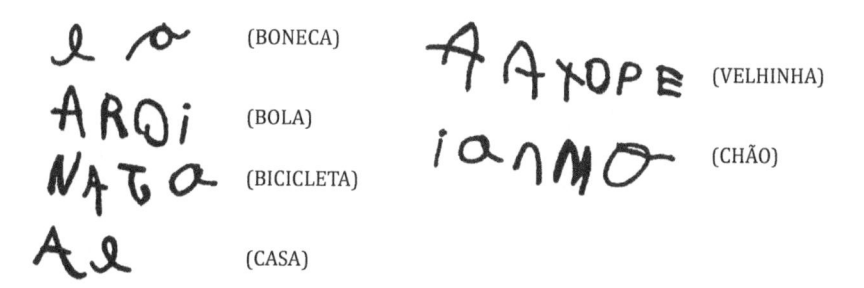

Figura 5.73 Segunda produção escrita de Janaína (6;8) na Primeira Entrevista.

Na Figura 5.74, apresenta-se a história criada por Janaína a partir de um desenho seu (Figura 5.69).

"A menina foi tomá banho na vizinha. Daí, a vizinha tava fazendo a comida e veio o cachorro e mordeu a menina."

Figura 5.74 Terceira produção escrita de Janaína (6;8) na Primeira Entrevista.

Na Figura 5.75, mostram-se as produções escritas de Janaína relativas à situação de autoditado.

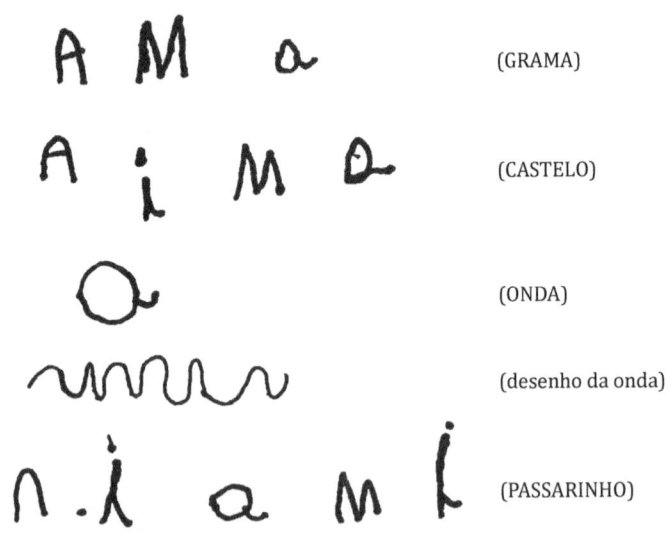

(GRAMA)

(CASTELO)

(ONDA)

(desenho da onda)

(PASSARINHO)

Figura 5.75 Quarta produção escrita de Janaína (6;8) na Primeira Entrevista.

A Figura 5.76 exibe a carta escrita por Janaína ao experimentador.

Ao analisar essas escritas, realizadas no início do primeiro bimestre escolar, vê-se que Janaína (6;8) diferenciava suas escritas utilizando um repertório amplo de letras maiúsculas e minúsculas tanto de imprensa como cursiva, trocando as posições das letras ou variando a quantidade de grafias.

"Eu gosto de desenhar com canetinha."

Figura 5.76 Quinta produção escrita de Janaína (6;8) na Primeira Entrevista.

Na situação relativa à escrita das quatro palavras e uma oração (Figura 5.72), Janaína escreveu "Pedro" copiando o nome que havia colocado sobre a figura masculina desenhada anteriormente (Figura 5.67), o que dá indícios de conservação na escrita da palavra. Ao ser solicitada a escrever "panelinha", ela resolveu: "Vou desenhar o fogão com o panelão, as pedras, a carne..." Desenhando os legumes, a menina fez um grafismo parecido com a letra "n" e se deu conta: "Opa! Fiz uma letra!". Janaína desenhou não porque confundisse desenhar com escrever, pois, quando o experimentador lhe perguntava se tinha desenhado ou escrito, prontamente, ela dizia que tinha desenhado. Escreveu as demais palavras com repertório variável (A, M, O, P, E, I) e quantidade constante de duas letras. A menina usou letras aleatórias, sem vinculá-las à pronúncia das palavras e sem se importar com seu valor sonoro. Observa-se que houve uma preocupação com a variedade das letras nas palavras e que, ao escrever "sal", apesar de colocar duas vezes a mesma letra, Janaína modificou-a, diferenciando sua forma. Na oração, a menina manteve a mesma escrita da palavra "Pedro" quando isolada, escrevendo numa linha o sujeito e abaixo o predicado, e colocando mais letras para a escrita das palavras. Nota-se, ainda, que o artigo definido "O" do início da oração não foi escrito.

Na situação do ditado (Figura 5.73), a menina variou a quantidade de letras das palavras. A quantidade mínima de grafias para construir uma palavra continuou sendo duas letras. A variação na quantidade não possui nenhum critério objetivo, uma vez que bicicleta e bola, boneca e casa têm o mesmo número de letras, colocando mais letras para escrever chão e mais ainda para velhinha. Janaína alterou a posição e a forma das letras para escrever palavras distintas como, por exemplo, em boneca "ea" e casa "Ae". Variou, também, o repertório das letras (E, A, R, O, I, N, J, P, N, M, L, X) não pondo mais de duas vezes seguidas a mesma letra em uma palavra. Janaína estabelecia diferenciações formais nas letras, quando as repetia mais de uma vez seguida ou não na palavra, como em velhinha, "AAXOPE" e em bicicleta "NATa".

Na história que Janaína escreveu a partir do seu desenho (Figura 5.69), é interessante constatar que, ao desenhar, ela disse: "Vou fazer a guria de trança... Ela vai tomar banho na vizinha". E quando escreveu, mudou o tratamento e o tempo do verbo: "A menina foi tomá banho na vizinha". O mesmo aconteceu quando desenhou o cachorro: "O cachorro veio morder a guria". E ao escrever: "...veio o cachorro e mordeu a menina". Sua história tem uma ação com início, meio e fim e com personagens constantes. O texto de Janaína é formado pela junção de muitas letras para dar sentido ao tamanho da história. Após escrever, Janaína leu a história para o experimentador.

Nas palavras que a menina dita para si mesma (Figura 5.75), nota-se que ela utilizou a letra "A" de várias maneiras e em todas as palavras que escreveu, talvez, porque no seu nome tal letra apareça três vezes. Em "onda", como para garantir o significado da escrita, ela fez o desenho da onda. Vale registrar que, em sua sala de aula, nessa época, havia cartazes com o desenho dos objetos e a letra inicial acima, o que, de certo modo, reafirmava tal preocupação de Janaína. Vê-se que seu repertório é constituído, apenas, pelas letras M, A, I, N, as quais Janaína variava a posição e a quantidade, para formar todas as palavras que ditava para si.

Ao escrever a carta (Figura 5.76), Janaína disse: "Eu gosto de desenhar com canetinha" referindo-se ao que escrevia. Tal frase ganha outro sentido ao lembrarmos que esta menina faz parte do Grupo B, o qual privilegiava mais as atividades de escrita do que as de desenho que aconteciam raramente. Dentro desse contexto, a oportunidade de desenhar com canetinha era algo muito prazeroso para Janaína, por isso uma carta ao experimentador. Sua escrita compõe-se essencialmente de vogais (I, O, A), refletindo o que a professora ensinava no momento.

Assim, no início do primeiro bimestre escolar, Janaína construiu um sistema pré-silábico de escrita, cuja problemática centrava-se na diferenciação das escritas para representar palavras distintas. Para tal, ela variava o repertório, a quantidade e a posição das letras. O interesse da menina, nesse momento, do mesmo modo que o dos outros dois casos apresentados anteriormente, era compreender a natureza e a função do sistema de escrita.

Entrevista I: Interações Desenho-Escrita

Os processos gráficos analisados em separado anteriormente, se desenvolveram de forma concomitante ao longo do ano letivo. Passaremos, agora, a examinar as interações entre as construções no desenho e na escrita. Tais interações serão ilustradas por um desenho e a respectiva história criada por Janaína no mesmo dia.

No início do primeiro bimestre, Janaína (6;8) fez o desenho que segue e contou a ação que se desenvolvia na cena. Ao finalizar o desenho, o experimentador sugeriu-lhe que escrevesse a história do seu desenho (Figura 5.77).

Pelo que foi exposto, viu-se que Janaína, ao ingressar na escola, estava no estágio do realismo intelectual (RI) do desenho e no nível pré-silábico (PS) da escrita (Figura 5.77).

"A menina foi tomá banho na vizinha. Daí, a vizinha tava fazendo a comida e veio o cachorro e mordeu a menina."

Figura 5.77 Desenho e escrita contando a história do desenho realizado por Janaína (6;8) na Primeira Entrevista.

No desenho, a menina havia construído representações diferenciadas para cada categoria de objetos, as quais foram elaboradas tornando-se formas exemplares por possuírem as características mais significativas do objeto, enquanto representante de uma classe; e organizando-as espacialmente de modo, predominantemente, topológico (Figuras 5.67, 5.68, 5.69, 5.90 e 5.91). Ao coordenar estas representações de forma e espaço, Janaína construiu o sistema de representação do desenho.

Na escrita, suas preocupações centravam-se na construção de diferenciações entre as grafias para representar significados variados. Para tal, Janaína criou critérios de diferenciação tanto quantitativa, variando o número de grafias das palavras (Figuras 5.73 e 5.75), quanto qualitativa, variando o repertório e a posição das letras (Figuras 5.72, 5.73 e 5.75). As diferenças na pauta escrita não estavam vinculadas à pronúncia da palavra, valendo-se, então, de letras aleatórias. Na história do desenho (Figura 5.77), Janaína coloca muitas letras, numa ordem linear, para dar sentido ao tamanho da história que ela conta.

Assim, no primeiro bimestre escolar, Janaína estava com o sistema de desenho construído e no nível inicial do sistema de escrita. Esse descompasso entre os dois processos pode sugerir que não há interação entre as construções de um sistema e outro, mas pode, também, sugerir que o fato de a criança estar mais desenvolvida no desenho do que na escrita influencie a construção da escrita. Refletindo sobre essa segunda ideia, com base no processo de Janaína, constata-se que, para construir o sistema do desenho, a menina passou por períodos de diferenciações e de coordenações entre os elementos e as relações deste sistema. Supondo que esses períodos sejam análogos na construção do sistema de escrita, a menina terá de refazer o mesmo percurso para compreender um objeto de conhecimento com especificidades diferenciadas do desenho em relação a sua natureza e função.

Entrevista II: Desenho

A "segunda entrevista" corresponde ao período de cinco dias (daí, cinco produções) em que se observou Janaína (7;0). Esta entrevista ocorreu entre o segundo e o terceiro bimestre escolar.

Após ouvir atentamente a história *Onde almoçaste, Pardal?*, Janaína põe-se a desenhar e diz: "Vou fazer a grama do meu jeito... bem colorida. Vou fazer ele (o passarinho) almoçando com o urso. Só que eu não sei fazer muito bem o urso... Vai ser todo loiro". Marca bem a linha de chão, depois desenha um círculo no centro da folha com dois semicírculos acima deste, faz o rosto do urso, o corpo e as pernas (Figura 5.78).

Coloca um balão perto da boca do urso com a fala "aiai". Próxima ao pé do urso, faz "uma pedra" e comenta: "O urso bateu na pedra". Desenha um semicírculo à direita da folha, outro semicírculo menor dentro deste e interpreta-os como "a toca do urso". "Faz de conta que pintaram a toca de vermelho", diz ao começar a preencher com cor o segundo semicírculo e ao colocar "a porta" na toca do urso. Desenha as nuvens e o sol, todos com rostos, comenta, então: "Agora, eu vou fazer o irmãozinho dele". Desenha a mesma forma exemplar do urso em tamanho menor e observa: "Tem quatro anos, só que é gordo". Vê-se que a intenção de Janaína era desenhar a história do passarinho, mas a figura do urso lhe sugere a toca e o irmão dele, fazendo com que a menina desenhasse outras formas.

Figura 5.78 Primeira produção de desenho de Janaína (7;0) na Segunda Entrevista.

Janaína desenha as nuvens, na Figura 5.79, e observa: "As nuvens olham o que as crianças fazem para dizer para o Jesus". Faz o sol maior que as nuvens e comenta: "Olha como o sol tá vindo e as nuvens indo". Desenha a grama e, acima desta, a árvore com "maçãs": "Agora eu já aprendi a fazer pequena (referindo-se ao tamanho da árvore)". Faz a figura feminina com "tope" na cabeça, pescoço e "joelho" (marcas na metade das pernas). Por fim, desenha o "cachorro" e a cordinha que a figura segura.

Figura 5.79 Segunda produção de desenho de Janaína (7;0) na Segunda Entrevista.

Janaína desenha o chão e a árvore com tronco e copa em linha contínua (Figura 5.80). Coloca detalhes na copa: "Os galhos da árvore, também, são cinza ... Vou fazer umas maçãs". Esboça as nuvens e o sol com rostos sorridentes. Detém-se, então, a desenhar a figura à direita e comenta: "O vestido não pode ser menor, porque senão vai aparecer a calcinha. Agora eu vou fazer outra bonequinha". Por fim, faz texturas nos vestidos das bonecas com estrelas e "brilhos".

"Primeiro, vou fazer a grama", observa Janaína, ao desenhar pequenos traços verticais de um canto ao outro da folha (Figura 5.81). "Vou fazer a árvore aqui no meio". Desenha e constata: "Fiz errado, a árvore está muito alta e vai tocar no céu. Não dá para ser". Resolve fazer as nuvens, o sol, as flores e a borboleta. Comenta, então: "Depois, eu vou fazer uma boneca". Desenha a figura e coloca um balão na sua mão: "Ela vai na festa de São João". Faz, por fim, uns rabiscos na forma da letra "n" em cursiva e interpreta-os como "passarinhos". Altera o tamanho dos "passarinhos" e explica: "O passarinho pequeno é porque está no fundo. Senão ele ia ficar bem na frente".

Figura 5.80 Terceira produção de desenho de Janaína (7;0) na Segunda Entrevista.

Figura 5.81 Quarta produção de desenho de Janaína (7;0) na Segunda Entrevista.

Janaína desenha o chão, a face frontal da casa, depois a face lateral e o telhado (Figura 5.82). No telhado, cria uma textura com linhas verticais e horizontais. À esquerda, faz uma árvore com "maçãs" e entre esta e a casa, uma figura feminina. Pela primeira vez, sua figura tem um contorno único, mais orgânico. Ao desenhar a figura comenta: "O vestido é preto e ela é preta" (referindo-se, talvez, ao uso da cor utilizada para desenhá-la). Esboça, então, as nuvens e o sol: "O meu sol está muito brilhante hoje". Finalizando, desenha no centro da folha "uma estrela brilhando".

Figura 5.82 Quinta produção de desenho de Janaína (7;0) na Segunda Entrevista.

Ao apreciar esses desenhos realizados entre o segundo e o terceiro bimestre escolar, observa-se que Janaína (7;0) começa a dar um contorno único a suas formas, tornando-as mais orgânicas como na representação da árvore (Figuras 5.80, 5.81 e 5.82) e da figura humana (Figura 5.82). Há uma preferência significativa pela figura humana, a qual está presente em quase todos os seus trabalhos.

Viu-se na Primeira Entrevista que a menina repetia as formas exemplares. Agora, há uma alteração constante das formas com o acréscimo de detalhes. Além de explorar as possibilidades expressivas da linha, Janaína usa texturas e planos de cores nos objetos (Figuras 5.78, 5.79, 5.80, 5.81 e 5.82). Assim, as formas que antes possuíam só a linha de contorno, nesse momento são enriquecidas com texturas e planos de cores. A menina varia, também, o tamanho das formas para criar a ilusão de primeiro e segundo plano, como ela bem esclarece ao desenhar (Figuras 5.79 e 5.81). Em suma, Janaína está se apropriando das convenções do desenho, para representar objetos tridimensionais num meio bidimensional, e, para tal, integra as relações projetivas e euclidianas.

Janaína faz "estudos de rosto" no sol e nas nuvens. O nariz que não era desenhado passa a interessá-la, surgindo numa das "bonecas" da Figura 5.80. Janaína cria a linha do céu, definindo-a pelas nuvens e pelo sol. O chão deixa de ser constituído por, apenas, uma linha para formar um pequeno plano horizontal. A menina utiliza a descontinuidade quando coloca formas que estariam assentes sobre o chão, tangentes a este (Figuras 5.79 e 5.80); a planificação da casa (Figura 5.82); e a mistura de pontos de vista na figura de frente com os pés de perfil (Figuras 5.79, 5.80, 5.81 e 5.82).

Assim, na Segunda Entrevista, Janaína estava no mesmo nível de desenvolvimento do desenho da Primeira Entrevista, ou seja, no estágio do realismo intelectual (RI). Seu desenho, no entanto, difere em sofisticação e há uma preocupação consciente de representar a distância entre os objetos da cena de modo a torná-los mais próximos ou mais distantes em relação ao espectador, para tal, a menina cria diferenças no tamanho das formas. Vê-se, então, que as relações topológicas para representar o espaço vão dando lugar a relações projetivas e euclidianas que tendem a se relacionar, para constituírem uma cena em três dimensões.

Entrevista II: Escrita

Entre o segundo e o terceiro bimestre escolar, observou-se Janaína durante o período de cinco dias (daí, cinco produções da criança relativas à escrita).

A Figura 5.83 apresenta a produção de Janaína relativa à escrita de quatro palavras e uma oração.

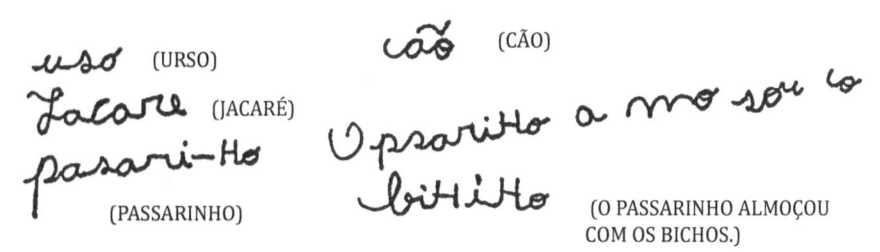

uso (URSO)

Jacaré (JACARÉ)

pasari-Ho (PASSARINHO)

cão (CÃO)

O psaritto a mo sou co biHiHo (O PASSARINHO ALMOÇOU COM OS BICHOS.)

Figura 5.83 Primeira produção escrita de Janaína (7;0) na Segunda Entrevista.

Na Figura 5.84, mostram-se as escritas de Janaína na situação de ditado.

nuven
Sol
bonecitta   (BONEQUINHA)
Ceu
aõrma   (GRAMA)
árvore   (ÁRVORE)   **Figura 5.84** Segunda produção escrita de Janaína (7;0) na Segunda Entrevista.
cabelo

A Figura 5.85 exibe a escrita realizada por Janaína contando a história do desenho (Figura 5.80).

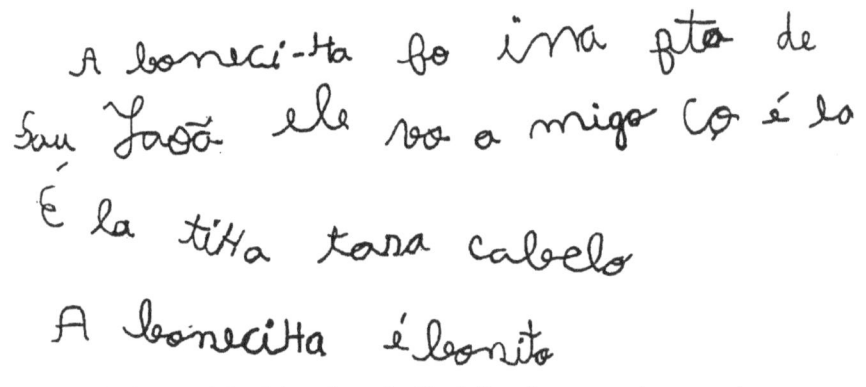

A bonecí-tta fo ina fta de
Sau Jaõa ele vo a miga co é la
é la titta tara cabelo
A bonecitta é bonita

"A bonequinha foi na festa de São João e levou a amiga com ela.
Ela tinha trança no cabelo. A bonequinha é bonita.

Figura 5.85 Terceira produção escrita de Janaína (7;0) na Segunda Entrevista.

Na Figura 5.86, podem-se ver as escritas de Janaína na situação de autoditado.

Analisando as intenções e as interpretações de Janaína (7;0), ao realizar essas escritas, vê-se que, entre o segundo e o terceiro bimestre escolar, ela relacionava a escrita da palavra com a sua pronúncia, mais especificamente um grafema a cada fonema. Assim, a menina tinha construído um sistema alfabético para representar a escrita.

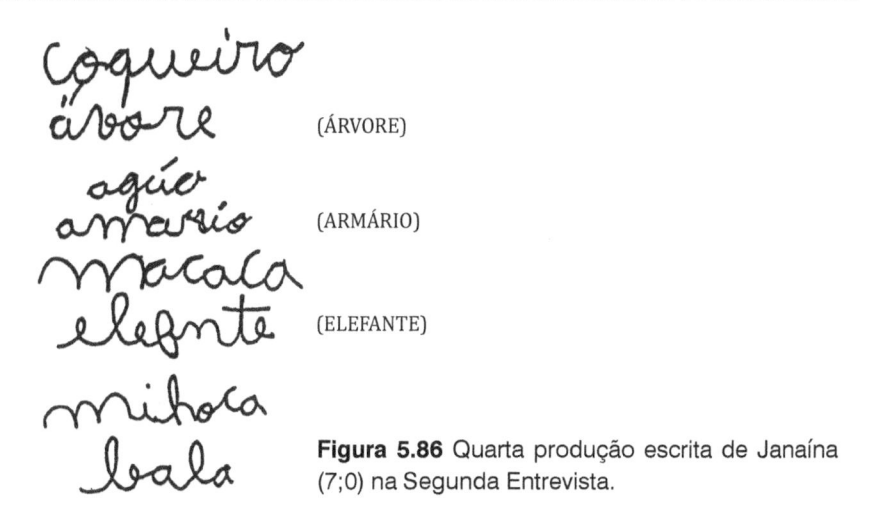

coqueiro
ávore   (ÁRVORE)
agua
amario   (ARMÁRIO)
macaca
elefnte   (ELEFANTE)
mihoca
bala

Figura 5.86 Quarta produção escrita de Janaína (7;0) na Segunda Entrevista.

Na Figura 5.87, apresenta-se a carta que Janaína escreveu a um colega de classe.

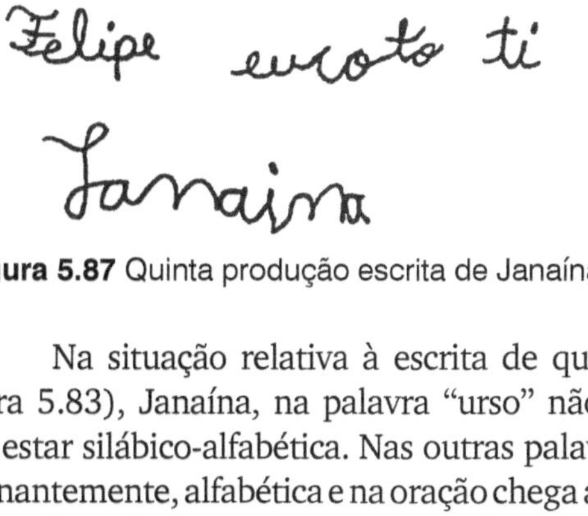

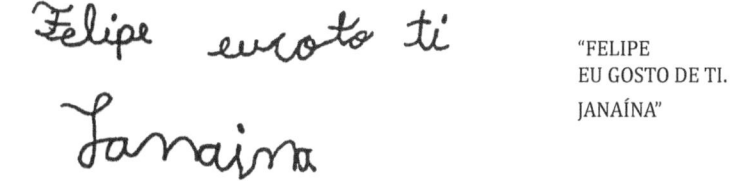

Felipe eucoto ti
Janaina

"FELIPE
EU GOSTO DE TI.
JANAÍNA"

Figura 5.87 Quinta produção escrita de Janaína (7;0) na Segunda Entrevista.

Na situação relativa à escrita de quatro palavras e uma oração (Figura 5.83), Janaína, na palavra "urso" não põe a letra "r", dando indícios de estar silábico-alfabética. Nas outras palavras, porém, sua escrita é, predominantemente, alfabética e na oração chega a escrever o artigo inicial e o verbo, além dos substantivos. Separa em sílabas o verbo da oração, escrevendo: "a mo sou". Ao escrever a palavra "jacaré", diz não saber qual é o "Ja", as iniciais do seu próprio nome. Isso, talvez, deve-se ao fato de a professora associar as sílabas a objetos, sem relacioná-las aos nomes das crianças.

No ditado (Figura 5.84), a menina é alfabética ao escrever "bonecinha", "ceu" e "ávore", ou seja, ela coloca um grafema para cada fonema. Nas demais palavras, Janaína é ortográfica, escrevendo com todas as convenções socialmente estabelecidas e utilizando o valor sonoro convencional das letras. Exceto em "grama", que a menina inventa um modo para representar o som "gra" por "ãor".

Ao escrever a história do seu desenho (Figura 5.85), Janaína sabia que tinha de deixar espaços em branco entre as palavras, mas não sabia onde e foi separando as palavras, conforme as dizia em voz baixa. Escreve "boneci-ha" utilizando um sistema lógico: se a sílaba "ca" é escrita com as letras "c" e "a", então a sílaba "qui" deve ser escrita com "c" e "i". No verbo "foi", Janaína separou a última letra e juntou-a à combinação "na". A palavra "festa" foi escrita, de modo silábico-alfabético, como "Fta". Acentuou o pronome "ela", porque o "e" soa como "é". Tal modo de escrever é característico de uma concepção alfabética da escrita, a qual é essencialmente lógica.

Janaína ditou para si palavras que já conhecia (Figura 5.86), mas as escreveu de acordo com o sistema alfabético que tinha construído. As palavras "agúa", "amario", elefnte" e "mihoca" ilustram esta abordagem alfabética do sistema de escrita.

A carta que a menina redigiu (Figura 5.87) é endereçada ao seu colega chamado Felipe. Vê-se que ela escreveu ortograficamente o nome do menino e que juntou o sujeito "eu " com o verbo gosto ("coto").

Portanto, entre o segundo e o terceiro bimestre escolar, Janaína (7;0) escrevia alfabeticamente, utilizando o valor sonoro convencional das letras, e, em alguns casos, ortograficamente. A menina tinha estabelecido uma relação entre os sistemas gráfico e sonoro fazendo corresponder um grafema a cada fonema da palavra.

Entrevista II: Interações Desenho-Escrita

O desenho e a história apresentados a seguir (Figura 5.88) foram realizados por Janaína (7;0) entre o segundo e o terceiro bimestre escolar durante um mesmo dia de trabalho.

A análise das produções de Janaína, realizadas entre o segundo e o terceiro bimestre escolar, mostrou que a menina estava no estágio do realismo intelectual (RI) do desenho e no nível alfabético (A) na escrita, como ilustra a Figura 5.88.

Apesar de Janaína estar no mesmo estágio de desenvolvimento do desenho que na Primeira Entrevista, seu trabalho apresenta-se mais elaborado com o uso de texturas e planos de cores associados à linha de contorno dos objetos (Figuras 5.72, 5.73, 5.74, 5.75 e 5.76). Além disso, a menina mostrava-se interessada em representar as distâncias entre os objetos na cena e, para tal, diversificava o tamanho das formas.

"A bonequinha foi na festa de São João e levou a amiga com ela.
Ela tinha trança no cabelo. A bonequinha é bonita."

Figura 5.88 Desenho e escrita de Janaína (7;0) na Segunda Entrevista.

Suas escritas evidenciam uma concepção alfabética do sistema de escrita, a qual se funda na relação entre grafemas e fonemas e na coordenação das diferenciações quantitativa e qualitativa que a palavra escrita deve possuir. A quantidade de letras da palavra depende, então, de uma referência externa considerada fixa: os fonemas. A escolha das letras e a ordem que estas ocupam na palavra passam a ser associadas a valores fonéticos estáveis. Assim, Janaína faz corresponder unidades sonoras a unidades gráficas similares, como, por exemplo, a sílaba "so" em urso e em almoçou (Figura 5.83).

Vê-se, pois, que Janaína, após ter construído o sistema do desenho, estruturou o sistema de escrita, no período de quatro meses. O mesmo não ocorreu com os casos (1) e (2), analisados anteriormente, os quais chegaram à escola em níveis iniciais de desenho e levaram mais tempo para construírem o sistema de escrita. Supõe-se que, no intervalo entre uma entrevista e outra, Janaína tenha reorganizado suas hipóteses a respeito da língua escrita em novos e mais coerentes sistemas de representação, o que não foi possível acompanhar. Essa rápida evolução na escrita, na Primeira Entrevista ela estava no nível pré-silábico (PS) e, agora, está alfabética (A), sugere que realmente possa ter havido interações e interferências entre as construções do desenho e da escrita, ou seja, o fato de Janaína ter estruturado o sistema gráfico do desenho pode ter influenciado na construção do sistema de escrita por serem análogos os períodos de estruturação dos dois sistemas gráficos. Isso explicaria, em parte, a rápida evolução de Janaína em relação à escrita.

Entrevista III: Desenho

Apresentam-se, a seguir, os desenhos de Janaína (7;4) realizados no período de uma semana no final do quarto bimestre escolar.

O experimentador lê a história *A galinha Carijó* e convida Janaína a desenhar. Ela observa: "Eu não sei fazer galinha". O experimentador lembra-lhe que pode desenhar o que quiser, não precisando ser o desenho da história. A menina pensa um pouco e diz: "Ah! Agora, eu me lembrei como se faz". Desenha uma galinha no centro da folha, abaixo dela um semicírculo – "uma pedra" – e analisa: "Esta tá feia. Vou fazer uma galinha loira". Desenha, então, uma galinha à direita da primeira e anuncia: "Vou fazer os filhotinhos". Faz duas galinhas menores à esquerda da folha e traça umas linhas abaixo delas. "Um lago aqui. Eles estão tomando banho. Ela (a galinha loira) tem dois filhos. Não, duas filhinhas". Faz um "tope" na cabeça de cada uma das "filhas" e um "lago" para a galinha loira. Traça uma nuvem em todo o céu e o sol. Faz o rosto do sol, os "brilhos" e diz: "Agora, aqui, é os braços dele", ao colocar umas formas abaixo do sol (Figura 5.89).

Janaína desenha o chão e comenta: "Vou fazer a história da Branca de Neve" (Figura 5.90). Faz a estrutura da casa, ocupando quase todo o espaço da folha: "Ih! A casa tá virada. Era para cá (referindo-se à vista frontal e lateral que estão invertidas)". Faz texturas no telhado, depois, acha melhor cobrir as texturas com um plano de cor e comenta: "Saiu a tinta do telhado", deixando o telhado parte com cor, parte sem. Desenha, então, dentro da casa, no andar superior, o "guarda-roupa", um móvel com a televisão e a cama. No andar inferior, faz o fogão com duas panelas, a mesa, a toalha, o vaso, com flor, e

Figura 5.89 Primeira produção de desenho de Janaína (7;4) na Terceira Entrevista.

as cadeiras. Ao desenhar as cadeiras constata: "Aprendi a fazer uma cadeira agora". Desenha a "boneca de pé descalço" e observa: "A Adriana (colega) é burra, não sabe ler nem escrever. Ela vai rodar. Em vez de comprar um livro para ler, ela comprou um livro para pintar. Assim ela não vai passar. Pintar não ajuda a ler, né?". E desenhar ajuda a aprender a escrever?, pergunta-lhe o experimentador. "Não ajuda... só se a professora mandar escrever numa parte. Um pouco ajuda, um pouco não. Depois do desenho, tem que ensinar a escrever e a ler". Dá para ler um desenho?, pergunta o experimentador à menina: "Não, desenho não é escrito". E como é o desenho de quem sabe ler e escrever? "O desenho de quem sabe ler tem que escrever o nome e o que está escrito no quadro". O nome está no desenho? "O nome está escrito, não tá no desenho". Após desenhar a boneca, Janaína anuncia: "Vou fazer o sol. O sol não está brilhando, porque vai chover". Desenha as nuvens e diz: "nuvem com chuva".

Janaína desenha uns morros e, a seguir, cobre os mesmos com planos de cores (Figura 5.91). Faz uma árvore com tronco e copa e coloca uns grafismos abaixo da árvore: "a raiz para segurar a árvore". Na copa, desenha vários frutos e comenta: "Nossa, quanta maçã"! No lado direito da árvore, faz um "balanço" e, do lado esquerdo, uma casa. Ao fazer a casa, diz: "Faz de conta que a mulher e o homem estão dormindo". Por fim, esboça a "chuva" em forma de elipse por toda a cena.

Figura 5.90 Segunda produção de desenho de Janaína (7;4) na Terceira Entrevista.

Figura 5.91 Terceira produção de desenho de Janaína (7;4) na Terceira Entrevista.

Janaína desenha o contorno dos morros e colore-os (Figura 5.92). À esquerda da folha, faz a "árvore com raiz" e coloca maçãs em sua copa comentando: "Depois, eu vou fazer uma Árvore de Natal... Vou colocar uma por uma das bolas". Desenha a Árvore de Natal e a figura à direita desta. Ao desenhar a figura, diz: "Ela tá com a bota do pai".

Figura 5.92 Quarta produção de desenho de Janaína (7;4) na Terceira Entrevista.

Janaína pega a caneta verde-claro para fazer o chão e justifica: "Não posso fazer com verde-escuro, tem que ser verde-claro". Ao terminar de representar o chão, diz: "Vou desenhar uma Árvore de Natal". Traça a árvore e enfeita-a com bolinhas e estrelas. Finaliza o desenho, colocando nuvens na margem superior da folha, para demarcar a linha do céu (Figura 5.93).

A análise dos desenhos de Janaína (7;4), do final do quarto bimestre escolar, mostra que as formas geométricas prevaleciam ao lado de algumas formas orgânicas com contorno único. A figura humana foi representada em dois desenhos, dando indícios de que a menina não estava tão centrada na figura como nas entrevistas anteriores. Sua preferência, neste momento, era tanto pela figura humana quanto pelos objetos.

Janaína utilizava a orientação horizontal da folha e seu desenho acompanhava esta orientação. O desenho da casa era orientado ora para a esquerda (Figura 5.91), ora para a direita (Figura 5.90). Quando desenhava a face frontal voltada para a direita, Janaína objetava dizendo "estar virada". Assim como Janaína, a quase totalidade das crianças desta pesquisa possuíam uma orientação predominante no desenho da casa, a saber, a face frontal voltada para a esquerda. Apenas as crianças canhotas privilegiavam uma orientação invertida. Parece, pois, haver uma convenção entre as crianças a respeito da orientação "correta" da casa.

Figura 5.93 Quinta produção de desenho de Janaína (7;4) na Terceira Entrevista.

A menina desenhava a linha de chão, às vezes, como uma linha, às vezes, como um plano no qual algumas formas se apoiavam (Figuras 5.89, 5.90, 5.91, 5.92 e 5.93). Valia-se de processos como a descontinuidade ao representar formas tangentes ao chão (Figuras 5.89, 5.90 e 5.92); a transparência para mostrar o telhado e o que estava dentro da casa (Figura 5.90); a planificação para exibir planos distintos da casa num só (Figuras 5.90 e 5.91); e a mistura de pontos de vista na figura de frente com os pés de perfil (Figuras 5.90 e 5.92). Na Figura 5.89, a transparência dá lugar à opacidade: ao representar as "galinhas" de perfil mostra apenas os elementos visíveis deste ponto de vista. A linha do céu demarca o espaço da cena em quase todos os trabalhos.

Para construir seu repertório gráfico, Janaína inspirou-se em suas experiências e na literatura infantil. É interessante notar, no entanto, que sua intenção ao desenhar uma história não se conservava, pois o desenho sugeria-lhe outra situação (Figuras 5.89 e 5.90).

O modo como Janaína organizou as formas no espaço evidenciava seu interesse pelas proporções e distâncias entre os objetos, o que indica a construção dos sistemas projetivo e euclidiano, ainda que, na entrevista anterior, estes sistemas parecessem mais integrados do que agora.

Vale lembrar, aqui, que Janaína faz parte do Grupo B, o qual privilegiava mais a escrita do que o desenho, principalmente no final do ano, visando a aprovação das crianças para o 2º ano do Ensino Fundamental. Assim, o desenho de Janaína permaneceu no estágio do realismo intelectual (RI) do início ao fim do ano letivo, mas nem por isso deixou de evoluir dentro deste estágio. Viu-se o surgimento da linha de chão, inicialmente implícita na borda do papel; da linha do céu; das primeiras coordenações entre os sistemas projetivo e euclidiano para representar o espaço tridimensional; e o aprimoramento do seu traço, bem como a exploração das possibilidades expressivas dessa linguagem. Tal como Janaína, muitas crianças do Grupo B permaneceram no mesmo estágio do desenho do início ao fim do ano, mas isso não significa que elas deixaram de evoluir dentro deste estágio. Janaína, como se viu, desenhava em casa com as irmãs, elaborando desse modo o que a escola não lhe propiciava durante o 1º ano.

Entrevista III: Escrita

No período de cinco dias, no final do quarto bimestre escolar, Janaína realizou as escritas que seguem.

A Figura 5.94 mostra a produção de Janaína relativa à escrita de quatro palavras e uma oração.

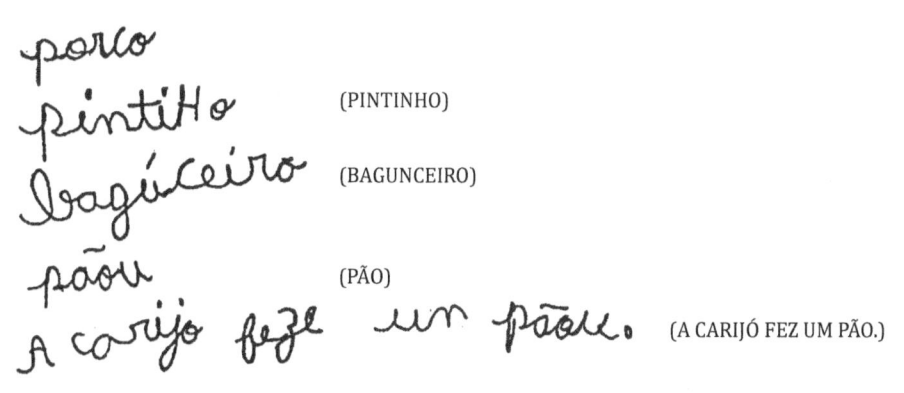

porco (PINTINHO)
pintitto
baguceiro (BAGUNCEIRO)
pãou (PÃO)
A carijo feze um pãou. (A CARIJÓ FEZ UM PÃO.)

Figura 5.94 Primeira produção escrita de Janaína (7;4) na Terceira Entrevista.

Na Figura 5.95, apresentam-se as escritas de Janaína na situação de ditado.

cama
cadeira
menina
árvore
estrela
flor
Televizão (TELEVISÃO)

Figura 5.95 Segunda produção escrita de Janaína (7;4) na Terceira Entrevista.

A Figura 5.96 exibe a produção escrita de Janaína relativa à situação de autoditado.

papanoél (PAPAI NOEL)
presente
noite
onro (OURO)
bule

quádrou (QUADRO)
pato
Papai
coqueiro

Figura 5.96 Terceira produção escrita de Janaína (7;4) na Terceira Entrevista.

Na Figura 5.97, pode-se ver a história criada por Janaína a partir do seu desenho (Figura 107).

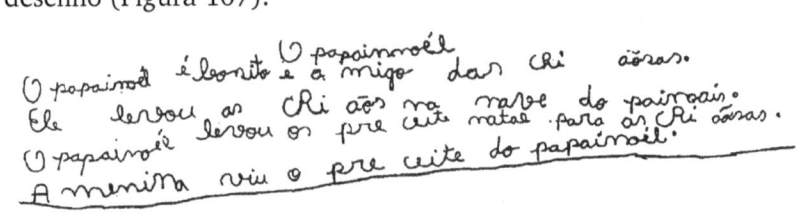

"O PAPAI NOEL
O PAPAI NOEL É BONITO E AMIGO DAS CRIANÇAS.
ELE LEVOU AS CRIANÇAS NA NAVE DOS PAPAIS NOÉIS.
O PAPAI NOEL LEVOU OS PRESENTES DE NATAL PARA AS CRIANÇAS.
A MENINA VIU O PRESENTE DO PAPAI NOEL".

Figura 5.97 Quarta produção escrita de Janaína (7;4) na Terceira Entrevista.

A Figura 5.98 apresenta uma carta que Janaína escreveu ao Papai Noel pedindo o que ela gostaria de ganhar de presente de Natal.

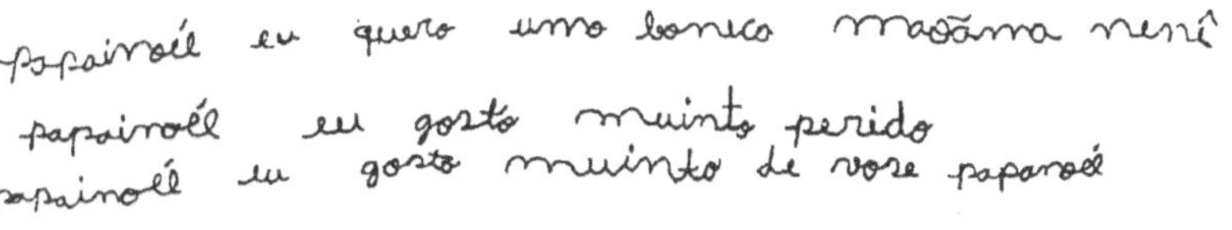

"PAPAI NOEL EU QUERO UMA BONECA NANA-NENÊ.
PAPAI NOEL EU GOSTO MUITO QUERIDO.
PAPAI NOEL EU GOSTO MUITO DE VOCÊ PAPAI NOEL".

Figura 5.98 Quinta produção escrita de Janaína (7;4) na Terceira Entrevista.

Examinando essas produções de Janaína (7;4), do final do quarto bimestre escolar, a partir do que ela quis representar através da escrita, vê-se que há um grafema para cada fonema, que há espaços em branco entre as palavras e que os artigos, os verbos e as preposições estão escritos.

A escrita de quatro palavras e uma oração (Figura 5.94) é predominantemente alfabética com valor sonoro convencional das letras. A menina escreveu as palavras tais quais ela as pronunciava e de acordo com um sistema lógico de correspondências entre grafemas e fonemas, não um sistema ortográfico. Isso se evidencia, principalmente, nas palavras "pintiho", "bagúceiro", "pãou", "feze" e "un".

No ditado (Figura 5.95), constata-se que Janaína, ao escrever televisão, coloca a letra "z", para representar o som forte, e o til em cima das duas letras "au", o que mostra uma abordagem lógica da escrita, conforme o sistema alfabético que ela construiu. As outras palavras que a menina escreveu são todas ortográficas.

As palavras que Janaína ditou para si (Figura 5.96), exceto, as palavras "quadrú" e "onro" que têm uma concepção alfabética, são escritas ortograficamente. Ao escrever Papai Noel, a menina uniu as duas palavras numa só, como de fato acontece ao pronunciá-las.

A história que a menina inventou (Figura 5.97), a partir do seu desenho (Figura 5.92), possui um título "O papainnoél" e uma sequência na qual ela repetiu várias vezes o mesmo personagem, o que demonstra que Janaína conhecia a estrutura de uma história escrita. Em palavras como "a migo", "CRi ãosas" ou "cRi ãos" e "pre ceite" a menina separou a primeira sílaba em relação às demais. Vale comparar que, ao escrever a palavra "presente" no autoditado feito no dia anterior (Figura 5.96), ela é ortográfica e que, na história, sua escrita é alfabética.

Na carta (Figura 5.98), nota-se que Janaína repete bastante a palavra "papainoél", que escreve "muinto" tal como se pronuncia, e que a palavra você está escrita com a letra "s" ao invés de "c", o que é coerente e tem lógica, quando se pensa que "SE" na família silábica "SA, SE, SI, SO, SU" tem o mesmo som de "ce".

Portanto, no final do 1º ano do Ensino Fundamental, Janaína escrevia de acordo com princípios alfabéticos, utilizava o valor sonoro convencional das letras e mostrava um aprimoramento em suas escritas ao apropriar-se de certas convenções, de certas arbitrariedades socialmente instituídas no nosso sistema ortográfico, as quais, muitas vezes, não são lógicas.

Entrevista III: Interações Desenho-Escrita

No final do quarto bimestre escolar, Janaína (7;4) estava preocupada com as festas de fim de ano, especialmente o Natal. O desenho e a história, a seguir, revelam tais inquietações (Figura 5.99).

Na Terceira Entrevista, Janaína encontrava-se nos mesmos estágios de desenho e escrita da entrevista anterior, a saber, no realismo intelectual (RI) e no nível alfabético (A).

Seu desenho, nesse momento, possuía mais detalhes, planos de cores e linhas de contorno para representar os objetos (Figuras 5.89, 5.90, 5.91, 5.92 e 5.93) do que os desenhos realizados nas entrevistas anteriores. O modo de Janaína representar o espaço indicava a construção paralela dos sistemas projetivo e euclidiano, ou seja, a menina havia começado a se interessar pela representação ilusória de um espaço em três dimensões num meio bidimensional. Para isso, ela diversificava as proporções dos objetos, esboçando a ideia de primeiro e segundo planos.

Em relação à escrita, Janaína aprimorou sua concepção alfabética do sistema, tornando-se mais rigorosa ao associar grafemas e fonemas. Começa, simultaneamente, a apropriar-se de certas convenções ortográficas.

Em suma, Janaína progrediu no desenho e na escrita estabelecendo novas coordenações entre os elementos de cada um destes sistemas, sem que isto significasse uma mudança de nível.

Analisando o desenvolvimento do desenho e da escrita em Janaína, vê-se que não coincidem, no mesmo sujeito, níveis equivalentes para diferentes processos: na Primeira Entrevista, a menina estava num dos níveis mais evoluídos do desenho e no nível inicial da escrita. Parece, então, que os progressos no desenho não estavam relacionados aos progressos na escrita. No entanto, o fato de a menina estruturar primeiro o sistema do desenho e

"O PAPAI NOEL
O PAPAI NOEL É BONITO E AMIGO DAS CRIANÇAS.
ELE LEVOU AS CRIANÇAS NA NAVE DOS PAPAIS NOÉIS.
O PAPAI NOEL LEVOU OS PRESENTES DE NATAL PARA AS CRIANÇAS.
A MENINA VIU O PRESENTE DO PAPAI NOEL".

Figura 5.99 Desenho e escrita de Janaína (7;4) realizados na Terceira Entrevista.

depois evoluir rapidamente na escrita pode dar indícios de uma relação entre os dois sistemas. Embora Janaína não tenha se desenvolvido paralelamente no desenho e na escrita, ela diferenciou e coordenou representações de forma e espaço no desenho para depois evoluir na escrita, ou seja, a construção do sistema de escrita se mostrou consequente à construção do sistema do desenho. Isso pode sugerir que há uma precedência na construção do desenho sobre a construção da escrita.

Assim como Janaína, 11 crianças do Grupo B e 3 do Grupo A iniciaram o ano letivo no realismo intelectual e pré-silábicas e na Segunda Entrevista estavam no realismo intelectual e alfabéticas. Somente esse padrão (RI-PS) conseguiu evoluir de uma entrevista a outra para o padrão (RI-A). Esse padrão evolutivo (RI-PS/RI-A) foi o que apresentou maior número de casos entre todos os outros.

Pôde-se constatar, ainda, que, nos três estudos de casos apresentados, as crianças iniciaram o ano pré-silábicas (PS), construíram o sistema de escrita até chegar ao nível alfabético (A), partindo de níveis diferentes no desenho: Gabriel estava no realismo fortuito (RF), Carolina estava na incapacidade sintética (IS) e Janaína estava no realismo intelectual (RI). Mas, todos os três sujeitos chegaram ao nível alfabético estando tão somente no realismo intelectual.

Vale ressaltar que, nesta pesquisa, buscam-se as interações entre desenho e escrita na construção destes dois sistemas e não uma relação de causa e efeito. Por isso, estar no nível do realismo intelectual (RI) não quer dizer estar alfabético (A) na escrita, mas sim que tal nível de organização do desenho talvez interfira na estruturação do sistema de representação da língua escrita, facilitando a sua aprendizagem. Isso porque, ao lidar com dois sistemas de representação, no caso o desenho e a escrita, a criança, provavelmente, passe por períodos análogos na construção dos dois sistemas. Tais períodos estão explicitados nas análises dos três estudos de casos que acabamos de ver. Assim, estar mais evoluída no desenho do que na escrita significa ter construído representações de forma e espaço através de um processo de diferenciação e de coordenação destas representações num sistema. O mesmo processo terá de ser refeito, em relação à construção de representações gráficas não-icônicas, para constituir o sistema da escrita.

A PRECEDÊNCIA DO DESENHO SOBRE A ESCRITA

A análise qualitativa mostrou o acompanhamento semilongitudinal de três crianças no desenho, na escrita e na interação desenho-escrita. A análise quantitativa, que será apresentada agora, pretende demonstrar que não se está falando de uma relação que acontece com uma minoria de crianças. Para tal exibe-se a frequência de todas as crianças pesquisadas e de cada um dos grupos A e B no desenho, na escrita e nas interações desenho-escrita; e compara-se o Grupo A, que privilegiava igualmente desenho e escrita, com o Grupo B, que privilegiava mais a escrita. Assim, são descritos os resultados e feito o seu tratamento diferencial através do estatístico qui-quadrado (X^2)[1].

Apresentam-se, a seguir, tabelas elaboradas para a totalidade das 97 crianças, procurando-se mostrar o desenvolvimento desde a primeira entrevista até a segunda, desta até a terceira, e a justaposição das três entrevistas de modo a evidenciar os deslocamentos ao longo dos níveis de desenho, de escrita e no cruzamento dos dois processos. A partir dos dados das tabelas de justaposição das três entrevistas, no cruzamento dos dois processos, aplicou-se o teste qui-quadrado.

Em seguida, são feitas apresentações, análogas às feitas para o total de sujeitos, somente com os sujeitos do Grupo A e com os do Grupo B. Em cada um destes grupos, por isso, são mostradas tabelas em que se vêem os deslocamentos em cada entrevista e por justaposição nos níveis de desenho, de escrita e no cruzamento desenho-escrita. Com base na tabela de justaposição das três entrevistas, no cruzamento desenho-escrita, construíram-se relatórios de computação referentes à aplicação do qui-quadrado para cada um dos grupos.

Por fim, comparam-se as frequências dos sujeitos do Grupo A com as do Grupo B.

Descrição das 97 crianças

Inicialmente, os dados das crianças do Grupo A e do Grupo B foram organizados por idade e por níveis de desenho e escrita em cada entrevista, o que se pode ver no Anexo I nos quadros I e II respectivamente.

Com base nos quadros I e II, construíram-se as tabelas 1, 2 e 3 apresentadas mais adiante. Nelas se exibem as frequências das 97 crianças nos níveis de desenho, de escrita e na interação desenho-escrita em cada uma das três entrevistas e na justaposição destas.

Para examinar a interação desenho-escrita, considerou-se uma mesma criança em três entrevistas sucessivas, I, II e III, distribuídas ao longo do ano escolar. A Primeira Entrevista (I) colhe a posição instantânea desta criança quanto aos níveis de desenho e escrita. Na Segunda Entrevista (II) também se colhe uma posição instantânea, que pode ser diferente da primeira. A justaposição dos dois resultados em uma quadrícula desenho-escrita mostrará a evolução havida. O mesmo pode-se pensar quando da Terceira Entrevista (III): são dados instantâneos, que, quando justapostos aos anteriores, exibem uma evolução ou dinâmica. Por exemplo: as três entrevistas.

	I			
	RF	IS	RI	RV
PS	1			
P				
SA				
A				

	II			
	RF	IS	RI	RV
PS	1			
P				
SA				
A				

	III			
	RF	IS	RI	RV
PS	1			
P				
SA				
A				

	Σ			
	RF	IS	RI	RV
PS	1			
P		1		
SA			1	
A				

Nestas tabelas e nas tabelas seguintes, leia-se:

RF – Realismo Fortuito 　PS – Pré-silábico
IS – Incapacidade Sintética　S – Silábico
RI – Realismo Intelectual　SA – Silábico-alfabético
RV – Realismo Visual　　　A – Alfabético

mostram a seguinte evolução desta criança:

$$RFxPS \rightarrow ISxS \rightarrow RixSA$$

Vê-se, então, claramente que, quando se deseja estabelecer uma possível associação desenho-escrita, importa tabular-se a trajetória da criança por entre as entrevistas, uma vez que o modo de percorrê-la, ou seja, o seu processo, poderá indicar o que se busca. O que foi dito para a justaposição das matrizes nas entrevistas em cada criança pode-se aplicar, com igual rigor, a uma justaposição de caráter global. Seria feita uma justaposição das matrizes de justaposição de todas as crianças. Essa matriz, mais geral, informará, primordialmente, a dinâmica do processo desenho-escrita de cada criança no todo. Portanto, será mais pertinente abandonarem-se as análises das entrevistas isoladamente, porque representam situações instantâneas. Em seu lugar, será analisado quadro de valores justapostos obtido com a soma das matrizes das entrevistas. Ressalve-se que as contagens dessa justaposição não se referem mais a entrevistas instantâneas, mas encerram em seus elementos os movimentos entre as entrevistas de todas as crianças, o que implica a presença de tantos valores quantas forem as entrevistas feitas para cada criança. Em sua progressão, qualquer criança poderá partir de uma posição inicial RF x PS e atingir, finalmente, a posição RV x A. Assim, as trajetórias irão, cada uma a seu modo, margear a diagonal RF x PS - RV x A de modo que a reunião, em uma matriz obtida por justaposição, de todas as trajetórias de todas as crianças, tenderá a exibir uma "concentração" em torno da diagonal e uma "rarefação" nos cantos triangulares superior-direito e inferior-esquerdo:

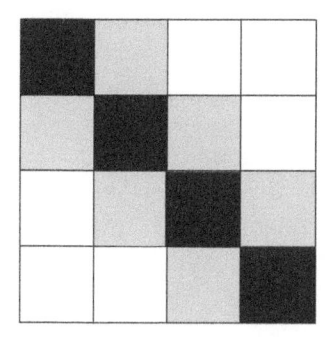

Tal justaposição dos dados das três entrevistas das 97 crianças pesquisadas quanto ao desenho, à escrita e às interações desenho-escrita é representada por Σ nas Tabelas 5.1 e 5.2 que seguem.

A partir dos dados dos quadros I e II (Anexo I), foi possível organizar a Tabela 5.1, mostrada a seguir, tomando como argumento as frequências dos 97 sujeitos relativamente aos níveis de desenho nas três entrevistas.

Tabela 5.1 Frequência dos 97 sujeitos por níveis de desenho (RF, IS, RI e RV) em cada entrevista (I, II e III) e na justaposição das três entrevistas (Σ)

Entr D ↓ →	I	II	III	Σ
RF	3			
IS	16	5	3	24
RI	78	87	89	254
RV		5	5	10
Total de sujeitos	97	97	97	291

Examinando-se a Tabela 5.1, nota-se que, nas três entrevistas e, consequentemente, na justaposição destas, há uma forte concentração dos sujeitos no nível RI, acentuando-se na Terceira Entrevista (III). Constata-se, também, que, na Primeira Entrevista (I), a frequência dos sujeitos é bem pequena no nível RF e nula no nível RV. Nas demais entrevistas, não há sujeitos no nível RF, decresce o número de sujeitos no nível IS e mantém-se o mesmo número de sujeitos no nível RV.

Com esta tabela, busca-se mostrar que, em cada entrevista, há um deslocamento do número de sujeitos desde os níveis iniciais até o nível RI. Esse nível, como se vê na Terceira Entrevista (III), torna-se o acumulador pelo menos para o tempo que durou o experimento, ou seja, um ano letivo. Parece apropriado afirmar-se que esse acúmulo não é terminal pois, se o experimento durasse mais, o nível terminal poderia ser o do RV para onde tenderiam todos os sujeitos.

A justaposição das três entrevistas (Σ) confirma o deslocamento do número de sujeitos desde níveis iniciais até o RI.

Com os dados dos quadros I e II (Anexo I) construiu-se a Tabela 5.2 na qual aparecem tabuladas as contagens obtidas nas três entrevistas de escrita, nas 97 crianças.

Tabela 5.2 Frequência dos 97 sujeitos por níveis de escrita (PS, S, SA e A) em cada entrevista (I, II e III) e na justaposição das três entrevistas (Σ)

D ↓ Entr →	I	II	III	Σ
PS	49	14	4	67
S	28	19	5	52
SA	16	24	11	51
A	4	40	77	121
Total de sujeitos	97	97	97	291

Analisando-se a Tabela 5.2, constata-se que, na Primeira Entrevista (I), há uma concentração dos sujeitos no nível PS, a qual decresce até o nível A, e que, na Segunda Entrevista (II) e na Terceira Entrevista (III), há uma distribuição crescente dos sujeitos em direção ao nível A, onde há uma concentração mais acentuada. Na Terceira Entrevista (III), é pequeno o número de sujeitos nos níveis PS e S.

De modo semelhante ao visto para o desenho, a Tabela 5.2 mostra que, de uma entrevista para a outra, os números de sujeitos iniciam um deslocamento começando pelo nível inicial de escrita (PS) e acumulando-se, na Terceira Entrevista (III), no nível alfabético (A).

A justaposição das três entrevistas de escrita (Σ) mostra o mesmo deslocamento, pois, partindo do nível inicial PS, "escorrega" pelos níveis S e SA, apresentando maior frequência no nível terminal A.

As análises das frequências dos 97 sujeitos em relação ao desenho e à escrita teve por objetivo mostrar a distribuição das crianças nos níveis destes dois processos em cada uma das entrevistas e na justaposição destas. Isto é, em que níveis de desenho e de escrita as crianças estavam no início do primeiro bimestre (Primeira Entrevista), entre o segundo e o terceiro bimestre (Segunda Entrevista) e no final do quarto bimestre (Terceira Entrevista), bem como o processo percorrido por cada criança ao longo do ano (justaposição das três entrevistas).

No entanto, como o interesse desta pesquisa é a análise das interações desenho-escrita na construção destes processos, o foco principal é, então, o cruzamento desenho-escrita.

As tabelas elaboradas e mostradas a seguir nada mais fazem do que "cruzar" os dados de escrita e desenho dos quadros I e II (Anexo I). Nesta representação, os níveis de desenho são tomados como variáveis independentes, por isso, estão colocados no eixo horizontal (x), enquanto, no eixo vertical (y), são registrados os níveis de escrita como variáveis dependentes. Isso porque se deseja analisar, nesta pesquisa, os progressos na escrita em função dos progressos no desenho e não o contrário.

Com o cruzamento dos dados de desenho e escrita das 97 crianças, em cada uma das três entrevistas (I, II e III), organizou-se a Tabela 5.3 que segue:

Tabela 5.3 Frequência dos 97 sujeitos por níveis de escrita (PS, S, SA e A) em função dos níveis de desenho (RF, IS, RI e RV) em cada entrevista (I, II e III)

ENT	Entr → Escr ↓	RF	IS	RI	RV	Total de sujeitos
I	PS	2	11	36		49
	S	1	4	23		28
	SA	16	1	15		16
	A	4	40	4		4

continua

Tabela 5.3 Continuação

ENT	Escr ↓ / Entr →	RF	IS	RI	RV	Total de sujeitos
II	PS			12	67	14
	S		2	16	52	19
	SA		3	23	1	24
	A			36	4	40
III	PS			4		4
	S			3		5
	SA			9	1	11
	A			73	4	77
Total de sujeitos		3	24	254	10	291

Examinando esta tabela, observa-se que, na Primeira Entrevista (I), há uma concentração dos sujeitos no nível pré-silábico, a qual decresce gradativamente até o nível alfabético. No desenho, observa-se fenômeno semelhante, principalmente, em relação ao nível RI que se mostra mais concentrado no nível pré-silábico (PS) e vai decrescendo gradativamente até o nível alfabético (A). Vê-se, também, que o nível RF do desenho só aparece nos níveis PS e S, e que no nível A o desenho das crianças mostra-se no nível do RI.

Na Segunda Entrevista (II), nota-se uma distribuição crescente nos níveis de escrita e desenho, culminando com uma concentração nos níveis A x RI. Convém ressaltar a presença de crianças com desenho no realismo visual (RV) somente nos níveis SA e A da escrita, enquanto no PS e no S só há crianças na incapacidade sintética (IS) ou no realismo intelectual (RI).

Na Terceira Entrevista (III), vê-se que há uma concentração dos sujeitos nos níveis AxRI, a qual resulta de uma distribuição crescente de PS a A relacionada ao nível do RI no desenho.

Como não poderia deixar de ser, o deslocamento exibido nas entrevistas anteriores, seja no desenho, seja na escrita, também aqui aparece (Terceira Entrevista III), tornando-se bem mais evidente em cada entrevista.

A fim de se verificar se há uma relação entre os progressos no desenho e na escrita, será observado o cruzamento desenho-escrita na justaposição das três entrevistas, mostrando, simultaneamente, a interação entre os dois sistemas e a dinâmica deste processo.

A Tabela 5.4 apresenta o cruzamento dos níveis de escrita e desenho na justaposição das três entrevistas.

Tabela 5.4 Frequência dos 97 sujeitos por níveis de escrita (PS, S, SA e A) e de desenho (RF, IS, RI e RV) na justaposição das três entrevistas (Σ)

	RF	IS	RI	RV
PS	2	13	52	
P	1	9	42	
SA		2	47	2
A			113	8

Analisando-se a justaposição das três entrevistas (Tabela 5.4), no cruzamento dos dados de escrita e desenho, vê-se que há uma distribuição crescente gradativa tanto no desenho como na escrita e uma concentração no nível RI do desenho, em todos os níveis de escrita e em maior número nos níveis PS e A.

É interessante notar que em cada entrevista (Tabela 5.3) e na justaposição das três (Tabela 5.4) há um mesmo movimento de progressão, desde os níveis iniciais até os finais, concomitante para o desenho e para a escrita.

Observa-se, assim, uma concentração de contagem na região vizinha da diagonal, na matriz formada com os quatro níveis de escrita nas linhas e com os quatro níveis de desenho nas colunas.

Pode-se constatar, também, rarefação de contagem nos cantos triangulares superior-direito e inferior-esquerdo dessa matriz de justaposição dos cruzamentos de desenho e escrita nas 97 crianças.

A seguir, é apresentado o relatório[2] (Tabela 5.5) feito a partir dos dados da Tabela 5.4. Tal relatório procura comparar as frequências observadas, no cruzamento desenho-escrita nas três entrevistas justapostas nos 97 sujeitos, com as frequências esperadas, numa distribuição uniforme das crianças em todos os níveis de desenho e escrita, possibilitando verificar se há uma relação de dependência ou de independência entre as variáveis desenho e escrita.

No relatório, apresentado na Tabela 5.5, vê-se que o X^2 calculado foi igual a 40,379 o que resulta em probabilidade (P) menor do que 0,001, muito menor, portanto, que o valor P < 0,01 em que há alta significância[3].

Tabela 5.5 Aplicação do teste qui-quadrado (X^2) relacionando desenho e escrita nas 97 crianças pesquisadas.

GERAL		DES				
ESCR	RF	IS	RI	RV		
PS	2 .69 2.48	13 5.53 10.11	52 58.48 72	0 2.30 2.30	67	
S	1 .54 .40	9 4.29 5.18	42 45.39 25	0 1.79 1,79	52	
SA	2 .69 2.48	2 4.21 1,16	47 44.52 .14	2 1.75 .03	51	
A	0 1.25 1.25	0 9.98 9.98	113 105.62 .52	8 4.16 3.55	121	
	3	24	254	10	291	

CHI-SQUARE (9) = 40.379 P < .001
COTINGENCY COEFFICIENT = .349

Por consequência, as diferenças entre os dados esperados, isto é, os que resultam de uma hipótese de uniformidade (Ho), e os dados observados são altamente significativas para um nível de significância de 1%. Caberia, pois, aceitar a hipótese alternativa (Ha) e descartar a hipótese de nulidade (Ho) que teriam o seguinte enunciado:

Ho: as variáveis são independentes entre si, e, portanto, não há relação entre desenho e escrita.

Ha: as variáveis são dependentes entre si e, portanto, há relação entre desenho e escrita.

Assim, o relatório mostra a associação altamente significativa entre desenho e escrita, ou seja, que há uma relação de dependência entre os progressos no desenho e os progressos na escrita nesses 97 casos, a qual só não é encontrada em 0,001 % dos sujeitos pesquisados.

Descrição do Grupo A

O Grupo A, como foi dito anteriormente, caracterizava-se por privilegiar igualmente desenho e escrita. A descrição deste grupo consistirá em mostrar a distribuição dos seus 57 sujeitos nos níveis de desenho, de escrita e no cruzamento desenho-escrita, em cada uma das três entrevistas e na justaposição destas.

Com os dados do Quadro I (Anexo I), organizou-se a Tabela 5.6, na qual se podem ver as frequências dos sujeitos do Grupo A em relação aos níveis de desenho.

Tabela 5.6 Frequência dos sujeitos do Grupo A por níveis de desenho (RF, IS, RI e RV) em cada entrevista (I, II e III) e na justaposição das três entrevistas (Σ)

D ↓ \ Entr →	I	II	III	Σ
PS	3			3
S	13	4	2	19
SA	41	48	50	139
A		5	5	10
Total de sujeitos	57	57	57	171

Ao analisar a Tabela 5.6, constata-se que há uma forte concentração de sujeitos no nível RI em todas as entrevistas, a qual se acentua mais na Terceira Entrevista (III). Na Primeira Entrevista (I), a distribuição dos sujeitos é crescente de RF a RI, não havendo sujeitos no nível RV. Na Segunda (II) e na Terceira Entrevista (III), é nula a distribuição dos sujeitos em RF, decresce gradativamente o número de sujeitos em IS e surgem sujeitos no RV.

A tabela mostra que de uma entrevista à seguinte há uma "migração" do número de crianças do nível RF ao RI, passando pelo IS. Tal deslocamento configura na tabela uma concentração das contagens em torno da diagonal principal e rarefação dos cantos triangulares superior-direito e inferior-esquerdo.

Na justaposição das três entrevistas (Σ), este "deslizamento" dos sujeitos dos níveis iniciais em direção ao RI fica mais evidente ainda.

Também, a partir dos dados do Quadro I (Anexo I), foi possível construir a Tabela 5.7, na qual se encontram as frequências dos sujeitos do Grupo A relativas aos níveis de escrita.

Tabela 5.7 Frequência dos sujeitos do Grupo A por níveis de escrita (PS, S, SA e A) em cada entrevista (I, II e III) e na justaposição das três entrevistas (Σ)

D ↓ Entr →	I	II	III	Σ
PS	26	9	4	35
S	22	16	4	42
SA	7	20	7	34
A	2	12	46	60
Total de sujeitos	57	57	57	171

Vê-se, na Tabela 5.7, que os sujeitos concentraram-se no nível PS na Primeira Entrevista (I), no nível SA na Segunda Entrevista (II) e no nível A na Terceira Entrevista (III). Houve uma distribuição decrescente dos sujeitos do nível PS ao A, na Primeira Entrevista (I), a qual se inverte nas demais entrevistas. Na Terceira Entrevista (III), não há sujeitos no nível PS.

Essa distribuição dos sujeitos, de modo análogo à do desenho, mostra um deslocamento gradativo de PS a A.

Na justaposição das três entrevistas, nota-se bem a concentração dos sujeitos no nível A.

O cruzamento dos níveis de desenho e de escrita visa a apresentar a simultaneidade dos dois processos nos sujeitos, em cada um dos instantâneos colhidos. A justaposição das três entrevistas evidencia a dinâmica do processo nos dois sistemas, pois integra estes momentos estanques.

Na Tabela 5.8, pode-se ver o cruzamento dos dados do desenho e da escrita das 57 crianças do Grupo A, em cada uma das entrevistas (I, II e III).

O exame da Tabela 5.8 revela que somente as crianças pré-silábicas (PS) produzem um desenho nos níveis RF ou IS ou RI e que as silábico-alfabéticas (SA) e as alfabéticas (A) apresentam um desenho nos níveis do realismo intelectual (RI) ou do realismo visual (RV).

Na Primeira Entrevista (I), há uma concentração dos sujeitos nos níveis PS e S de escrita e, dentro destes níveis, a frequência é maior no nível RI do desenho. Na Segunda (II) e na Terceira Entrevistas (III), vê-se que não há crianças no nível RF do desenho em nenhum dos níveis da escrita.

Tabela 5.8 Frequência dos sujeitos do Grupo A por níveis de escrita (PS, S, SA e A) em função dos níveis de desenho (RF, IS, RI e RV) em cada entrevista (I, II e III)

ENT	Entr → Escr ↓	RF	IS	RI	RV	Total de sujeitos
I	PS	2	9	15		26
	S	1	4	17		22
	SA			7		7
	A			2		2
II	PS		2	7		9
	S		2	14		16
	SA			19	1	20
	A			8	4	12
III	PS					49
	S		2	2		
	SA			6	1	4
	A			42	4	46
Total de sujeitos		3	19	139	10	171

Na Terceira Entrevista (III), há uma distribuição crescente dos sujeitos do nível silábico (S) ao alfabético (A), concentrando-se no nível alfabético e, em relação ao desenho, também há uma distribuição crescente de IS a RV, com concentração no nível RI.

Assim, a Tabela 5.8 mostra, dos níveis iniciais aos finais, uma distribuição crescente tanto no desenho como na escrita, principalmente em relação ao nível RI do desenho.

A Tabela 5.9 exibe as interações desenho-escrita na justaposição das três entrevistas.

Evidencia-se, na Tabela 5.9, que a distribuição dos sujeitos, na justaposição das três entrevistas, não é uniforme nos níveis de escrita em função dos níveis de desenho, havendo uma concentração crescente na diagonal, a qual culmina nos níveis A x RI.

A análise através do qui-quadrado (X^2), a partir dos dados do cruzamento desenho-escrita na justaposição das três entrevistas dos sujeitos do Grupo A (Tabela 5.9), pode ser observada no relatório que se segue (Tabela 5.10).

Tabela 5.9 Frequência dos sujeitos do Grupo A por níveis de escrita (PS, S, SA e A) e de desenho (RF, IS, RI e RV) na justaposição das três entrevistas (Σ)

	RF	IS	RI	RV
PS	2	11	22	
P	1	8	33	
SA			32	2
A			52	8

Tabela 5.10 Aplicação do teste qui-quadrado (X^2) relacionando desenho e escrita nas crianças do Grupo A

GERAL ESCR	RF	IS	RI	RV	
PS	2 .61 3.13	11 3.89 13.00	22 28.45 1.45	0 2.05 2.05	35
S	1 .74 .09	8 4.67 2.38	33 34.14 .04	0 2.46 2.46	42
SA	2 .60 .60	2 3.78 3.78	32<27.64 .69	2 1.99 .00	34
A	0 1.05 1.05	0 6.67 6.67	52 48.77 .21	8 3.51 5.75	60
	3	19	139	10	171

CHI-SQUARE (9) = 43.355 P < .001
COTINGENCY COEFFICIENT = .450

O relatório, exposto na Tabela 5.10, exibe resultado semelhante ao apresentado para os 97 sujeitos: é altamente significativa a associação desenho e escrita. Embora as crianças encontrem-se predominantemente no nível RI do desenho, a matriz exibe um movimento nos outros níveis e uma tendência à concentração na diagonal.

O qui-quadrado calculado foi de 43,355, o que implicou uma probabilidade (P) menor do que 0,001. Isso significa que, em apenas 0,001% dos sujeitos pesquisados, não há dependência entre as variáveis desenho e escrita, daí, a alta significância da associação.

Descrição do Grupo B

O Grupo B distinguia-se do Grupo A por privilegiar mais a escrita do que o desenho. Tal como foi feito no item 5.2.2, aqui, também, serão mostradas as distribuições dos 40 sujeitos pertencentes ao Grupo B quanto ao desenho, à escrita e ao cruzamento dos dois processos.

A partir dos dados do Quadro II (Anexo I), podem-se tabular as frequências dos sujeitos do Grupo B em relação aos níveis de desenho, conforme a Tabela 5.11.

Tabela 5.11 Frequência dos sujeitos do Grupo B por níveis de desenho (RF, IS, RI e RV) em cada entrevista (I, II e III) e na justaposição das três entrevistas (Σ)

D ↓ \ Entr →	I	II	III	Σ
RF				
IS	3	1	1	5
RI	37	39	39	115
RV				
Total de sujeitos	40	40	40	120

Nota-se, na Tabela 5.11, que as crianças do Grupo B estão apenas nos níveis IS e RI, concentrando-se principalmente no nível RI, nas três entrevistas. Da Primeira Entrevista (I) à seguinte, há um decréscimo do número de sujeitos em IS e uma acumulação no nível RI, a qual se mantém na Segunda (II) e na Terceira Entrevista (III).

A justaposição das três entrevistas (Σ) confirma a concentração no nível RI. Vale lembrar, aqui, que as crianças do Grupo B haviam cursado maternal e/ou jardim I e II, o que lhes propiciou se desenvolverem no desenho. Assim, apesar do contato restrito com esta linguagem no 1º ano do Ensino Fundamental, a performance do grupo, na Primeira Entrevista, aponta níveis bem evoluídos no desenho, a grande maioria está no nível do realismo intelectual (RI).

Os dados do Quadro II (Anexo I) possibilitaram a organização da Tabela 12, a qual apresenta a distribuição dos sujeitos do Grupo B por níveis de escrita.

Tabela 5.12 Frequência dos sujeitos do Grupo B por níveis de escrita (PS, S, SA e A) em cada entrevista (I, II e III) e na justaposição das três entrevistas (Σ)

D ↓ Entr →	I	II	III	Σ
PS	23	5	4	32
S	6	3	1	10
SA	9	4	4	17
A	2	28	31	61
Total de sujeitos	540	40	40	120

Analisando a Tabela 5.12, percebe-se que, ao contrário do desenho, os sujeitos distribuíram-se em todos os níveis de escrita. Na Primeira Entrevista (I), há uma concentração em PS, a qual decresce até o nível A. Tal distribuição inverte-se na Segunda (II) e na Terceira Entrevista (III) onde há um acúmulo de sujeitos em A.

A justaposição das três entrevistas (Σ) ressalta as concentrações em PS e A.

Ao serem cruzados os níveis de desenho e de escrita em cada uma das três entrevistas, construiu-se a Tabela 5.13.

Examinando a Tabela 5.13, vê-se que a grande maioria dos sujeitos se encontra no nível RI do desenho nas três entrevistas. Há crianças pré-silábicas (PS), silábicas (S) e silábico-alfabéticas (SA) no nível IS do desenho.

Na Primeira Entrevista (I), há uma concentração nos níveis PS x RI e uma distribuição decrescente até o nível alfabético (A).

Na Segunda (II) e na Terceira Entrevista (III), constata-se um crescimento gradativo de PS a A e uma concentração nos níveis A x RI. Praticamente,

Tabela 5.13 Frequência dos sujeitos do Grupo B por níveis de escrita (PS, S, SA e A) em função dos níveis de desenho (RF, IS, RI e RV) em cada entrevista (I, II e III)

ENT	Entr → / Escr ↓	RF	IS	RI	RV	Total de sujeitos
I	PS		2	21		23
I	S			6		6
I	SA		1	8		9
I	A			2		2
II	PS			5		5
II	S		1	2		3
II	SA			4		4
II	A			28		28
III	PS			4		4
III	S			1		1
III	SA		1	3		4
III	A			31		31
Total de sujeitos			5	115	0	120

todas as crianças possuem um desenho no nível do realismo intelectual (RI), a não ser duas que estão no nível da incapacidade sintética (IS): uma silábica e outra silábico-alfabética.

A Tabela 5.14 exibe o cruzamento desenho-escrita na justaposição das três entrevistas.

Observando a Tabela 5.14, nota-se que há uma concentração no nível pré-silábico (PS) e outra concentração crescente gradativa do nível silábico (S) ao alfabético (A), ambas relacionadas ao nível RI do desenho. Apenas, as crianças alfabéticas estão – tão somente – no nível RI.

Com base nos dados da Tabela 5.14, foi elaborado o relatório do Grupo B (Tabela 5.15). A análise através do qui-quadrado procura verificar se há dependência entre desenho e escrita na construção destes sistemas.

Tabela 5.14 Frequência dos sujeitos do Grupo B por níveis de escrita (PS, S, SA e A) e de desenho (RF, IS, RI e RV) na justaposição das três entrevistas (Σ)

	RF	IS	RI	RV
PS		2	30	
P		1	9	
SA		2	15	
A			61	

Tabela 5.15 Aplicação do teste qui-quadrado (X^2) relacionando desenho e escrita nas crianças do Grupo B

GERAL	DES		
ESCR	IS	RI	
PS	2 1.33 .33	30 30.67 00	32
S	1 .42 .82	9 9.58 .04	10
SA	2 .71 2.36	15 16.29 .10	17
A	0 2.54 2.54	61 58.46 11	61
	3	10	120

CHI-SQUARE (3) = 6.310 P < 0968
COTINGENCY COEFFICIENT = .224

Vê-se, no relatório apresentado na Tabela 5.15, que o qui-quadrado calculado foi 6,310 e que a probabilidade (P) obtida foi igual a 0,0968 que é, portanto, maior do que 0,05, indicando, assim, que não há associação significativa entre desenho e escrita para as crianças do Grupo B.

Um exame da matriz do Grupo B, anteriormente mostrada (Tabela 5.14), revela que apenas cinco entrevistas foram características do estágio da incapacidade sintética (IS) do desenho, enquanto 115 entrevistas revelaram crianças no estágio do realismo intelectual (RI). Não há, pois, desenvolvimento quanto aos níveis de desenho, mesmo porque, no Grupo B, a ênfase foi dada, predominantemente, à escrita, o que se constata com os números obtidos em todos os níveis de escrita desde o PS até o A. Essa matriz é, portanto, estática, pois as crianças não apresentam movimentos nas duas variáveis de desenho e de escrita, apenas, na escrita. Não é, então, possível inferir uma associação, uma vez que, em temos globais, as crianças estão quase todas no nível RI. Seria o caso de um teste qui-quadrado univariado[4] que, apenas, constataria não ser uniforme a distribuição das crianças no nível RI do desenho nos quatro níveis de escrita. O relatório (Tabela 5.15), revelando não existir associação, apenas, confirma a argumentação exposta.

É bem possível que a continuação em ano seguinte das entrevistas com as crianças do Grupo B mostrasse as que chegaram ao nível do realismo visual (RV) de desenho. Neste caso, a matriz contaria com mais uma coluna e seria esperada uma concentração em torno da diagonal, afastando, assim, a concentração em matriz de tipo triangular superior colhida no Grupo B.

Descrição Comparativa entre o Grupo A e o Grupo B

Visando explicitar as similaridades e as divergências entre as distribuições encontradas no Grupo A e no Grupo B, procedeu-se a uma análise comparativa. Tal contraste foi feito quanto ao desenho, à escrita e ao cruzamento desenho-escrita, a partir da justaposição das três entrevistas em cada um dos grupos. A justaposição foi escolhida por englobar os instantâneos dos processos numa evolução dinâmica.

Na Figura 5.100, são apresentadas as frequências dos sujeitos do Grupo A e do Grupo B por níveis de desenho.

Em relação à distribuição dos sujeitos em cada um dos grupos, por níveis de desenho (Tabelas 5.6 e 5.11), vê-se que nos dois grupos há uma concentração de sujeitos no nível RI, que os sujeitos do Grupo A encontram-se distribuídos nos quatro níveis, enquanto os do Grupo B apresentam-se, apenas, nos níveis IS e RI.

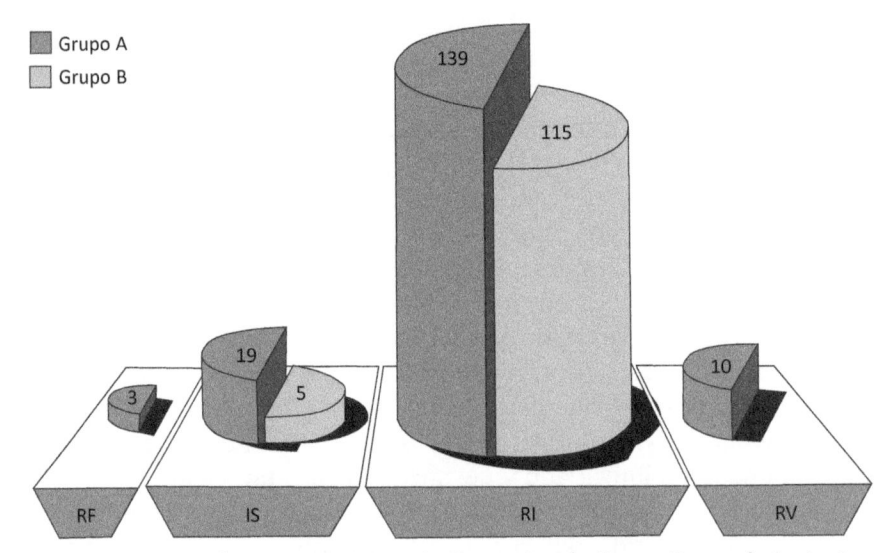

Figura 5.100 Frequência dos sujeitos do Grupo A e do Grupo B por níveis de desenho (RF, IS, RI e RV) na justaposição das três entrevistas.

A Figura 5.101 exibe as frequências dos sujeitos do Grupo A e do Grupo B por níveis de escrita.

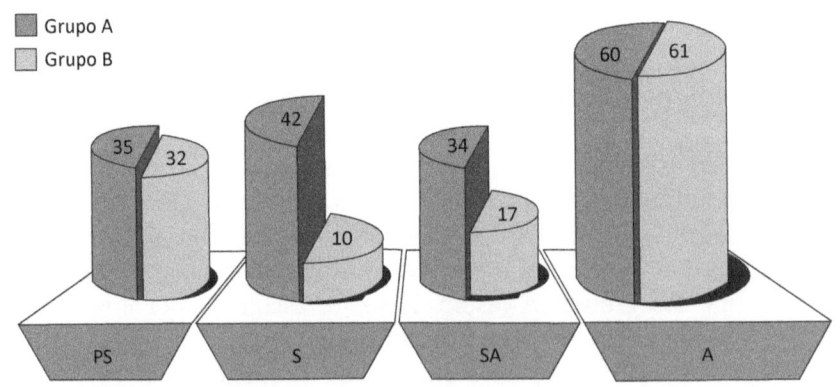

Figura 5.101 Frequência dos sujeitos do Grupo A e do Grupo B por níveis de escrita (PS, S, SA e A) na justaposição das três entrevistas.

A comparação entre os dois grupos, quanto aos níveis de escrita (Tabelas 5.7 e 5.12), mostra que a distribuição dos sujeitos é semelhante tanto no nível inicial como no nível final da escrita. Nos níveis silábico (S) e silábico-alfabético (SA), há mais sujeitos no Grupo A do que no Grupo B. No Grupo A, se se desconsiderar o nível SA, o qual é intermediário e, portanto, de menor estabilidade, vê-se que é crescente a distribuição de PS a A. No Grupo B, o que se verifica são dois pontos de concentração nos níveis PS e A.

Na Figura 5.102, podem-se ver as frequências dos sujeitos do Grupo A e do Grupo B no cruzamento desenho-escrita.

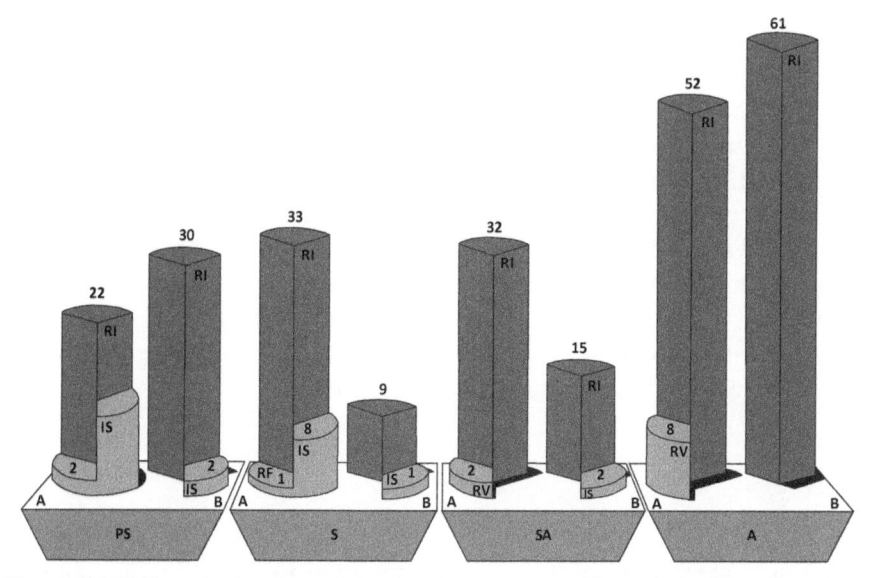

Figura 5.102 Frequências dos sujeitos do Grupo A e do Grupo B por níveis de escrita (PS, S, SA e A) e de desenho (RF, IS, RI e RV) na justaposição das três entrevistas.

A comparação entre as distribuições dos sujeitos do Grupo A e as do Grupo B no cruzamento desenho-escrita (Tabelas 5.9 e 5.14) indica que, no Grupo A, há um crescimento gradativo tanto no desenho como na escrita, culminando em uma concentração nos níveis A x RI. No Grupo B, há duas concentrações, uma em PS e outra em A, ambas relacionadas ao nível do realismo intelectual (RI) no desenho. Nos dois grupos, observou-se que os sujeitos alfabéticos estão em sua maioria no nível RI, sendo nula a sua frequência nos níveis RF e IS.

Assim, a análise quantitativa mostra que há uma relação de dependência altamente significativa entre desenho e escrita no Grupo A, onde os dois processos foram trabalhados concomitantemente. No Grupo B, em que a escrita foi mais privilegiada, não houve uma relação entre desenho e escrita, isso porque as crianças concentraram-se, principalmente, num nível do desenho. Dentro desse nível, no entanto, a distribuição dos sujeitos nos níveis de escrita não foi regular e tendeu a se concentrar no nível alfabético. Isso vem a confirmar que existe uma relação desenho-escrita, uma vez que a distribuição não é uniforme nos níveis de escrita em função do desenho.

Nos 97 sujeitos pesquisados, ou seja, na soma dos sujeitos do Grupo A com os do Grupo B, obteve-se uma associação altamente significativa entre desenho e escrita, porque a matriz do Grupo A, que apresentava uma distribuição nos quatro níveis de desenho e nos quatro níveis de escrita, foi acrescentada à matriz do Grupo B, a qual apenas enfatizou a distribuição dos sujeitos nos níveis dos processos.

Portanto, os resultados tanto da análise qualitativa como da quantitativa indicam que os progressos na escrita estão relacionados aos progressos no desenho, apesar de serem sistemas diferentes. Em outras palavras, para a criança chegar a construir o sistema alfabético de escrita ela necessita ter estruturado o sistema do desenho no nível do realismo intelectual. A construção do sistema de escrita mostrou-se, então, consequente à do sistema do desenho. Daí a precedência do desenho sobre a escrita observada nos resultados desta pesquisa.

NOTAS

1 Conforme Levin, o teste não paramétrico qui-quadrado (X^2), geralmente, é utilizado para fazer um estudo relacional entre variáveis, isto é, para estabelecer uma comparação entre frequências de um atributo observadas numa população com frequências esperadas deste atributo segundo uma hipótese que relacione variáveis. Em vista da hipotética relação, as variáveis serão declaradas dependentes ou independentes entre si. A rigor, a hipótese relacional desdobra-se em duas:
   - **hipótese de nulidade** (Ho): as variáveis são independentes entre si e, portanto, não há relação entre as variáveis.
   - **hipótese alternativa** (Ha): as variáveis são dependentes entre si e, portanto, há relação entre as variáveis.

Os eventos esperados são, então, calculados segundo a hipótese de nulidade, ou seja, de que não existe associação entre as variáveis. Este teste permite fazer, portanto, comparações entre as frequências observadas no cruzamento desenho-escrita nas três entrevistas com as frequências que seriam esperadas caso houvesse uma distribuição uniforme para todas as crianças, quanto ao seu desempenho independentemente dos níveis em que se encontrassem em cada entrevista. Tal comparação visa verificar se há uma relação de dependência ou de independência entre os progressos no desenho e os progressos na escrita. (LEVIN, J. *Estatística aplicada a ciências humanas*. São Paulo: Harbra, 1978.)

2 A tabela de contingência resultante foi calculada através do programa STATS PLUS (MADDIGAN, S.; LAWRENCE, V. *A general statistic package for the Apple II*. Human Sistems Dynamics. Northridge, CA. s/d. p. 37 e seguintes).

3 A função qui-quadrado (X2) depende de duas variáveis gerais ligadas a cada experimento, a saber, o grau de liberdade (GL) e o nível de significância (Σ). Os graus de liberdade dependem do número de valores que as variáveis cuja relação se estuda, desenho e escrita, apresentam. Nesse caso, há quatro valores possíveis para escrita (PS, S, SA e A) e quatro valores para desenho (RF, IS, RI e RV), sendo o número de graus de liberdade dado por: GL = (4-1) (4-1)=9. O nível de significância é a probabilidade de que se pode descartar a hipótese de nulidade e, então, aceitar a hipótese alternativa. Os níveis de significância mais usados são os de cinco por cento (5%) ou P= 0,05 e um por cento (1%) ou P= 0,01. O nível de significância de Σ=5% é denominado "significativo" e ocorre sempre que a probabilidade P, calculada através da função qui-quadrado, for maior do que 0,01 e menor ou igual do que 0,05: $0,01 < P \leq 0,05$. O nível de significância de Σ= 1% é denominado "altamente significativo" e ocorre sempre que a probabilidade P, calculada através da função qui-quadrado (X2), for menor ou igual a 0,01: $P \leq 0,01$.

4 O teste qui-quadrado univariado é realizado quando não se tem uma tabulação cruzada, mas um nível fixo de desenho a uma variável: a escrita. Nesse caso, o estatístico qui-quadrado muda completamente de acepção: os eventos esperados serão aqueles resultantes da suposição de uma uniformidade na distribuição dos sujeitos deste nível de desenho nos quatro níveis de escrita.

Conclusões

Chegando ao fim deste trabalho, parece importante discutir, resumidamente, os resultados encontrados, relacionando-os com os objetivos e as hipóteses; apresentar algumas conclusões sobre as interações entre desenho e escrita, bem como questões que ficam em aberto para serem tratadas em pesquisas posteriores; e apontar implicações pedagógicas decorrentes dessa investigação.

DISCUSSÃO DOS RESULTADOS

Neste trabalho, procurou-se analisar as interações entre desenho e escrita, durante a construção desses sistemas pela criança. Para tal, realizou-se um estudo comparativo entre dois grupos de crianças de classe baixa, por primeira vez no 1º ano do Ensino Fundamental em escolas públicas, com o objetivo de coletar amostras contrastantes em relação ao desenvolvimento do desenho e da escrita. O primeiro grupo (Grupo A) privilegiava igualmente desenho e escrita, realizando atividades regulares nestas duas áreas durante todo o ano letivo. Já o outro grupo (Grupo B) privilegiava mais a escrita, ou seja, realizava atividades esporádicas de desenho, enquanto a escrita era trabalhada diariamente.

As crianças destes dois grupos foram entrevistadas, individualmente, em três momentos equidistantes ao longo do ano letivo. As entrevistas, conforme protocolo descrito no Capítulo 4, consistiram em ler uma história para a criança e, após, convidá-la a desenhar[1]; ao finalizar o desenho, solicitar-lhe a escrita de quatro palavras e uma oração.

Para acompanhar as interações desenho-escrita, foram selecionados[2], entre os sujeitos dos dois grupos, casos de crianças que estavam em nível inicial de escrita e em diferentes estágios de desenho. Essas crianças foram observadas em situações de desenho e escrita (conforme exposto no Capítulo 4), durante o período de uma semana em cada uma das entrevistas. A metodologia utilizada possibilitou conhecer o desenvolvimento do desenho e da escrita em momentos distintos de interação, desde os níveis iniciais até a construção dos sistemas. Estudaram-se, assim, as interações entre os processos de desenho e de escrita tendo por foco as estratégias de representação construídas pelas crianças ao se apropriarem desses sistemas. Visava-se, com isso, a apontar as influências e interdependências entre desenho e escrita a partir do processo do sujeito; a comprovar as concepções teóricas que mostram a possibilidade de interação entre desenho e escrita, bem como as constatações feitas, pela autora deste trabalho, em pesquisas anteriores.

Ao relacionar desenho e escrita, buscaram-se pontos em comum na construção dos dois processos, a fim de esclarecer quais seriam as interações entre esses sistemas que iniciam indiferenciados e depois se diferenciam.

A primeira hipótese deste trabalho é a de que, após se diferenciarem, há uma interação entre desenho e escrita, no período de aquisição destes sistemas.

Como apresentado na Introdução, Piaget propõe uma interação entre as diversas formas de representação através da função semiótica, como mecanismo comum às diferentes representações. Liliane Lurçat diz que desenho e escrita têm uma origem gráfica comum, apresentando-se, por isto, inicialmente indiferenciados. Emilia Ferreiro afirma que há interações na construção dos sistemas gráficos de desenho e de escrita e que estas interações não se restringem à origem gráfica comum, mas estão presentes durante toda a construção dos dois sistemas.

Os resultados obtidos nesta pesquisa permitem que se afirme que houve uma interação desenho-escrita. Os estudos de caso, apresentados no capítulo anterior, mostram que existe uma estreita relação entre a evolução da escrita e a do desenho neste período de aquisição. Nos casos 1 e 2, constatou-se a construção paralela de desenho e escrita com interesses similares nos períodos de estruturação destes sistemas. O primeiro caso partiu dos níveis do realismo fortuito, no desenho, e pré-silábico, na escrita; passou pelos níveis da incapacidade sintética e silábico; e chegou à construção dos sistemas nos níveis do realismo intelectual e alfabético. Já o segundo caso partiu dos níveis da incapacidade sintética, no desenho, e pré-silábico, na escrita; passou pelos estágios do realismo intelectual e silábico; e chegou, no final do ano, aos níveis do realismo intelectual e alfabético. No caso 2, observou-se que, primeiro, a menina construiu o sistema do desenho, no nível do realismo intelectual, para, depois, construir o sistema da escrita, no nível alfabético, com uma diferença de quatro meses. No caso 3, foi possível acompanhar as interações entre desenho e escrita, quando a criança, ao iniciar o ano letivo, encontrava-se com o sistema do desenho construído, no estágio do realismo intelectual, e no nível pré-silábico, da escrita; na entrevista seguinte, apresentava-se no mesmo nível de desenho e com o sistema de escrita construído, no nível alfabético. Nestes três estudos de caso, as interações consistiram em trocas entre os períodos de construção de um sistema e outro, estando a criança em níveis iniciais nos dois processos, ou mais desenvolvida no desenho do que na escrita.

A análise quantitativa dos resultados mostrou que, tanto no Grupo A como no Grupo B, as interações entre desenho e escrita estão presentes.

A segunda hipótese é a de que há uma correlação entre desenho e escrita, onde as crianças pré-silábicas produzem um desenho no estágio do realismo fortuito, da incapacidade sintética ou do realismo intelectual; e as crianças silábicas, silábico-alfabéticas e alfabéticas produzem um desenho no estágio da incapacidade sintética ou do realismo intelectual.

A análise qualitativa dos resultados evidenciou uma correlação entre desenho e escrita, a qual é fortemente positiva quando o desenvolvimento dos dois sistemas, desde os níveis iniciais até os finais, é simultâneo, como no primeiro estudo de caso apresentado no capítulo anterior; e positiva quando os dois sistemas constroem-se paralelamente, como no segundo estudo de caso. Verificou-se, também, uma relação de dependência da escrita em função das construções do desenho, o que foi exposto no terceiro estudo de caso. Tal dependência evidenciou-se quando a criança primeiro construiu representações de forma e espaço no desenho, valendo-se de símbolos e de formas figurativas, para posteriormente construir as representações gráficas da escrita, valendo-se de signos e de formas não figurativas.

A análise quantitativa dos resultados mostrou que o desenvolvimento da escrita, tanto nos sujeitos do Grupo A como nos do Grupo B, está relacionado ao desenvolvimento do desenho, apesar de serem sistemas diferentes. No Grupo A, a relação de dependência entre as construções do desenho e as da escrita é altamente significativa, ou seja, a associação desenho-escrita foi observada em 99,99% dos sujeitos desse grupo. Constatou-se, também, um crescimento gradativo nos dois sistemas, culminando com uma concentração nos níveis finais de escrita e desenho. No Grupo B³, a relação de dependência entre desenho e escrita não foi significativa, isto é, mais de 5% dos sujeitos desse grupo não apresentavam uma associação desenho-escrita. Isso ocorreu porque as crianças concentraram-se, principalmente, num nível do desenho. Neste estágio, no entanto, a distribuição dos sujeitos nos níveis de escrita não foi regular, tendendo a uma concentração no nível alfabético, o que confirma uma relação entre desenho e escrita, pois a distribuição das crianças por níveis de escrita em função do desenho não foi aleatória. Constatou-se também que a probabilidade de encontrar, entre as crianças pesquisadas, níveis finais de escrita e níveis iniciais de desenho num mesmo sujeito é muito baixa. Além disso, somente as crianças que haviam construído o sistema do desenho, no nível do realismo intelectual, conseguiram, no intervalo de quatro meses, passar do nível pré-silábico ao alfabético.

Verificou-se, tanto na análise qualitativa quanto na quantitativa, a relação entre os níveis de escrita e desenho, postulada na segunda hipótese. As crianças pré-silábicas produziram um desenho nos estágios do realismo fortuito, da incapacidade sintética ou do realismo intelectual; e as silábicas, silábico-alfabéticas e alfabéticas produziram um desenho nos estágios da incapacidade sintética ou do realismo intelectual. Apenas uma criança, dentre as 97 pesquisadas, encontrava-se no nível do realismo fortuito e silábica, na Primeira Entrevista, e, na seguinte, evoluiu para o nível da incapacidade sintética, permanecendo no mesmo nível de escrita. Isso demonstra que a distribuição, da grande maioria das crianças, nos níveis de escrita em função do desenho não se dá ao acaso, mas mantém um vínculo relativo às construções figurativas do desenho.

A terceira hipótese propõe uma linha de evolução comum ao desenho e à escrita (ver Quadro na Introdução) na qual se distinguem cinco grandes períodos: (1) origem gráfica comum; (2) distinção entre os modos de representação icônico e não icônico; (3) construção de formas de diferenciação entre os elementos; (4) construção de diferenciações e coordenações entre os elementos e as relações em cada um dos sistemas; (5) aprimoramento dos sistemas.

Cada um desses períodos será, agora, explicitado em relação à sua estrutura e contrastado com os resultados encontrados na presente investigação. Vale esclarecer que a existência de períodos comuns ao desenho e à escrita, na estruturação dos dois sistemas, não implica que a criança tenha de percorrê-los simultaneamente. Indica que, funcionalmente, os sujeitos vão percorrer as mesmas etapas para a construção de estruturas distintas. Isto é, as ações do sujeito na construção do desenho e da escrita são as mesmas, apesar de os sistemas terem estruturas que se transformam em cada nível de aquisição destas linguagens.

A respeito da *origem gráfica comum* do desenho e da escrita, viu-se na Introdução que Liliane Lurçat e Emilia Ferreiro assinalavam esse fato ao analisarem o desenvolvimento do desenho e da escrita. Liliane Lurçat descreveu e interpretou detalhadamente os primeiros rabiscos de crianças como fonte do desenho e da escrita. Emilia Ferreiro observou, em suas pesquisas, que um primeiro nível na constituição da escrita como objeto de conhecimento "corresponde à indiferenciação entre o grafismo desenho e o grafismo escrita" (Ferreiro e Gomez Palacio, 1979, p. 236).

Liliana Tolchinsky e Iris Levin, ao analisarem o desenvolvimento da escrita na criança como sistema de representação, detiveram-se nos aspectos gráfico e interpretativo. As autoras dizem que a princípio "escritas e desenhos resultam graficamente indiferenciáveis. Nem os experimentadores nem as crianças podem distinguir entre o escrito e o desenhado; isto não significa que as escritas parecem desenhos, mas que o mesmo tipo de grafismo, de significado não definido, foi produzido como resposta a ambos pedidos" (Tolchinsky e Levin in: Ferreiro e Gomez Palacio, 1982a, p. 181).

O fato de o desenho e a escrita estarem indiferenciados graficamente não permite que se afirme que a criança não distinga um texto escrito de um desenho.

Logo, o primeiro período comum a esses dois sistemas de representação diz respeito, no estágio do realismo fortuito, a sua indiferenciação. Diz-se que desenho e escrita estão indiferenciados, porque estão vinculados, misturados, isto é, os dois existem de forma confusa, funcionando como se fossem um todo. A indiferenciação, como se viu no Capítulo 1, é o momento mais elementar de qualquer relação e consiste em formar uma unidade entre os elementos implicados, de modo que estes não funcionem isolados por estarem amalgamados.

Tal indiferenciação entre desenho e escrita pode ser encontrada nos primeiros momentos da atividade gráfica da criança, quando ela descobre a possibilidade de traçar linhas numa superfície, sem se dar conta de que essas linhas podem servir para representar os objetos. Em outras palavras, o sujeito não tem intenção de representar suas experiências graficamente, seja no desenho, seja na escrita.

Emilia Ferreiro, em suas pesquisas, encontrou este nível inicial em crianças de 4 e 5 anos de classe baixa; Liliane Lurçat observou esta indiferenciação entre crianças menores de classe média.

Na presente investigação, nenhuma das crianças confundia o desenho com a escrita, pois estas duas linguagens já estavam constituídas como objetos diferentes, apesar de alguns sujeitos apresentarem níveis iniciais de desenho e escrita. Para comprovar experimentalmente essa indiferenciação inicial, seria necessário realizar um acompanhamento longitudinal com crianças de educação infantil de classe baixa, que estivessem tomando contato com a linguagem gráfica pela primeira vez, o que fugia aos propósitos desta pesquisa.

A *distinção entre os modos de representação icônico e não icônico* ocorre à medida que a criança diferencia a natureza e a função das representações do desenho e da escrita. A partir daí, a criança constitui o desenho e a escrita como objetos substitutos. O desenho passa a representar a forma dos objetos e a escrita, o nome deles.

Segundo Emilia Ferreiro, a primeira distinção entre "o que é figura" e "o que não é figura" é de fundamental importância para a constituição da escrita. Isso porque, conforme a autora, "as letras têm a função de representar as propriedades fundamentais dos objetos que o desenho não consegue representar, a saber, seus nomes. É uma função estranha à nossa costumeira visão do sistema de escrita como um meio de comunicação, mas é uma função de um sistema de representação, por oposição a outros sistemas de representação. Na verdade, as crianças começam (algumas vezes, simultaneamente...) a lidar com três diferentes sistemas de representação: desenhos, letras e números. Um dos seus problemas é compreender qual é a especificidade de cada um desses sistemas com referência a outros, enquanto sistemas representacionais (isto é, o que eles podem representar, o que não podem representar e como representam o que se espera que representem)" (Ferreiro, 1985a, p. 40).

Assim, o vínculo que o desenho estabelece com o objeto a ser representado é distinto do vínculo da escrita. O desenho tem por função representar a forma dos objetos, tal como a criança a percebe num determinado momento.

Emilia Ferreiro observou que, por um lado, a criança procura distinguir as grafias-desenho das grafias-escrita quanto às suas funções e que, por outro, ela mantém uma relação de dependência do desenho no que se refere à interpretação da escrita. A criança espera que suas escritas, enquanto representações gráficas não icônicas, correspondam às imagens que lhes acompanham ou que guardem uma relação de tamanho com os objetos que representam.

Piaget mostrou que as funções cognitivas possuem dois aspectos distintos, a saber, o aspecto figurativo e o aspecto operativo. A respeito do aspecto figurativo o autor diz "ele caracteriza as formas de cognição que, do ponto de vista do sujeito, aparecem como 'cópias' do real, embora, do ponto de vista objetivo, só forneçam dos objetos e dos acontecimentos uma correspondência aproximativa" (Piaget e Inhelder, 1969, p. 73).

Tal correspondência está vinculada à configuração do objeto. O desenho, como uma representação icônica, baseia-se nos aspectos figurativos da cognição, procurando reinterpretar a forma dos objetos de acordo com as estruturas do sujeito.

O aspecto operativo das funções cognitivas, conforme Piaget, "caracteriza as formas de conhecimento que consistem em modificar o objeto ou o acontecimento que se quer conhecer, de maneira a atingir as transformações como tais e seus resultados, e não mais apenas as configurações estáticas que correspondem aos 'estados' reunidos por essas transformações" (Piaget e Inhelder, 1969, p. 73).

A escrita, como uma representação não icônica, baseia-se mais no aspecto operativo, não reproduzindo nem as formas do objeto nem sua ordenação espacial, mas suas modificações.

Piaget constatou, também, que esses dois aspectos das funções cognitivas são complementares, pois, no decorrer do desenvolvimento dos aspectos figurativos, é possível representar as transformações, assim como, no desenvolvimento dos aspectos operativos, há necessidade dos figurativos. Assim, se forem considerados os aspectos figurativos relacionados às imagens e os aspectos operativos relacionados ao pensamento, pode-se concluir que "a imagem (...) constitui um auxiliar indispensável ao funcionamento do pensamento no seu dinamismo, mas sob a condição de permanecer sempre subordinada a esse dinamismo operatório, que ela não poderia substituir, e do qual ela é uma expressão simbólica mais ou menos deformada ou fiel, conforme os casos" (Piaget e Inhelder, 1977, p. 525).

Depreende-se, assim, que há uma complementaridade entre os aspectos figurativos, relacionados às imagens, e os aspectos operativos, vinculados ao pensamento lógico. Nessa complementaridade, os aspectos figurativos são fundamentais para o funcionamento dos aspectos operativos da cognição, mas estes, uma vez construídos, determinam os primeiros. Os aspectos figurativos são expressões simbólicas dos aspectos operativos.

A escrita e o desenho, enquanto significantes diferenciados de seus significados, valem-se, respectivamente, de sinais ou signos e de símbolos. Esclarecendo o que caracteriza os sinais, Piaget diz "os sinais são 'arbitrários', como dizem os linguistas, para o sinal verbal ou palavra, isto é, sem parentesco ou semelhança entre a coisa significada e o significante, ou ainda simplesmente convencionais, portanto sociais por natureza" (Piaget e Inhelder, 1969, p. 74).

Constata-se, então, que a escrita, por utilizar sinais, mantém um vínculo arbitrário entre o referente e a sua representação escrita.

Já os símbolos, segundo Piaget, "comportam um parentesco ou semelhança entre o significante o e significado" (Piaget e Inhelder, 1969, p. 74). Desse modo, o desenho por constituir-se uma representação baseada em símbolos mantém um vínculo analógico com o referente.

A criança, ao diferenciar desenho e escrita, vai construir essas noções que parecem claras. Emilia Ferreiro ainda aponta para a complexidade dessa diferenciação, uma vez que não há nenhum tipo de traçado gráfico que distinga a escrita do desenho, pois tanto um como o outro se valem de linhas curvas, retas e pontos. O que define cada sistema, então, é o modo como essas linhas se organizam.

Assim, a criança, ao estabelecer uma primeira diferenciação entre desenho e escrita, constrói, ao mesmo tempo, o desenho e a escrita como objetos substitutos: a escrita passa a representar as marcas gráficas não figurativas; e o desenho, as figurativas.

Os resultados obtidos nesta pesquisa mostram que as crianças de classe baixa, ao ingressarem no 1º ano do Ensino Fundamental já haviam feito essa distinção entre os modos de representação icônico e não icônico. Algumas, quando solicitadas a escrever, faziam desenhos, não por que confundissem desenho com escrita, mas sim para que o significado de suas escritas fosse garantido, como no terceiro estudo de caso apresentado. Nos três estudos de caso, constatou-se que, principalmente nos níveis iniciais dos sistemas de desenho e de escrita, havia uma necessidade, por parte da criança, de marcar essas distinções.

No primeiro estudo de caso, observou-se a coincidência de níveis iniciais no desenho e na escrita, além de interesses similares nesse período de construção dos sistemas de representação.

A *construção de formas de diferenciação entre os elementos* de cada um dos sistemas ocorre quando a criança se interessa por distinguir, umas das outras, as formas representadas no desenho ou nas suas escritas. Em relação ao desenho, Luquet observou que, no nível da incapacidade sintética, a criança procura criar representações diferentes para cada categoria de objetos. Do mesmo modo, conforme Emilia Ferreiro, no nível pré-silábico, as crianças buscam construir diferenciações entre as escritas.

No período anterior, a preocupação da criança centrava-se na distinção entre desenho e escrita. Tanto no nível pré-silábico como no realismo fortuito (desenho voluntário), os rabiscos feitos em cada uma destas linguagens eram indiferenciados, podendo representar ora um objeto ora outro, conforme a situação. Agora, neste terceiro período, há a intenção consciente de construir representações diversas para os objetos, em cada um dos sistemas.

As diferenciações que a criança constrói entre os elementos no desenho dizem respeito às representações das formas dos objetos. A criança interessa-se por diferenciar as configurações dos objetos, tais como a da casa e a da figura humana. Em relação ao espaço, o sujeito começa a ter intenção de representá-lo graficamente e passa a destacar o que está dentro do que está fora de cada objeto representado, o que está perto e o que está longe, enfim, a criança procura distinguir os objetos pelas suas propriedades mais gerais. Assim, as relações espaciais que estabelece entre os elementos de cada objeto são topológicas.

Conforme foi apresentado no Capítulo 5, as crianças dos estudos 1 e 2, Gabriel e Carolina, respectivamente, ao ingressarem no estágio da incapacidade sintética, mostravam-se interessadas pela construção de formas diferentes para cada categoria de objetos.

Em relação à escrita, as diferenciações que a criança constrói, no nível pré-silábico, dizem respeito às grafias das palavras. Há uma preocupação em distinguir as palavras, para que cada uma delas tenha um significado próprio. Para tal, a criança estabelece critérios quantitativos, que lhe possibilitam variar a quantidade de letras, e critérios qualitativos que dizem respeito a alterações no repertório ou na posição das letras na palavra. Ao variar a quantidade, o critério que a criança utiliza é uma correspondência entre o tamanho dos objetos e a sua representação escrita. Acrescentando ou diminuindo letras ao seu repertório, a criança escreve diferentes palavras. Ainda, alterando a posição das grafias na palavra, o sujeito, através de distintas combinações, constrói palavras diversas. Estes critérios são empregados, às vezes, em separado, e, às vezes, combinados. A coordenação dos critérios quantitativos e qualitativos é uma conquista da criança durante a construção do sistema de escrita.

A criança, no nível pré-silábico, procura estabelecer as propriedades que um texto necessita para ser interpretável, tanto no eixo quantitativo quanto no qualitativo. No eixo quantitativo, a criança constrói uma hipótese de quantidade mínima de grafias para que uma palavra possa ser interpretável, senão seriam apenas letras. Em geral, as crianças pensam que uma palavra precisa de três ou mais grafias para poder ter uma significação. No eixo qualitativo, as crianças criam a necessidade de uma variação interna nas letras que constituem a palavra, ou seja, uma mesma letra não pode estar repetida mais de duas vezes seguidas numa mesma palavra. A criança admite que colocar várias vezes a mesma letra numa ordenação linear não tem significação, são letras repetidas e não uma palavra.

Constatou-se, nos estudos de caso 1, 2 e 3, que Gabriel, Carolina e Janaína construíram diferenciações entre suas escritas, variando a quantidade, o repertório e a posição das letras na palavra. Estabeleceram, assim, critérios quantitativos e qualitativos que um texto deve possuir para ter um significado.

Carolina, na Primeira Entrevista, estava no nível da incapacidade sintética, no desenho, e no nível pré-silábico, na escrita. Apesar de a menina estar mais evoluída no desenho do que na escrita, suas preocupações nos dois sistemas eram semelhantes, isto é, referiam-se à construção de diferenciações entre os elementos, seja diferenciações entre as formas dos objetos, seja diferenciações qualitativas e quantitativas entre as escritas.

Nos outros dois estudos de caso, verificou-se que as crianças, embora passassem por tais períodos no desenho e na escrita, não o fizeram paralelamente. Gabriel mostrou um desenvolvimento simultâneo nos dois sistemas, onde se pôde constatar que estes períodos de evolução comuns ao desenho e à escrita não coincidiram sempre, mas estiveram presentes durante toda a construção do desenho e da escrita. Janaína, na Primeira Entrevista, havia, por um lado, construído o sistema do desenho, no nível do realismo intelectual, e, por outro, estava interessada em diferenciar suas escritas para representar objetos diferentes, no nível pré-silábico. Na Terceira Entrevista, a menina havia percorrido os quatro períodos em relação à escrita e estava no terceiro período em relação ao desenho.

A *construção de diferenciações e de coordenações entre os elementos e as relações dos sistemas* caracteriza o quarto período de evolução do desenho e da escrita. Nesta pesquisa, foi visto que a criança, ao se apropriar dos sistemas de desenho e escrita, precisa não só diferenciar, distinguir, separar os elementos desses sistemas, mas também criar as relações que os vinculam.

No Capítulo 5, as três crianças dos estudos de casos diferenciaram e coordenaram os elementos e as relações em cada um dos sistemas objeto deste estudo. No desenho, no nível do realismo intelectual, as crianças iniciaram a coordenação entre as representações de forma e espaço; atribuíram uma forma exemplar a cada objeto, coordenando todos os elementos significativos de uma categoria nesta representação; e principiaram a construção dos sistemas projetivo e euclidiano para representar o espaço.

Tanto Gabriel, Carolina e Janaína quanto as demais crianças que foram sujeitos desta investigação, ao construírem o sistema do desenho, no nível do realismo intelectual, realizaram diferenciações e coordenações entre as formas e o espaço.

Na escrita, estas diferenciações e coordenações entre os elementos e as relações evidenciaram-se quando as crianças descobriram a relação pronúncia/escrita. A primeira vinculação entre a pauta escrita e a pauta sonora deu-se no nível silábico em dois eixos, a saber, quantitativo e qualitativo. No eixo quantitativo, as crianças constataram que a quantidade de letras corresponde à quantidade de partes reconhecidas na emissão oral, ou seja, as sílabas. Este critério possibilitou-lhes regular as variações na quantidade de letras das palavras. No eixo qualitativo, os sujeitos começaram a se preocupar com as variações sonoras entre as palavras, fazendo corresponder sons a grafias semelhantes. Persistiram, no entanto, três tipos de contradições que dizem respeito ao sistema silábico de escrita. A criança se conflitua com a hipótese silábica, que exige uma letra para cada sílaba, e a hipótese de quantidade mínima, que postula que com menos de três letras não se pode escrever uma palavra. Há conflito entre a hipótese silábica e a hipótese de variedade interna. Pela hipótese silábica pode-se repetir uma mesma letra tantas vezes quantas forem as emissões sonoras que lhes correspondam. Já pela hipótese de variedade interna, uma mesma letra não pode estar repetida mais de duas vezes seguidas numa mesma palavra, para que esta tenha uma significação. Ainda, a interpretação silábica das escritas entra em contradição com as escritas dos adultos, as quais sempre possuem mais letras. Durante o nível silábico, a criança contorna estas contradições, colocando mais letras para as palavras monossílabas e dissílabas; alterando o formato ou o tipo de letra ao repeti-la várias vezes; ou, ainda, interpretando as escritas dos adultos como nomes mais completos.

No Capítulo 5, observaram-se, em Gabriel e Carolina, essas diferenciações e coordenações em relação ao sistema silábico de escrita.

Ao tentar resolver as contradições do nível silábico, a criança constrói um sistema silábico-alfabético de escrita, utilizando ora uma letra para cada sílaba, ora um grafema para cada fonema. Nesse nível, a criança descobre que a sílaba não é a unidade, e o fonema passa a existir como unidade. A criança percebe que não basta uma letra para cada sílaba, pois, escrevendo silabicamente, os outros não conseguem interpretar suas escritas. Vê-se, assim, que a diferenciação e a coordenação entre os elementos e as relações neste sistema silábico-alfabético estão assentes ora na hipótese silábica ora num sistema alfabético que se esboça.

Nos estudos de casos, não foi possível observar este nível de escrita, uma vez que é um estágio de pouca estabilidade e que as entrevistas realizadas não coincidiram com a passagem por este nível. Já no total de sujeitos pesquisados nos grupos A e B, algumas crianças estavam claramente no nível silábico-alfabético de escrita, como se pôde ver na análise quantitativa dos resultados das 97 crianças.

No nível alfabético, a criança abandona o sistema silábico e passa a vincular a pronúncia com a construção alfabética das palavras. Os elementos que interessam ao sujeito, neste momento, são os fonemas. A relação que o sujeito estabelece entre tais elementos baseia-se na correspondência entre grafemas e fonemas, ou seja, ele faz corresponder partes sonoras a letras semelhantes. Essa relação que caracteriza o nível alfabético marca a construção primeira do sistema alfabético de escrita.

As três crianças dos estudos de caso construíram o sistema alfabético de escrita, diferenciando e coordenando as emissões sonoras com a escrita das palavras, com base na relação fonema-grafema.

Conforme demonstrado no Capítulo 5, apenas as crianças que chegaram ao nível do realismo intelectual, no desenho, construíram o sistema alfabético de escrita. Além disso, a frequência de crianças alfabéticas em estágios iniciais de desenho foi nula, como foi verificado na análise quantitativa dos resultados.

O *aprimoramento dos sistemas* começa quando a criança, após a construção dos sistemas de desenho e escrita, respectivamente, nos estágios do realismo intelectual e alfabético, passa a se preocupar com as convenções socialmente estabelecidas para os dois sistemas.

No desenho, a construção dos sistemas projetivo e euclidiano, para representar o espaço, coordena-se dando origem à perspectiva; as formas deixam de ser genéricas para representarem objetos específicos e a criança passa a se interessar pelas convenções da representação bidimensional de objetos tridimensionais, no desenho.

Ao serem analisados os dados das entrevistas dos estudos de casos, foi possível apenas esboçar este aprimoramento do sistema do desenho, no terceiro estudo de caso. Nos sujeitos pesquisados, somente no Grupo A, alguns chegaram ao estágio do realismo visual no qual este aprimoramento pôde ser evidenciado.

Na escrita, a criança passa a se interessar pela ortografia e por todos os problemas que esta envolve, bem como com as separações entre as palavras. Das crianças analisadas nesta pesquisa, algumas mostravam-se preocupadas com questões ortográficas e com os espaçamentos entre as palavras. Nos estudos de caso, Gabriel e Carolina exibem escritas ortográficas em certas palavras, e Janaína escreve ortograficamente na Terceira Entrevista, com determinadas palavras alfabéticas.

Vale ressaltar que, apesar de as crianças passarem por períodos similares na construção do desenho e da escrita, elas não percorrem necessariamente ao mesmo tempo estes períodos. O sujeito pode estruturar conjuntamente o desenho e a escrita, partindo dos estágios do realismo fortuito e pré-silábico e chegar ao nível do realismo intelectual e alfabético, como no primeiro estudo de caso. Isso não quer dizer, no entanto, que ela tenha passado simultaneamente pelos mesmos períodos de construção no desenho e na escrita. Constatou-se nesta pesquisa que os períodos de construção são os mesmos para os dois sistemas, mas que, em geral, a criança evolui primeiro no desenho para depois evoluir na escrita. Pôde-se observar isso nas 97 crianças e demonstrar no terceiro estudo de caso, em que Janaína chega na escola no nível do realismo intelectual e pré-silábica e na Segunda Entrevista está no mesmo nível de desenho e alfabética. Tal como Janaína, muitas crianças apresentaram este mesmo padrão evolutivo no cruzamento das entrevistas de desenho e escrita. É interessante notar que, só após haverem construído o sistema do desenho, passando pelos períodos descritos acima, é que estas crianças, no intervalo de quatro meses, construíram o sistema de escrita.

CONCLUSÕES E SUGESTÕES

Os resultados obtidos nessa pesquisa demonstram que existe uma estreita relação entre os processos de desenvolvimento do desenho e a da escrita, com interações entre as construções dos sistemas.

Na estruturação das duas linguagens, os níveis iniciais não se apresentam muito relacionados entre si. Os sujeitos só conseguiram construir o sistema de escrita, quando, no desenho, estavam tão somente no nível do realismo intelectual.

Assim, nesta pesquisa, coincidiram nos mesmos sujeitos os níveis mais avançados de desenho e escrita, mas não coincidiram sempre nos mesmos sujeitos os níveis iniciais dos dois sistemas. Em geral, as crianças apresentavam-se mais evoluídas no desenho do que na escrita. Isso comprova que, na relação entre desenho e escrita, há uma precedência do desenho sobre a escrita, ou seja, o desenvolvimento da escrita mostrou-se defasado em relação ao do desenho.

Pretende-se dizer com isto que, apesar de as estruturas dos dois sistemas serem diferentes, as crianças passam por períodos comuns ao desenho e à escrita e que a grande maioria dos sujeitos desta investigação percorreu, primeiro, os períodos em relação ao desenho para, depois, refazer tal percurso para a escrita.

A probabilidade de encontrar, entre os sujeitos pesquisados, crianças alfabéticas com desenho nos níveis do realismo fortuito e da incapacidade sintética é nula; pelo contrário, a probabilidade de os sujeitos estarem alfabéticos e com o desenho no nível do realismo intelectual é muito alta.

No Grupo A, constatou-se uma interação altamente significativa entre desenho e escrita, a qual corresponde a uma correlação positiva. Os sujeitos desse grupo apresentaram um desenvolvimento gradativo nas duas linguagens, alguns desde os níveis do realismo fortuito e pré-silábico até os níveis do realismo intelectual e alfabético; e, a grande maioria, partindo dos níveis do realismo intelectual e pré-silábico e deslocando-se até o nível alfabético, mantendo o mesmo nível de desenho, mas com maior riqueza nas representações. Havia, neste grupo, sujeitos nos quatro níveis de desenho.

No Grupo B, a interação entre desenho e escrita não foi significativa, porque as crianças concentraram-se, principalmente, num nível do desenho. Dentro desse nível, porém, a distribuição dos sujeitos nos níveis de escrita não foi uniforme e tendeu a uma concentração no nível alfabético. O fato de essa distribuição não ter sido uniforme comprova que existe uma relação de dependência entre desenho e escrita, na construção dos dois sistemas. Os sujeitos deste grupo desenvolveram-se mais na escrita do que no desenho, isso porque a escrita foi trabalhada diariamente em sala de aula e o desenho não o foi.

Os três estudos de caso, apresentados neste trabalho, demonstram os períodos de construção comuns ao desenho e à escrita e momentos distintos de interação desenho-escrita.

Logo, a conclusão desta pesquisa é que há uma interação entre desenho e escrita, durante a construção dos dois sistemas. Tal interação, quando desenho e escrita são desenvolvidos conjuntamente em sala de aula, diz respeito a uma correlação positiva e, quando apenas a escrita é trabalhada regularmente em sala de aula e os sujeitos chegam em níveis finais do desenho, a relação evidenciada foi de precedência do desenho sobre a escrita. Verificou-se que as crianças pré-silábicas podem estar nos níveis do realismo fortuito, da incapacidade sintética ou do realismo intelectual; que as crianças silábicas, silábico-alfabéticas e alfabéticas podem estar nos níveis da incapacidade sintética, do realismo intelectual ou do realismo visual, no desenho. Constatou-se, também, a existência de períodos comuns na construção dos sistemas de desenho e escrita, os quais, em geral, são percorridos primeiro no desenho do que na escrita.

Algumas questões permanecem sem resposta em relação aos períodos de construção dos dois sistemas. A primeira delas vincula-se ao período inicial, origem gráfica comum que, nas crianças desta pesquisa, não pôde ser observado. Vários teóricos postularam este período, mas seria interessante verificar experimentalmente, com crianças de educação infantil de classe baixa, quando há indícios de seu aparecimento.

Outro ponto relacionado ao anterior é a diferenciação entre desenho e escrita, a qual não pôde ser observada nesta pesquisa, porque os sujeitos já haviam distinguido estas duas formas de representação. Um estudo detalhado da diferenciação destes dois sistemas, acredita-se, pode trazer dados para se compreender melhor as interações entre desenho e escrita.

Além disso, parece chegada a hora de realizar um estudo sobre as hipóteses que as crianças se fazem acerca de seus desenhos, pois as teorias existentes, mesmo as vinculadas ao construtivismo, não revelam o que a criança pensa sobre o seu próprio desenvolvimento no desenho. Em relação à escrita, Emilia Ferreiro e colaboradores examinaram exaustivamente as hipóteses que as crianças criam ao se apropriarem do sistema da escrita. Com base nessas hipóteses, foi possível determinar a psicogênese da escrita. O que a criança pensa a respeito do processo do desenho? Que ideias a criança constrói acerca da natureza e função do desenho? É necessário pesquisar a psicogênese do desenho, o que, certamente, possibilitaria conhecer melhor o desenvolvimento da criança e o sistema do desenho[4].

IMPLICAÇÕES PEDAGÓGICAS

As conclusões deste trabalho levam a pensar nas suas implicações pedagógicas tanto para a educação, em geral, como para o ensino da arte.

Em geral, na escola, a área de artes tem menos atenção do que as outras áreas do conhecimento. Alguns professores de 1º ano do Ensino Fundamental admitem até que "não podem perder tempo" possibilitando a seus alunos que desenhem. A respeito do privilégio da escrita na cultura, Darras (1996, p.10) observa que "ao romper com os sistemas pictográficos e ao distinguir o desenho da escrita, as culturas escritas constituíram uma orientação do conhecimento privilegiando o pensamento linguístico em detrimento do pensamento imagético". Trata-se de um conflito ideológico que considera "(...) o pensamento figurativo e suas imagens como formas civilizadas do 'pensamento selvagem'. A imagem é a escrita de pobres e analfabetos" (Darras, 1996, p. 10).

Darras (1996, p.10) ressalta que "beneficiando-se da legitimidade dos dogmas e das ciências, o pensamento linguístico reprimiu o pensamento figurativo como fantasias da imaginação". Isso fez com que "a produção de imagens ficasse reservada a uma ínfima minoria de indivíduos. (...) como se as competências figurativas humanas estivessem majoritariamente limitadas ao consumo [de imagens], ainda que alguns raros eleitos disponham dos poderes e segredos de sua criação" (Darras, 1996, p. 11). O que o autor ressalta são questões ideológicas e epistemológicas em relação às linguagens do desenho e da escrita.

Com esta pesquisa, o que se verificou foi não só que a arte é importante, porque é uma forma de construir conhecimentos, é uma atividade que envolve a inteligência, o pensamento, a cognição; mas também que a arte influi na construção de conhecimentos, em especial em relação à construção da escrita. Assim, possibilitar às crianças que desenhem, ao contrário de ser uma perda de tempo, é propiciar-lhes representar graficamente as suas experiências, ou seja, é construir representações de forma e espaço através do desenho.

Especificamente para o 1º ano do Ensino Fundamental, as conclusões desta pesquisa indicam a necessidade de uma proposta de artes que possibilite aos alunos se desenvolverem conjuntamente no desenho e na escrita, a partir dos níveis em que se encontram e das suas vivências socioculturais.

Para o ensino da arte, esta pesquisa evidencia que arte é expressão, mas é também uma forma de construção de conhecimentos, a qual só pode ser realizada através desta linguagem. Enfoca o período da representação, um período que é fundamental no desenvolvimento cognitivo da criança e a que não se deu atenção suficiente. Mostra, assim, o que acontece nessa fase do surgimento da função representativa na criança e como as representações se entrecruzam nas suas diversas manifestações.

Enfim, com este trabalho, pensa-se propiciar uma compreensão dos sistemas de desenho e escrita, em seus níveis de construção; do desenvolvimento da criança, enquanto sujeito do seu processo que se apropria de objetos de conhecimento; e de algumas interações e influências entre os sistemas de representação do desenho e da escrita.

NOTAS

1 Como foi exposto no Capítulo 4, o desenho não precisava estar relacionado à história lida, pois o que interessava era como a criança estruturava o desenho.
2 Os critérios utilizados na seleção dos sujeitos estão explicitados no Capítulo 4. Vale aqui, relembrá-los: (1) estar em nível inicial de escrita; (2) estar em diferentes níveis de desenho. Os três estudos de caso apresentados procuraram mostrar os momentos distintos de interação desenho-escrita, através dos vários níveis de desenho.
3 Vale lembrar, aqui, que as crianças do Grupo B, apesar de o desenho não ter sido muito trabalhado em sala de aula, tinham, em sua grande maioria, frequentado creche ou pré-escola, chegando ao 1º ano do Ensino Fundamental nos níveis finais do desenho.
4 As ideias de crianças de educação infantil acerca do processo de desenho foram objeto de estudo no trabalho desta mesma autora, Desenho e Construção de Conhecimento na Criança. Porto Alegre: Artmed, 1996.

Referências

ADI-JAPHA; FREEMAN, Norman. Development of differentiation between writing and drawing systems. *Developmental psychology*. 2001, v.37, n. 1, p.101-114.
ARNHEIM, Rudolf. *Arte e percepção visual*. São Paulo: Pioneira/EDUSP, 1980.
_____. *El pensamiento visual*. Buenos Aires: Eudeba, 1973.
BARBOSA, Ana Mae (org.). *Ensino da arte: memória e história*. São Paulo: Perspectiva, 2008.
_____. *Arte/Educação contemporânea*. São Paulo: Cortez, 2005.
BARRAS, Robert. *Os cientistas precisam escrever: guia de redação para cientistas, engenheiros e estudantes*. São Paulo: T.A. Queiroz, 1986.
CARRAHER, Terezinha Nunes. *O método clínico: usando os exames de Piaget*. Petrópolis: Vozes, 1983.
CHAN, Lily; LOUIE, Lobo. Developmental Trend of Chinese Preschool Children in Drawing and Writing. *Journal of Research in Childhood Education*, v. 6, n.2, December, 1992, p. 93-99.
COLA, César. *Ensaio sobre o Desenho Infantil*. Vitória: EDUFES, 2006.
COLA, César Pereira. *Desenho infantil: processo de comunicação e expressão*. Tese de doutorado. São Paulo: PUCSP, 2003.
COUTINHO, Rejane Galvão. Sylvio Rabello: o educador e suas pesquisas sobre o desenho infantil. In: BARBOSA, Ana Mae (org.). *Ensino da arte: memória e história*. São Paulo: Perspectiva, 2008. p.135-156.
_____. Mario de Andrade e os desenhos infantis. In: BARBOSA, Ana Mae (org.). *Ensino da arte: memória e história*. São Paulo: Perspectiva, 2008. p.157-195.
COX, Maureen. *Desenho da criança*. São Paulo: Martins Fontes, 2000.
DARRAS, Bernard. *Au commencement était l' image: du dessin de l'enfant à la communication de l'adulte*. Paris: ESF, 1996.
DERDIK, Edith. *O desenho da figura humana*. São Paulo: Scipione, 1989.
_____. *Formas de pensar o desenho*. São Paulo: Scipione, 1988.

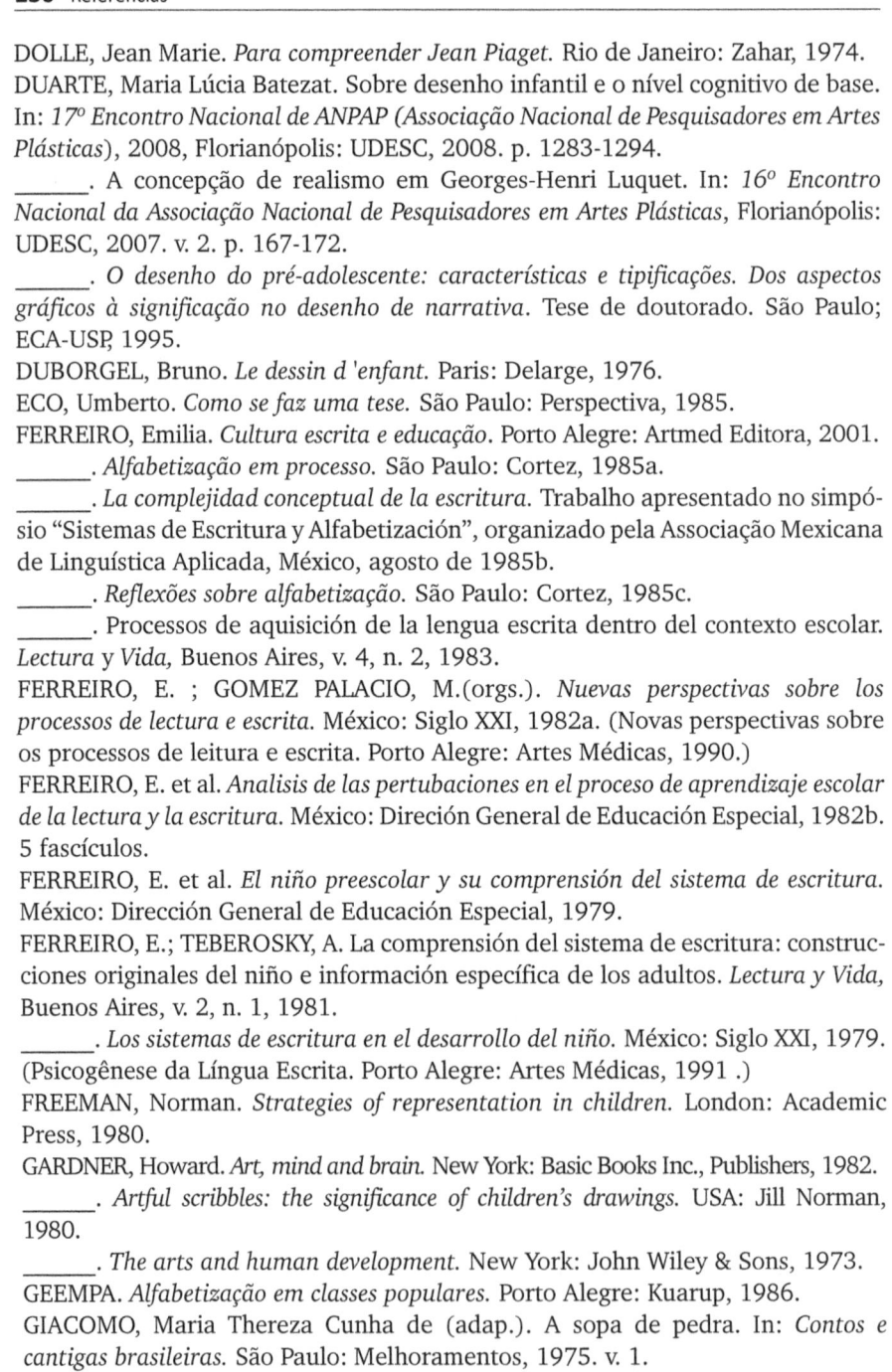

DOLLE, Jean Marie. *Para compreender Jean Piaget*. Rio de Janeiro: Zahar, 1974.
DUARTE, Maria Lúcia Batezat. Sobre desenho infantil e o nível cognitivo de base. In: *17º Encontro Nacional de ANPAP (Associação Nacional de Pesquisadores em Artes Plásticas)*, 2008, Florianópolis: UDESC, 2008. p. 1283-1294.
_____. A concepção de realismo em Georges-Henri Luquet. In: *16º Encontro Nacional da Associação Nacional de Pesquisadores em Artes Plásticas*, Florianópolis: UDESC, 2007. v. 2. p. 167-172.
_____. *O desenho do pré-adolescente: características e tipificações. Dos aspectos gráficos à significação no desenho de narrativa*. Tese de doutorado. São Paulo; ECA-USP, 1995.
DUBORGEL, Bruno. *Le dessin d'enfant*. Paris: Delarge, 1976.
ECO, Umberto. *Como se faz uma tese*. São Paulo: Perspectiva, 1985.
FERREIRO, Emilia. *Cultura escrita e educação*. Porto Alegre: Artmed Editora, 2001.
_____. *Alfabetização em processo*. São Paulo: Cortez, 1985a.
_____. *La complejidad conceptual de la escritura*. Trabalho apresentado no simpósio "Sistemas de Escritura y Alfabetización", organizado pela Associação Mexicana de Linguística Aplicada, México, agosto de 1985b.
_____. *Reflexões sobre alfabetização*. São Paulo: Cortez, 1985c.
_____. Processos de aquisición de la lengua escrita dentro del contexto escolar. *Lectura y Vida*, Buenos Aires, v. 4, n. 2, 1983.
FERREIRO, E. ; GOMEZ PALACIO, M.(orgs.). *Nuevas perspectivas sobre los processos de lectura e escrita*. México: Siglo XXI, 1982a. (Novas perspectivas sobre os processos de leitura e escrita. Porto Alegre: Artes Médicas, 1990.)
FERREIRO, E. et al. *Analisis de las pertubaciones en el proceso de aprendizaje escolar de la lectura y la escritura*. México: Dirección General de Educación Especial, 1982b. 5 fascículos.
FERREIRO, E. et al. *El niño preescolar y su comprensión del sistema de escritura*. México: Dirección General de Educación Especial, 1979.
FERREIRO, E.; TEBEROSKY, A. La comprensión del sistema de escritura: construcciones originales del niño e información específica de los adultos. *Lectura y Vida*, Buenos Aires, v. 2, n. 1, 1981.
_____. *Los sistemas de escritura en el desarrollo del niño*. México: Siglo XXI, 1979. (Psicogênese da Língua Escrita. Porto Alegre: Artes Médicas, 1991 .)
FREEMAN, Norman. *Strategies of representation in children*. London: Academic Press, 1980.
GARDNER, Howard. *Art, mind and brain*. New York: Basic Books Inc., Publishers, 1982.
_____. *Artful scribbles: the significance of children's drawings*. USA: Jill Norman, 1980.
_____. *The arts and human development*. New York: John Wiley & Sons, 1973.
GEEMPA. *Alfabetização em classes populares*. Porto Alegre: Kuarup, 1986.
GIACOMO, Maria Thereza Cunha de (adap.). A sopa de pedra. In: *Contos e cantigas brasileiras*. São Paulo: Melhoramentos, 1975. v. 1.

GILLIERON, Christiane. Da epistemologia piagetiana a uma psicologia da criança em idade pré-escolar. In: LEITE, Luci Bancks (org.) *Piaget e a escola de Genebra*. São Paulo: Cortez, 1987. p. 139-163.
GOBBI, Márcia; LEITE, Maria Isabel. O desenho da criança pequena: distintas abordagens na produção acadêmica em diálogo com a educação. In: LEITE, Maria Isabel (org.). *Ata e desata: partilhando uma experiência de formação continuada*. Rio de Janeiro: Ravil, 2002. v.1. p.93-148.
GOBBI, Marcia A. *Lápis vermelho é de mulherzinha: desenho infantil, relações de gênero e educação infantil*. Dissertação de Mestrado. Campinas: Faculdade de Educação, Unicamp, 1997.
GOMBRICH, Ernest H. *Arte e ilusão: um estudo da psicologia da representação pictórica*. São Paulo: Martins Fontes, 1986.
GOODNOW, Jacqueline. *Children's drawing*. Cambridge: Harvard University Press, 1977.
GUIMARÃES, Leda. Desenho, desígnio, desejo: sobre o ensino de desenho. Teresina: EDUFPi, 1996.
IAVELBERG, R. . *O desenho cultivado da criança: práticas e formação de professores*. 1. ed. Porto Alegre: ZOUK, 2006.
_____. Interações entre a arte das crianças e a produção de arte adulta. In: *17º Encontro Nacional da ANPAP: Panorama da pesquisa em artes visuais*, 2008, Florianópolis. Anais eletrônico. Florianópolis : UDESC, 2008. v. 2. p. 1-12.
KARMILOFF-SMITH, Annette. Constraints on representational change: Evidence from children's drawing. *Cognition*, 34 (1990).
KELLOGG, Rhoda. *Children's drawings, children's minds*. New York: Avon Book, 1979.
_____. *Analysing children's art*. Palo Alto: Califórnia, Mayfield Publishing, 1970.
_____. *What children scribble and why*. Palo Alto: Califórnia, National Press, 1959.
KINDLER, Anna M.; DARRAS, Bernard. A map of artistic development. In: KINDLER, Anna M. (Ed.) *Child development in Art*. Reston:National Art Education Association, 1996.p.1-14. (http://140.126.36.92/aerc157/115/aerc/webhd/admin/NAEA97Ch2.htm)
KORZENIK, Diana. Saying in with pictures. In: PERKINS, D. & LEONDAR, B. (orgs.) *The arts and cognition*. Baltimore: John Hopkins, 1977. p. 192-207.
LEITE, Maria Isabel. Nem fase de grafismo, nem exercício psicomotor. O desenho como espaço de produção cultural de crianças. In: MACHADO, Maria Lúcia (org.). *Encontros e desencontros na educação infantil*. São Paulo: Cortez, 2002. p.268-275.
LEVIN, Jack. *Estatística aplicada a ciências humanas*. São Paulo: Harbra, 1978.
LOWENFELD, Viktor. *A criança e sua arte*. São Paulo: Mestre Jou, 1956.
LOWENFELD, V ; BRITTAIN, W.L. *Desenvolvimento da capacidade criadora*. São Paulo: Mestre Jou, 1977.
LUQUET, George Henri. *O desenho infantil*. Porto: Ed. do Minho, 1969.
_____. *Les dessins d'un enfant*. Paris: Librairie Félix Alcan, 1913.

LURÇAT, Liliane. Luque et le dessin de l'enfant. *Bulletin de Psychologie*. Paris, v. XXVI, n. 306, p. 698-700, 1972-1973.
_____. Genèse de l'ideograme: graphisme et langage. *Bulletin de Psychologie*. Paris, v. XXV, n. 295, p. 1-15. 1971-1972.
_____. Genèse de l'acte graphique. *Bulletin de Psychologie*. Paris, p. 505-515, JAN. 1966.
MACEDO, Lino de. Estratégias e procedimentos para aprender ou ensinar. *Pátio – Revista Pedagógica*, n. 47 / Agosto, 2008, p. 40-43.
MADIGAN, S. ; LAWRENCE, V. *A general statistics package for the apple II*. Human Sistems Dinamics. Califórnia: Northridge, s/d.
MARCHAK, Samuil. *Onde almoçaste, Pardal?* Lisboa: Editorial Caminho, 1972.
MARTINS, Mirian Celeste. *"Não sei desenhar": implicações no desvelar/ampliar do desenho na adolescência – uma pesquisa com adolescentes em São Paulo*. Dissertação de Mestrado. São Paulo: ECA/USP, 1992.
MÈRIDIEU, Florence de. *O desenho infantil*. São Paulo: Cultrix, 1979.
MIALARET, Gaston. Psicologia experimental da leitura, da escrita e do desenho. In: FRAISSE, P. ; PIAGET, J. *Tratado de psicologia experimental*. Rio de Janeiro: Forense, 1965.
PERKINS, David. ; LEONDAR, Barbara. (orgs.). *The arts and cognition*. Baltimore: John Hopkins University Press, 1977.
PESCADA, Antonio (trad.). *A pega de asa branca*. Lisboa: Editorial Caminho, 1974.
PIAGET, J. *O possível, o impossível e o necessário*. In: LEITE, L. B. (org.) *Piaget e a Escola de Genebra*. São Paulo: Cortez Editora, 1987, p.51-71.
PIAGET, Jean. *O possível e o necessário*. Porto Alegre: Artes Médicas, 1986. v. 2.
_____. *Psicologia da inteligência*. Rio de Janeiro: Zahar, 1983a.
_____. Inconsciente afetivo e inconsciente cognitivo. In: *Os pensadores*. São Paulo: Abril Cultural, 1983b.
_____. *O nascimento da inteligência na criança*. Rio de Janeiro: Zahar, 1982.
_____. *A construção do real na criança*. Rio de Janeiro: Zahar, 1979a.
_____. *A representação do mundo na criança*. Rio de Janeiro: Zahar, 1979b.
_____. *A formação do símbolo na criança*. Rio de Janeiro: Zahar, 1978.
_____. *A equilibração das estruturas cognitivas*. Rio de Janeiro: Zahar, 1976.
_____. *Biologia e conhecimento*. Petrópolis: Vozes, 1973.
_____. *O raciocínio na criança*. Rio de Janeiro: Record, 1967.
PIAGET, J.; FRAISSE, P. *Tratado de psicologia experimental*. Rio de Janeiro: Forense, 1969. v. 7 e 8.
PIAGET, J ; INHELDER, B. *A psicologia da criança*. São Paulo: Difel, 1985.
_____. *A imagem mental na criança*. Porto: Livraria Civilização, 1977.
_____. *La représentation de l'espace chez l'enfant*. Paris: P.U.F., 1972. (A representação do espaço na criança. Porto Alegre: Artes Médicas, 1993.)
_____. *L'image mentale chez l'enfant*. Paris: P.U.F., 1966.

_____. As imagens mentais. In: PIAGET, J.; FRAISSE, P. *Tratado de psicologia experimental*. Rio de Janeiro: Forense, 1969. v. 7. Cap. XXIII.
PILLAR, Analice Dutra. *Desenho e construção de conhecimento na criança*. Porto Alegre: Artes Médicas, 1996.
_____. *Fazendo artes na alfabetização: artes plásticas e alfabetização*. Porto Alegre: Kuarup, 1986.
RICHTER, Sandra. *Criança e pintura*. Porto Alegre: Mediação, 2004.
READ, Herbert. *A educação pela arte*. São Paulo: Martins Fontes, 1982.
SCHAEFER-SIMMERN, Henri. *The unfolding of artistics activity*. Berkeley: University of California Press, 1961.
SMITH, Nancy. *Experience & art: teaching children to paint*.New York: Teachers College Press, 1983.
SOARES, Magda. Letramento e alfabetização: muitas facetas. *Revista Brasileira de Educação*, n.25, p. 5-17, Jan/Fev/Mar/Abr 2004.
_____. *Letramento: um tema em três gêneros*. Belo Horizonte: Autêntica, 2000.
STERN, Arno. *Aspectos e técnicas da pintura de crianças*. Lisboa: Livros Horizonte, 1974.
_____. *Comprensión del arte infantil*. Buenos Aires: Kapelusz, 1962.
_____. *Del dibujo espontâneo a las técnicas gráficas*. Buenos Ares: Kapelusz, 1961.
TOLCHINSKY, L.; LEVIN, I. El desarrollo de la escritura en niños israelíes preescolares. In: FERREIRO, E.; GOMEZ PALACIO, M. (Org.). *Nuevas perspectivas sobre los processos de lectura y escritura*. México: Siglo XXI, 1982a.
VYGOTSKY, L.S. *Pensiero e linguaggio*. Firenzi: Giuti, 1966. (Trad. Agnela da Silva Giusta.)
WALLON, Henri. *Do acto ao pensamento*. Lisboa: Moraes Editores, 1979.
WALLON, H. ; LURÇAT, L. *El dibujo del personaje por el niño*. Buenos Aires: Proteo, 1968.
WILSON, Brent ; WILSON, Marjorie. Uma visão iconoclasta das fontes de imagens nos desenhos de crianças. *AR'TE*: Estudos de arte-educação, São Paulo, n. 1, p. 14-6, 1982.
_____. Uma visão iconoclasta das fontes de imagens nos desenhos de crianças. *AR'TE*: Estudos de arte-educação, São Paulo, n. 2, p. 14-6, 1982.
_____. *Children to draw : a guide for teachers & parents*. New Jersey: Prentice-Hall, 1982.

Anexo I

Tabela 1 Idade das crianças dos Grupos A e B

IDADES	GRUPO A	GRUPO B
6,0 a 7,0	36	22
7,1 a 8,0	20	17
8,1 a 8,3	1	1

Fonte: Dados retirados dos prontuários das crianças que cada escola possuía.
Nos quadros 1 e 2, aparece a idade em anos e meses de cada uma das crianças. (Ver Anexo I)

Tabela 2 Escolaridade das crianças dos Grupos A e B

ESCOLARIDADE	GRUPO A	GRUPO B
Maternal A		2
Maternal B		5
Jardim I		8
Jardim II		23
Pré-escola		
Repetente		

Fonte: Dados retirados dos prontuários das crianças que cada escola possuía.

Tabela 3 Profissão dos pais das crianças dos Grupos A e B

PROFISSÃO DO PAI	GRUPO A*	GRUPO B
Militar	4	2
Pedreiro	3	
Cobrador	3	
Chapeador	1	1
Auxiliar de Escritório	1	
Encanador	1	1
Vigia/Segurança	1	1
Zelador	1	
Auxiliar de Eletricista	2	2
Comerciário	5	4
Marceneiro/Carpinteiro	2	1
Garção	1	
Motorista	4	1
Vendedor	4	
Padeiro	1	
Carteiro	1	1
Servente de obras	1	
Sapateiro	1	
Funcionário Público	2	5
Verdureiro	1	
Lavador de Carros	1	
Jornaleiro	1	
Músico	1	
Largador de Ônibus	1	
Representante Comercial	1	
Chaveiro	1	
Taximetrista		1
Carroceiro		1
Embarcador (no ponto)		1
Vidraceiro		1
Pintor (de paredes)		2
Biscateiro		5
Limpador de Cavalos		1
Operário (da construção civil)		2
Porteiro		1
Garagista		1
Mecânico		1
Aposentado		1
Desempregado	2	1
Montador	1	
Carregador		2
TOTAL DE SUJEITOS	52	40

Fonte: Dados retirados dos prontuários das crianças que cada escola possui.
* Cinco crianças do Grupo A tinham pai desconhecido ou separado e, por isso, a escola não possuía dados relativos a sua profissão.

Tabela 4 Profissão das mães das crianças dos Grupos A e B

PROFISSÃO DA MÃE	GRUPO A*	GRUPO B
Comerciária	3	
Faxineira	3	6
Auxiliar de Enfermagem	1	1
Atendente de Enfermagem	1	
Vendedora	3	
Recepcionista	1	
Do Lar/Lidas Domésticas	33	16
Auxiliar de Escritório	1	
Ascensorista	1	
Professora	1	1
Copeira	1	
Servente	1	1
Cozinheira	1	
Empregada Doméstica	4	3
Lavadeira	1	
Manicure	1	
Camareira		1
Cabeleireira		1
Representante Comercial		1
Serviçoes Gerais		2
Funcionária Pública		2
Secretária		3
Costureira		1
Atendente de Creche		1
TOTAL DE SUJEITOS	57	40

Fonte: Dados retirados dos prontuários das crianças que cada escola possuía.

Tabela 5 Grau de instrução dos pais das crianças dos Grupos A e B

GRAU DE INSTRUÇÃO DO PAI	GRUPO A*	GRUPO B
Analfabeto	5	6
1º Grau Incompleto	20	18
1º Grau	19	11
2º Grau Incompleto	6	5
2º Grau	2	
TOTAL DE SUJEITOS	52	40

Fonte: Dados retirados dos prontuários das crianças que cada escola possuía.
* Cinco crianças do Grupo A tinham pai desconhecido ou separado e, por isso, a escola não possuía dados relativos a sua escolaridade.

Tabela 6 Grau de instrução das mães das crianças dos Grupos A e B

GRAU DE INSTRUÇÃO DO PAI	GRUPO A*	GRUPO B
Analfabeta	4	2
1º Grau Incompleto	20	22
1º Grau	23	10
2º Grau Incompleto	6	5
2º Grau	4	1
TOTAL DE SUJEITOS	57	40

Fonte: Dados retirados dos prontuários das crianças que cada escola possuía.

Quadro I Grupo A: idade dos sujeitos, níveis de desenho e níveis de escrita em cada entrevista (I, II e III)

Alunos	Idade	I		II		III	
		D	E	D	E	D	E
A.1	6,0	RI	S	RI	SA	RI	A
A.2	6,2	RF	PS	IS	S	RI	A
A.3	6,2	RI	A	RI	A	RI	A
A.4	6,2	RI	PS	RI	S	RI	A
A.5	6,3	RI	S	RV	SA	RV	A
A.6	6,3	RI	S	RI	A	RI	A
A.7	6,3	RI	PS	RI	S	RI	A
A.8	6,3	RI	PS	RI	PS	RI	A
A.9	6,4	RI	S	RV	A	RV	A
A.10	6,4	RF	PS	IS	PS	IS	S
A.11	6,4	RI	S	RI	SA	RI	A
A.12	6,5	RI	SA	RI	SA	RI	A
A.13	6,5	RI	A	RV	A	RV	A
A.14	6,5	RF	S	IS	S	IS	S
A.15	6,5	RI	S	RI	S	RI	A
A.16	6,5	RI	PS	RI	PS	RI	A
A.17	6,6	RI	S	RI	SA	RI	A
A.18	6,7	RI	SA	RI	A	RI	A
A.19	6,7	RI	PS	RI	SA	RI	A
A.20	6,8	RI	PS	RI	S	RI	A
A.21	6,8	IS	S	RI	A	RI	A
A.22	6,8	RI	PS	RI	S	RI	A
A.23	6,8	IS	PS	RI	PS	RI	A
A.24	6,8	RI	PS	RI	PS	RI	SA
A.25	6,9	RI	S	RI	A	RI	A
A.26	6,9	IS	PS	RI	PS	RI	S
A.27	6,9	RI	PS	RI	S	RI	A
A.28	6,9	IS	PS	RI	S	RI	A
A.29	6,9	RI	PS	RI	SA	RI	A
A.30	6,9	RI	S	RI	SA	RI	A
A.31	6,10	IS	PS	RI	PS	RI	S
A.32	6,10	RI	PS	RI	PS	RI	SA
A.33	6,10	RI	PS	RI	S	RI	A
A.34	6,11	RI	SA	RV	A	RV	A
A.35	6,11	RI	PS	RI	SA	RI	A
A.36	6,11	IS	PS	RI	S	RI	A
A.37	7,1	IS	PS	RI	S	RI	A
A.38	7,1	IS	PS	IS	PS	RI	SA
A.39	7,2	RI	S	RI	S	RI	A
A.40	7,2	IS	S	RI	SA	RI	A
A.41	7,2	RI	PS	RI	SA	RI	A
A.42	7,2	IS	PS	RI	S	RI	A
A.43	7,2	RI	S	RI	A	RI	A
A.44	7,3	RI	S	RI	SA	RI	SA
A.45	7,3	IS	ZS	RI	SA	RI	A
A.46	7,3	RI	S	RI	SA	RI	A
A.47	7,4	IS	S	RI	SA	RI	A
A.48	7,4	RI	S	RI	S	RI	A
A.49	7,5	RI	SA	RV	A	RV	A
A.50	7,5	RI	S	RI	SA	RI	A
A.51	7,6	IS	PS	RI	S	RI	SA
A.52	7,7	RI	SA	RI	A	RI	A
A.53	7,7	RI	S	RI	SA	RI	A
A.54	7,8	RI	PS	RI	A	RI	A
A.55	7,8	RI	S	RI	SA	RI	SA
A.56	7,10	RI	S	RI	SA	RI	A
A.57	8,1	RI	SA	RI	SA	RI	A

D – Níveis de desenho
RF – Realismo fortuito
IS – Incapacidade sintética
RI – Realismo intelectual
RV – Realismo visual

E – Níveis de escrita
PS – Pré-silábico
S – Silábico
SA – Silábico-alfabético
A – Alfabético

Quadro II Grupo B: idade dos sujeitos, níveis de desenho e níveis de escrita em cada entrevista (I, II e III)

Alunos	Idade	I		AII		III	
		D	E	D	E	D	E
B.1	6,4	RI	PS	RI	SA	RI	A
B.2	6,4	RI	PS	RI	A	RI	A
B.3	6,5	RI	SA	RI	A	RI	A
B.4	6,6	RI	PS	RI	A	RI	A
B.5	6,6	IS	PS	RI	PS	RI	PS
B.6	6,7	RI	A	RI	A	RI	A
B.7	6,8	RI	S	RI	A	RI	A
B.8	6,8	RI	PS	RI	A	RI	A
B.9	6,8	RI	PS	RI	A	RI	A
B.10	6,8	RI	PS	RI	A	RI	A
B.11	6,9	RI	PS	RI	PS	RI	S
B.12	6,9	RI	SA	RI	A	RI	A
B.13	6,9	RI	S	RI	A	RI	A
B.14	6,9	RI	PS	RI	A	RI	A
B.15	6,10	IS	PS	IS	S	IS	SA
B.16	6,10	RI	SA	RI	A	RI	A
B.17	6,10	RI	SA	RI	A	RI	A
B.18	6,10	RI	PS	RI	A	RI	A
B.19	6,10	RI	A	RI	A	RI	A
B.20	6,11	RI	PS	RI	SA	RI	SA
B.21	7,0	RI	PS	RI	PS	RI	PS
B.22	7,0	RI	S	RI	A	RI	A
B.23	7,1	RI	PS	RI	PS	RI	PS
B.24	7,1	RI	S	RI	A	RI	A
B.25	7,2	RI	SA	RI	A	RI	A
B.26	7,3	RI	PS	RI	A	RI	A
B.27	7,4	RI	SA	RI	A	RI	A
B.28	7,4	RI	PS	RV	A	RI	A
B.29	7,5	RI	PS	RI	SA	RI	A
B.30	7,5	RI	PS	RI	S	RI	SA
B.31	7,5	RI	SA	RI	A	RI	A
B.32	7,5	RI	S	IS	A	RI	A
B.33	7,6	RI	PS	RI	A	RI	A
B.34	7,6	RI	PS	RI	SA	RI	A
B.35	7,7	RI	PS	RI	PS	RI	PS
B.36	7,7	RI	S	RI	S	RI	SA
B.37	7,7	RI	PS	RI	A	RI	A
B.38	7,8	IS	SA	RI	A	RI	A
B.39	7,8	RI	PS	RI	A	RI	A
B.40	8,3	RI	SA	RI	A	RI	A

D – Níveis de desenho
RF – Realismo fortuito
IS – Incapacidade sintética
RI – Realismo intelectual
RV – Realismo visual

E – Níveis de escrita
PS – Pré-silábico
S – Silábico
SA – Silábico-alfabético
A – Alfabético

Anexo II

ANÁLISE DO DESENHO

A análise do desenho é reveladora das representações de forma e espaço que a criança possui, e visa caracterizar tanto o seu nível de estruturação do sistema do desenho como o seu repertório gráfico.

Entende-se por representação de forma todos os elementos que a criança faz ou diz ter feito no desenho, sendo os mais comuns a figura humana, a casa, as plantas, os animais e os automóveis. Nesta análise, o que interessa, especialmente, não é o que a criança desenha, mas como ela representa esses objetos. Fazem parte, também, das representações de forma os movimentos a elas conferidos.

Já a representação do espaço diz respeito ao modo como a criança dispõe as formas no papel. Há crianças que ocupam todo o espaço da folha com formas indiferenciadas, as quais nomeiam ora como um objeto ora como outro. Esse modo de organizar o espaço é característico do realismo fortuito. Outra maneira é estabelecer relações topológicas (dentro/fora, fechado/aberto, proximidade/separação, etc.) entre as partes de cada forma e não entre as formas, dando a impressão de os objetos estarem totalmente soltos na folha, como na incapacidade sintética. Quando a criança começa a construir relações projetivas (perspectiva) e euclidianas (proporções e distâncias), ela continua, essencialmente, utilizando as relações topológicas para representar o espaço. Para tal, ela se vale de processos variados como as formas tangentes, a transparência, o rebatimento, a planificação e a mudança de pontos de vista (ver Capítulo 2), o que evidencia suas preocupações no estágio do realismo intelectual. Por fim, no realismo visual, o espaço é representado segundo as leis da perspectiva, a qual resulta da construção conjunta dos sistemas projetivo e euclidiano.

Na situação de avaliação, dá-se uma folha de papel e material gráfico como canetas hidrográficas e giz de cera à criança, convidando-a a desenhar. À medida que ela vai construindo as formas no papel, observam-se tanto as suas manifestações gráficas quanto orais, registrando-as.

Caso a criança se negue a desenhar ou diga que não o sabe, o procedimento adotado é incentivá-la, ao dizer que cada um sabe desenhar de um jeito, não tendo, por isso, certo nem errado no desenho, e que ela pode mostrar, através do desenho, algo que é só seu, como por exemplo, o sonho da noite anterior.

É importante, para compreender o desenho da criança, conhecer o contexto em que este foi realizado, ou seja, as circunstâncias em que o desenho foi criado. Além disso, o contexto construído no desenho ajuda a analisar como a criança está representando os objetos. Desse modo, caso a criança desenhe só um objeto, cabe ao experimentador conversar com ela, perguntando, por exemplo, onde mora aquela pessoa desenhada, se ela tem amigos, se possui bichos, etc.

Assim, ao analisar o desenho da criança, importa considerar não só o contexto em que o trabalho foi realizado, mas também o contexto representado no desenho, o qual depende da intenção e da interpretação da criança naquele momento.

Além de acompanhar o desenvolvimento gráfico da criança de um estágio a outro, interessa observar o enriquecimento do trabalho dentro de um mesmo nível. Este enriquecimento evidencia-se na variação das formas; na inclusão de detalhes; nas novas combinações; nas diferenças nas dimensões, na orientação e na posição das formas; no uso da linha; e na exploração que a criança faz das possibilidades e das limitações da linguagem do desenho.